구원 순례

구원 순례 — 은준관 목사 설교집

2019년 5월 15일 초판 1쇄 인쇄
2019년 5월 22일 초판 1쇄 발행

지은이 | 은준관
펴낸이 | 김영호
펴낸곳 | 도서출판 동연
등   록 | 제1-1383호(1992. 6. 12)
주   소 | 서울시 마포구 월드컵로 163-3
전   화 | (02)335-2630
전   송 | (02)335-2640
이메일 | yh4321@gmail.com

ISBN 978-89-6447-500-3 03040

| 은준관 목사 설교집 |

구원 순례

은준관 지음

설 교 로   풀 어 낸   하 나 님 의   구 원 사

동연

하나님께서 행하시는 구원 역사의 증언

오늘 대한민국은 거대한 역사의 전환점에 서 있습니다. 상상조차 불가능했던 남북의 평화적 공존이라는 역사적 가능성이 지금 우리 앞에 펼쳐지고 있기 때문입니다. 그것은 마치 2,500여 년 전 바벨론 포로로부터 예루살렘으로 돌아와 다시 하나의 민족이 된 이스라엘의 제2 출애굽과 같은 것입니다. 그러나 그것은 인간의 작품이 아니었습니다. 거기에는 하나님의 거대하신 구원의 손길이 모든 진행을 친히 '오케스트레이션orchestration'하고 계셨습니다. 한반도의 평화도 오로지 하나님의 손길 안에서만 가능하다는 기도로 제2판 서문을 쓰고 있습니다.

"구원 순례"는 부족한 사람의 설교집입니다. 설교가가 아닌 한 노신학도가 구원 순례를 내놓는 이유는 한 가지 고민 때문이었습니다. '하나님의 구원사인 구약과 신약을 설교로 풀어볼 수는 없을까'라는 고민 때문이었습니다. 그러던 2010년, 실천신학대학원대학교 설립과 지원에 소중한 모체가 되어온 연합교회에서 2012년까지 2년 동안 구약을 중심으로 "구원 순례" 설교를 모험하였습니다. 그때 구원 순례 설교는 1990년 연세대학교 교수로 있을 당시, 국내 저명한 여덟 분의 교수님(구약, 신약, 교회사, 기독교교육 분야)과 함께 세계 최초로 제작한 "구원사 성서연구 총체교재, Total Bible Curriculum" (일명 TBC)을 근간으로 하였습니다. 아쉽게도 초판은 비매품이 되어 일반 목회자와 평신도에게는 잘 알려지지 못했습니다. 그러나 오늘 내놓는 제2판은 앞으로 전국 서점에 배포될 예정입니다.

그리고 "구원 순례" 제2판을 내놓는 다른 이유 하나가 있습니다. "구원 순례"가 하나님께서 행하시는 구원 역사의 증언이라면, 뒤를 이어 출판될 "신앙 순례"는 저의 신앙고백서입니다. 이 둘은 한 짝을 이루는 두 개의 순례 과정입니다. 많이 부족하지만, 저의 짧은 삶, 신앙, 학문 그리고 목회의 여정을 성찰하는 한 짝의 고백서들입니다. 아직 지구촌의 "남은 자"로 두시고 전 인류를 향하여 하나님의 구원의 기쁜 소식을 증언하게 하시는 하나님의 엄위하신 분부 앞에서 두렵고 떨리는 가슴으로 그리고 한국교회를 사랑하는 마음으로 졸저를 읽어 주셨으면 감사하겠습니다.

특별히 교정을 맡아준 실천신학대학원대학교 제자인 문석영 목사(평촌감리교회 교육목사)와 출판을 맡아준 연세대학교 신과대학 제자인 도서출판 동연 대표 김영호 장로의 수고와 헌신을 사랑과 감사함으로 기억합니다.

2019년 3월 일산에서

은 준 관

구원사적 관점의 신앙고백서

1900년에서 2000년으로 넘어오는 세기의 전환, 바로 그때 교회의 근원을 흔드는 위기적 징조들이 한국교회 심장부를 파고들기 시작했습니다. 그러나 그때 위기의 의미를 제대로 읽어낸 사람은 거의 없었습니다. 거꾸로 한국교회는 위장된 거룩성으로 위기와 맞서려 했습니다.

그로부터 불과 16년이 지난 오늘, 한국교회의 신뢰도는 계속 추락하고, 신자들은 영적 탈진에서 시작하여 교회 포기로까지 치닫는 심각한 내홍에 휩싸였습니다. 그리고 어린이·청소년 없는 교회가 예고되고 있습니다. 거기에 무속종교의 망령과 권력지향적인 이념들이 오늘의 정치-경제 권력의 중심을 흔들면서, 오늘 이 땅은 존재 자체가 흔들리는 민족과 국가가 되고 있습니다.

그러나 이 거대한 흐름 속에서 저는 하나님의 거대한 심판의 소리를 듣고 있습니다. 그리고 새로운 역사 창조의 신비를 보고 있습니다. 우리는 이것을 신앙의 눈이라 합니다. 이 신앙의 눈은 어디서 오는가? 성서를 통하여, 역사의 진행을 통하여 펼치시는 하나님의 심판과 은혜를 삶으로 순례하는 데서 오는 것이라 해석합니다.

저는 예언자도, 성서학자도, 설교가도 아닙니다. 정동제일교회 수요성서연구(1975~1978년: 3년간)에서 시작하여 연세대학교 간호대학에서 시행한 TBC 성서연구회(1995~1998년: 3년간), 그리고 연세의료원 교수성서연구모임(2001~2004년: 3년간), 이어 실천신학대학원대학교 연합교회(2010~2012년)에서 나눈 성경통독을 통하여 접한 하나님의 통치하심과 구원의 신비를 순례해오는, 한 작은 실천신학도에 불과합니다.

오늘 여기에 내놓는 졸저,『구원 순례』는 제가 실천신학대학원대학교 총장과 연합교회 공동목회자로 있었던 때에 행한 구원사 설교 모음입니다. 설교라기보다 창세기로부터 말라기까지의 성경(text)과 오늘의 역사 진행(con-text)을 하나님의 구원사적 관점(pre-text)에서 풀어본 하나의 신앙고백서입니다.

차례

흑암 속에 빛을 주신 분!
그는 하나님이셨다

> 총 본문: 창세기 1장~2장
> 주제 본문: 창세기 1:1-2:3; 2:4-25

인류 역사는 인간과 자연의 관계 속에서 엮여 왔습니다.

역사는 인간이 자연을 보는 눈을 따라 크게 네 단계를 거쳐 온 듯합니다. 인간 역사의 처음 단계는 인간이 자연을 신비와 숭배의 대상으로 보았던 때였습니다. 거기서 시詩가 나오고, 신화가 나오고, 또 종교가 나왔습니다. 특별히 애굽의 창조신화와 바벨론 신화는 자연을 숭배하고 신격화한 표본으로 꼽히고 있습니다.

두 번째 인간 역사는 인간이 자연을 역사로 보면서, 자연을 숭배의 대상으로부터 인간이 엮어가는 역사의 무대로 바꾸어 놓았습니다. 오늘 우리는 창세기가 자연숭배가 아니라, 오히려 '역사의 눈'으로 본 민족의 신앙고백이었음을 보고자 합니다.

그러나 세 번째 역사는 인간이 자연을 '탐구와 연구'의 대상으로 보면서부터 무신론적 과학주의와 진화론을 낳게 되었습니다. 곧 출간 될 스티브 호킹의 『위대한 설계Grand Design』는 벌써부터 하나님의 창조론에 신랄한 무신론적 도전을 가할 것을 예고하고 있습니다. "우주는 신이 창조한 것이 아니라 중력의 법칙에 의해서 저절로 탄생했다"는 것이 호킹의 주장이라 합니다.

네 번째 인간 역사가 떠오르고 있습니다. 인간이 자연을 '개발과 착취'의 대상으로 삼으면서 시작된 환경 오염, 생태계 파괴, Global Warming으로 불리는 '지구온난화'의 파멸적 역사의 등장입니다. 지난여름 홍수같이 쏟아진 빗줄기는 오고 있는 재앙의 예고였습니다. 지구촌은 지금 파멸의 입구에 들어섰습니다.

진화론에 밀리고, 개발 논리에 압도당한 오늘, "전능하사 천지를 만드신 하나님 아버지를 내가 믿사오며"를 고백하는 우리의 신앙은 무엇을 의미하는 것인가?

구약학의 대학자였던 버나드 앤더슨Bernhard W. Anderson 교수는 오늘 함께 봉독한 창세기 1장 1절-2장 3절이 BC 550년경에 쓰였다고 해석했습니다. 오늘 우리는 특별히 주전(BC) 550년을 주목하고자 합니다.

주전(BC) 550년, 그때는 신 바벨론 제국Neo Babylonian Empire으로 불렸던 제국이 절정에 올랐을 때였습니다. 유프라테스 강과 티그리스 강을 끼고 발달한 문명은 이미 세계를 정복하고 있었습니다. 국제적인 은행, 무역회사, 보험회사 그리고 상거래는 바벨론Babylon을 세계 중심에 우뚝 세웠습니다. 그리고 바벨론은 마르둑Marduk 신전 55개를 시작으로 무려 1,000개가 넘는 각종 신전으로 거대한 종교 왕국을 이루고 있었습니다.

바로 이곳으로 포로가 되어 끌려온 민족이 있었습니다. 하나님의 선택을 받았다는 이스라엘 민족이었습니다. BC 722년 북왕국 이스라엘이 멸망하고, BC 597년 남왕국 유다마저 멸망하고, 이제 히브리인들은 노예가 되어 이곳 이방 땅, 바벨론에 끌려온 것입니다. 성서해석에 따르면, 유배민 이스라엘은 자기들 앞에 나타난 거대한 문명 앞에서 말을 잃었다고 합니다. 문명의 낙오자라는 자멸감에서 온 좌절이었다고 합니다. 그리고 유대인들은 자기들 앞에 펼쳐지는 거대한 신전들, 1,000개가 넘는 신전들 앞에서 그들이 자랑하던 예루살렘 성전은 비교조차 되지 않는 열등감으로 좌절하고 말았습니다.

그런데 거대한 신전들은 '바벨론 창조신화Babylonian Creation Myth'라 불리는 창조신화가 뒷받침하고 있었습니다. 이 창조신화는 당시 중동 지역, 기름진 초승달 전역에 진리처럼 퍼져 있었습니다.

19세기 폐허가 된 니느웨의 왕궁에서 발견된 바벨론 신화의 원본은 7개의 돌 판에 새겨진 '에누마 엘리쉬Enuma Elish'라는 제목의 이야기였습니다. 생수와 풍요의 신 '압수Apsu'와 혼돈과 흑암의 여신 '티아마트Tiamat'가 결합하여 땅과 하늘의 신들을 낳고, 그들이 낳은 자식들이 '아누Anu'와 '이아Ea'입니다. 그들이 너무 방종하여 압수 할아버지가 그들을 죽이려 하자, 이 계획을 알아차린 이아가 먼저 할아버지 압수를 죽이고 그 시체 위에 왕국을 세워, 해의 신 '마르둑'을 낳았습니다. 그러자 바다의 여신 티아마트 할머니가 보복에 나섰습니다. 누구도 이 흑암의 여신을 이길 수가 없었습니다. 이때 마르둑이 구름 속의 전차를 타고 바람을 일으키며, 그물로 할머니 티아마트를 얽어맨 후

활로 가슴을 찔러 죽였습니다. 티아마트의 시체를 찢어 반은 이 지구를 창조하고, 반은 하늘을 창조했습니다. 티아마트의 새 남편 '킹구Kingu'를 죽인 후 그 피로 인간을 창조했습니다. 그 후 마르둑이 신들의 왕이 되어 바벨론 신전에 좌정하면 신들과 인간들은 그 마당에서 마르둑을 알현했습니다.

이 위대한 용사, 마르둑 앞에 이스라엘의 하나님은 무엇인가라는 질문과 의심이 포로 된 유대인들의 가슴을 파고들기 시작했습니다. 보이지 않는 하나님, 자기 백성을 헌신짝처럼 버린 하나님. 여기서 유대인들은 '영적 흑암'을 절규했습니다.

우리가 바벨론 여러 강가에 앉아 시온을 기억하며 울었도다(시 137:1).

나라를 잃고, 성전을 잃었으며 하나님마저 잃어버린 고뇌의 절규였습니다. 바로 이때 한 무명의 예언자가 등장합니다. 그는 제2이사야였습니다. 자신의 정체성과 민족의 긍지마저 흔들려 신음하는 유배민들, 동족을 향하여 이 예언자는 하나님의 비밀을 선포했습니다. 놀라운 사실 한 가지! 이 우주와 인간을 창조하신 창조주 하나님은 동일하게 역사를 통치하시고 주관하시는 역사의 하나님이심을 선포하기 시작한 것입니다. 창조주 하나님은 인간역사를 주관하시는 통치자이심을 선포했습니다.

그런즉 너희가 하나님을 누구와 같다 하겠으며, 무슨 형상을 그에게 비기겠느냐? 우상은 장인이 부어 만들었고, 장색이 금으로 입혔고 또 은사슬을 만든 것이니라(사 40:18-19).

하나님을 보이는 형상과 수많은 우상, 거대한 신전, 마르둑과 비교하려는 유대인들을 향하여 제2이사야는 강력히 경고하고 나섰습니다.

> **너희가 알지 못하였느냐? 땅의 기초가 창조될 때부터 하나님은 땅위 궁창에 앉으시나니(사 40:21-22).**

예언자의 소리는 계속해서 더욱 예리하고 날카로워졌습니다.

> **거룩한 이가 이르시되, 그런즉 너희가 나를 누구에게 비교하여 나를 그와 동등하게 하겠느냐(사 40:25).**

거대한 바벨론 신화와 그 신전의 위엄 앞에서 야웨 신앙을 의심하는 유배민들의 불신앙을 향해 강력히 경고하고 있었습니다.

> **너희는 눈을 높이 들어 누가 이 모든 것을 창조했나보라. 주께서는 수효대로 만상을 이끌어내시고, 그들의 모든 이름을 부르시나니…(사 40:26).**

유배민에게 창조신앙의 회복을 호소하던 제2이사야는 모든 창조는 하나님께 속한 것! 마르둑마저 하나님과 비교될 수 없는 허구임을 고발하고 있던 예언자! 이제 그는 상상을 뛰어넘는 새 예언을 시작했습니다. 만물을 창조하신 창조주 하나님은 동시에 이 역사를 주관하시는 역사의 하나님이심을 선포하기 시작했습니다. 그 어떤 모습으로도 만나 볼 수 없는 창조주 하나님, 그러나 그 하나님은 그가 통치하시는 역사를 통하여 자신을 이미 드러내 주셨다고 선언했습니다. 창조의 하나님은 역사의 하나님이셨습니다.

> 하늘을 창조하여 펴시고, 땅과 그 소산을 내시며, 땅 위의 백성에게 호흡을 주시며, 땅에 행하는 자에게 영을 주시는 하나님 여호와께서 이같이 말씀하시되, 나 여호와가 의로 너를 불렀은즉, 내가 네 손을 잡아 너를 보호하며, 너를 세워 백성과 이방의 빛이 되게 하리니, 네가 눈먼 자들의 눈을 밝히며, 갇힌 자를 감옥에서 이끌어내며, 흑암에 앉은 자를 감방에서 나오게 하리라(사 42:5-7).

예언자는 더욱 '톤tone'을 높이고 있었습니다. 이방 문화에 매료되어 출애굽을 망각한 유배민에게 최후통첩 같은 경고를 서슴지 않았습니다. 또한 창조의 하나님은 바로 이 역사 속에 오셔서 구원을 행하시는 하나님이심을 증언하였습니다. 이 땅 어디에도 말씀하고 행동하는 다른 신은 없었습니다.

> 너희는 옛적 일을 기억하라. 나는 하나님이라. 나 외에 다른 이가 없느니라. 나는 하나님이라. 나 같은 이가 없느니라(사 46:9).
> 여호와께서 그들을 사막으로 통과하게 하시던 때에 그들이 목마르지 아니하게 하시되, 그들을 위하여 바위에서 물이 흘러나게 하시며, 바위를 쪼개사 물이 솟아나게 하셨느니라(사 48:21).

여기서 제2이사야는 창조주 하나님, 역사의 하나님 앞에서는 바벨론의 모든 신화와 신전 그리고 문명까지도 허상임을 고발하고 있었습니다.

오늘의 본문인 창세기 1장 1절에서 2장 3절까지를 누가 기록했는지는 알 수 없습니다. 그리고 어디서 기록되었는지도 분명하지 않습니다. 그러나 BC 550년경에 기록된 것이라면, 창세기 1장의 창조신앙은 한 개인의 신앙고백이 아니었습니다. 창조주 하나님은 유배 중인 자기 백성을 다시 구원하시려 오시는 출애굽의 하나님이셨습니다. 여기서 제2이사야는 놀라운 비밀을 증언하고 있었습니다. 그 옛날 출애굽 사건에서 그리고 시내산 언약에서 만난 역사의 하나님은 거꾸로 모든 우주와 인간을 친히 창조하신 창조주이심을 비로소 깨닫기 시작한 것입니다. 그것은 민족적인 고백으로 변하고 있었습니다. 그래서 창세기 1장은 민족적인 신앙고백이었습니다.

그리고 창조신앙의 고백은 시적詩的일 수밖에 없었습니다. 그 어떤 인간의 언어로도 하나님의 이 거대한 창조의 비밀을 묘사할 수는 없기 때문이었습니다. 그래서 바르트Barth 교수는 창세기를 '비화Saga'라고 했습니다. 인위적인 언어로 만들어낸 '신화myth'가 아니었습니다. 하나님의 위대하신 창조의 신비와 비밀을 시적으로 표현한 이 민족적 신앙고백인 창조 비화는 그 당시 중동지역에 편만했던 바벨론 신화와 애굽의 신화 모두를 허상으로 만들어 버렸습니다.

'태초에'는 아무것도 존재하지 않았던 '무nihilo, nothing'였습니다. 그 흑암 속에 하나님은 '빛'을 주셨습니다. 창조는 신들의 전쟁이 아니었습니다. 흑암 속에 빛을 주시는 것이 창조의 질서였습니다. 그래서 우리는 "저녁이 되고 아침이 되니"라고 반복되는 말씀에 주목합니다.

그리고 모든 창조는 하나님 보시기에 좋았습니다. 그러나 창조의 아름다움은 창조 그 자체가 아니었습니다. 하나님의 선하심 때문에 아름다웠습니다. 그러기에 창조신앙은 지구와 하늘을 티아마트의 눈물로 만들었다는 바벨론 신화의 세계부정을 다시 부정하는 이중부정이었습니다.

하나님은 인간을 하나님의 형상대로 창조하신 후 창조의 중심에 두셨습니다. 하나님과의 영원한 교제에 참여하는 인간, 그러나 인간은 하나님의 창조를 지키고 보전해야 하는 '청지기'였습니다. 하나님과 동행하는 순례자들인 것입니다. 여기서 인간을 '종놈'으로 비하한 바벨론 신화를 다시 부정합니다.

출애굽의 역사를 통하여 하나님을 창조주로 고백한 이스라엘 민족의 신앙고백이 창세기였다면, 오늘 진화론으로 맞서고 있는 과학주의 앞에 이 창조신앙은 무엇인가? 영남대 물리학과 교수인 권진혁 박사는 호킹의 허점을 한마디로 고발하고 있습니다.

그렇다면 "중력은 어떻게 존재하는가? 중력을 발생시키는 물질은 어디서 왔는가?"

자연을 '개발과 착취'의 대상으로 삼고 지구촌을 멸망으로까지 몰아가는 오늘 지구촌 정치·경제지도자들에게 오늘 이 창조신앙은 무엇인가?

이 우주와 지구를 향하신 하나님의 거룩하신 뜻을 읽을 수 있는 최소한의 양심은 있어야 할 것입니다. 오늘 창조신앙은 우리 자신 하나하나와 세계를 향해 다가오고 있는 하나님의 심판을 경고해야 합니다. 또한 우리는 하나님의 창조를 지키는 청지기에 불과하다는 사실을 경고해야 합니다.

69일 동안 매몰되었던 칠레 광부 33명을 구출할 수 있었던 것은 첨단과학의 힘이었다고 합니다. 여기서 과학은 인류평화와 인류공동체를 세우는 소중한 창조의 도구가 될 수 있음의 좋은 예시였습니다. 아울러 인간승리로 불리는 이 기적 뒤에는 하나님의 돌보심을 간구하는 세계인들의 기도가 인류를 하나의 창조세계로 묶어주었던 거룩한 순간들이었습니다. 지구촌 평화의 가능성을 열어놓은 사건이었습니다. 그 뒤에는 우리 하나님의 창조와 구원의 손길이 있었습니다.

내가 땅의 기초를 놓을 때에 네가 어디 있었느냐?(욥 38:4).

하나님이 지어 입히신 가죽옷

> 총 본문: 창세기 3장~11장
> 주제 본문: 창세기 3:21-24; 4:1-15

지난 11월 2일, 화요일에는 16주의 과정을 마치고, 수료하는 17명의 콜로키움colloquium 목사님들의 연구발표 모임이 있었습니다. 그 중에 한 목사님이 "하나님 나라 백성 공동체 만들기"라는 제목의 목회수기를 발표하였습니다. 그 중의 짤막한 이야기 한토막입니다.

전립선암 환자에게 행한 치유의 성만찬, 남상호 성도(80세, 장인어른).

성도는 작년 전립선암 말기 판정을 받고 항암치료를 받고 계셨다. 암 말기로 인해 걷는 것도 몹시 불편하셨다. 많은 시간을 잠에 취해 누우신 채 주무셨다. 1년 전 세례를 받은 초보 신앙인이셨다. 성만찬의 목적은 치유를 위한 것은 아니었다. 편한 마음으로 남은 생을 잘 보내십사 하는 마음으로 성만찬 예배를 세족식과 함께 드렸다. 본인과 아내가 사랑의 마음으로 장인어른의 발을 씻어 드렸다.

그런데 오랫동안 장인어른과 장모님은 사이가 안 좋으셨기에 죽음을 앞둔 장인어른과 장모님께서 용서와 화해의 시간을 가졌다. 장인어른이 그동안 잘못한 일들에 대해 장모님께 용서를 구하셨다. 장모님이 다 용서하신다고 말하는 순간, "고맙다"고 말씀하셨다. 그런데 그날 저녁부터 장인어른이 잃었던 식욕을 되찾기 시작하셨다. 그 후 걷기도 잘하시고, 마당의 풀도 뽑을 정도로 건강이 회복되셨다. 요사이는 동네 친구들과 어울려 점심을 하실 정도로 건강이 회복되셨다. 성만찬을 통하여 가족 간의 용서와 화해가 이루어지는 순간, 새로운 힘과 건강을 회복하는 은혜를 체험하게 된 것이다.

이 이야기는 그 옛날 아담과 이브가 잃어버린 에덴동산을 되찾는 구원의 신비를 담고 있습니다. 아니 우리 모두를 오늘 갈라놓는 내면의 단절과 소외이야기 그리고 한순간 그것들이 화해와 치유로 변화될 수 있는 구원의 가능성을 조용히 증언하고 있습니다.

오늘 창세기 3장에서 11장에 펼쳐지는 이야기들은 거대한 하나님의 창조를 마구 파괴하고, 창조주이신 하나님마저 배신하는 우리의 슬픈 이야기에서 시작합니다.

하나님의 창조 그 중심에는 인간이 서 있었습니다. 유독 인간만이 '하나님의 형상$_{Imago\ Dei}$'으로 피조되었습니다. 인간만이 하나님과 교통할 수 있는 영적 존재라는 뜻입니다. 그리고 인간만이 하나님의 창조를 '지키고 가꾸어야 하는 정원사$_{gardener}$'라는 의미였습니다(B. Anderson).

그런데 이 정원사가 갑자기 창조를 파괴하고 짓밟는 '반항자rebel'로 변질한 것입니다. 이 변질이 퍼지고 퍼져 오늘 온 인류와 우주는 파멸로까지 치닫고 있습니다. 창세기 3장에서 11장은 이 파멸의 시작을 알리는 에피소드들이며, 그것은 바로 저와 여러분의 이야기이기도 합니다. 바로 제가 아담이고, 여러분이 이브일 수 있습니다. 이 역사는 지금 저와 여러분의 손끝에서 계속 파괴되어가고 있다는 뜻입니다. 왜 정원사였던 우리가 배신자로 변질되었는가? 무엇이 우리를 이 역사를 파괴하는 악마로 전락시켰는가?

이 물음 앞에 창세기 3장은 세 가지로 나뉘는 단락을 가지고 답하고 있습니다.

첫 번째 단락은 인간이 저지른 극히 소박한 반항에서 시작합니다. 그런데 그것이 배신인 줄도 모르고 저지른 극히 작은 일에서 시작되었습니다. 그 배신은 하나님의 처음 작품이기도 했던 아담과 이브의 가정에서 일어나고 있었습니다. 오늘 같은 노동의 수고 없이도 먹고 마시고 숨 쉴 수 있는 에덴동산이 집이었던 아담과 이브의 가정에 손님이 슬며시 찾아온 것입니다. 그 손님의 이름은 '뱀'이었습니다. 창세기 저자는 이 뱀을 발로 걸어 다니고 인간과 말도 나누는 의인화된 동물로 묘사했습니다. 그리고 가장 간교한 존재로 그렸습니다. 성서해석에 따르면 이 뱀은 당시 바벨론 신화에 등장한 어둠과 혼돈의 여신, 티아마트의 화신이라고 합니다(구원 순례 1 참조). 그러기에 뱀은 악한 존재였으며, 악은 밖으로부터 안으로 침입하는 것으로 묘사되었습니다.

그런데 문제는 악이 침입할 때 공포의 방법으로 접근하지 않는데 있습니다. 악은 언제나 '달콤하고', '아름다우며', '화려하고', '멋있는'

매체를 가지고 다가오는 것이 특징입니다. "너희가 선악과를 먹는 날에는 너희 눈이 밝아져 하나님과 같이 되어"라는 달콤한 유혹이었습니다. 하나님과 같아질 수 있다는 유혹! 인간이 '신'이 될 수 있다는 이 유혹은 인간 내면의 숨어있는 '욕망'을 가장 쉽게 자극하는 최상의 흥분제입니다. 자신을 '신'이라고 불러 경배를 강요한 로마 황제들! 자신을 신으로 착각한 히틀러Hitler와 스탈린Stalin, 자신을 메시아로 착각한 문선명 같은 이들은 이 유혹을 거침없이 받아들인 영웅들이었습니다. 그 중에서도 아담과 이브가 바로 이 유혹을 과감히 받아들인 원흉이었습니다.

여기서 라인홀드 니버Reinhold Nieburh 교수는 하나님과 같아지려는 아담과 이브의 내면의 욕망을 '교만pride'이라고 불렀습니다. 교만이 죄의 근원이라는 것입니다. 여기서 성서는 인간의 미스테리 하나를 폭로하고 있습니다. 선악과를 따먹은 그 순간, 아담과 이브의 '눈'은 밝아졌습니다. 그러나 하나님과 같아지지는 못했습니다. 이것이 악마가 행하는 기만입니다. 약속에 대한 책임을 지지 않는 것이 악마가 하는 짓입니다. 거꾸로 눈이 밝아진 다음 돌아온 것은 '벌거벗은 자신들의 모습'이었습니다. 나폴레옹의 말로, 히틀러의 말로, 스탈린의 말로, 문선명의 말로, 그들은 하나님이 되지 못하고 벌거벗은 모습으로 역사의 심판 앞에 지금도 서 있습니다.

인간 배신의 이야기는 두 번째 단락으로 넘어옵니다. 첫 번째 단락이 배신의 주제였다면, 두 번째 단락은 '끊어짐', '단절'의 주제입니다. 하나님과 같아지려고 따먹은 선악과는 아담과 이브를 거꾸로 벌거벗은 부끄러움으로 몰아넣었습니다. 너무 부끄러워 무화과나무로 치마를 만들어 가리고 어둠 속으로 숨어버렸다고 성서는 증언합니다. 이것은 모든 것의 단절과 끊어짐의 시작이었습니다. 하나님으로부터 끊어졌습니다. 하나님의 낯을 피하여 멀리멀리 도망하는 자가 되어버렸습니다. 이것을 폴 틸리히Paul Tillich 교수는 '소외alienation'라 불렀습니다.

물질문명의 극을 이룬 지구촌 구석구석을 파고드는 오늘의 무신론주의! 그 저변에 "하나님 없이 살려는" 인간 교만이 도사리고 있는 인류는 '어둠'의 운명을 벗어날 길은 없습니다. 하나님으로부터 단절된 여러분과 나, 우리들의 운명은 파멸과 어둠뿐입니다.

오늘 지구촌의 비극 그 저변은 존재의 근원으로부터 끊어진 삶의 분절이 그 원인입니다. 끊이지 않는 전쟁과 죽음, 착취와 살인은 결국 이 우주와 인간을 창조하신 창조주로부터의 끊어짐에서 오는 비극들입니다. 문제는 이것으로 끝나지 않는 데 있습니다. 하나님으로부터 끊어진 아담과 이브는 놀랍게도 '너'와 '나'를 끊어놓는 연쇄적 단절로 이어져 갔습니다. 무화과나무로 부끄러움을 가린 두 사람은 더 이상 신비적 연합도, 서로를 구원하는 자, 배필도 아니었습니다. 생존을 위한 동거인으로 추락하고 있었습니다. 책임을 서로에게 떠넘기고, 서로를 비난하며, 서로를 억압하는 생존경쟁의 수단으로 전락했습니다. 처음 가정은 이렇게 파탄되고 말았습니다. 오늘 경험하는 가정의 파괴 그 뒤에는 무화과나무 잎으로 갈라놓은 아담과 이브 사이의 끊어짐이 그대로 자리하고 있다고 보아야 할 것입니다.

그런데 문제는 하나님으로부터의 끊어짐이 아담과 이브 둘 사이를 갈라놓은 것만으로 끝나지 않은 데 있습니다. 아담과 이브 사이의 단절은 그들의 아들들, 가인과 아벨 사이의 단절, 그것은 살인으로 이어져 내려갔습니다. '동족살해Fratricide'라 불리는 형제 살인은 오늘의 무자비한 살인과 전쟁으로 이어져 왔습니다. 하나님으로부터의 끊어짐의 시작은 집집마다 부부 사이, 부모와 자식 사이, 이웃과 이웃 사이를 갈라놓았으며, 그것은 살인과 자살이라는 무서운 사회악으로까지 이어지는, 연쇄적인 본능을 가지고 지금 이 역사, 국가와 국가 사이, 가정들 속에 파고들었습니다.

그리고 하나님으로부터 끊어진 아담과 이브는 하나님의 솜씨, 자연마저 파괴하는 자가 되었습니다. 자연을 훼손해야만 먹고 살 수 있게 된 것입니다. 인류 역사는 하나님의 자연을 누가 더 많이 착취하느냐의 싸움의 연장이었으며, 이 싸움은 더욱 치열해질 것입니다. 노아의 홍수는 그 어느 날 지구는 인간이 숨 쉬고 살 수 없는 저주의 땅으로 추락할 수도 있다는 경고였습니다. 근일에 일어난 일본의 원자로 사건은 인류의 마지막 경고인 듯합니다.

바로 이때 하나님께서 동산을 거니시다가 숨어있는 두 사람에게 하나님은 책임을 물으셨습니다. 그리고 하나님의 영역을 범한 아담과 이브를 추방하셨습니다. 에덴동산 동쪽에 그룹들과 두루 도는 불 칼을 두어 생명나무를 지키기 위해 아담과 이브를 내쫓았습니다. 하나님께서는 자기를 배신한 인간을 내치신 것입니다. 에덴에서 추방된 것입니다. 땅 있는 사람들landed people이 땅 없는 사람들landless people이 되어 배회하는 자fugitive가 된 것입니다. 이것이 세 번째 단락이었습니다.

여기서 이브는 생산의 고통을 동물보다 더 심하게, 아담은 노동의 수고를 통해서만 입에 풀칠을 하는 저주받은 삶으로, 동생을 쳐 죽이고도 시치미를 떼는 가인을 "땅에서 피하여 유리하는 자"로 내치셨습니다. 홍수는 또 다른 하나님의 심판이었습니다. 노아의 아들놈들마저 온 지면에 흩어버렸습니다. 배신의 역사는 하나님의 엄위하신 심판 아래 있다는 말입니다. 역사는 인간들의 조작으로 만들어가는 것처럼 보이지만 어느 역사도 하나님의 심판을 피한 역사는 없었습니다. 로마제국이 망했고, 독일 나치스가 멸망했으며, 일본제국주의와 소련 공산주의가 그러했습니다. 지금은 '팍스 아메리카나Pax Americana'가 심판 아래 놓여있으며, 중국이 거대한 제국으로 변신하는 순간, 그 역사마저 하나님의 심판을 피할 길은 없습니다. 이것은 아담이 에덴으로부터 추방당한 이후의 역사의 운명이었습니다. 인간은 배회하는 자가 되었기 때문입니다.

그러나 '배신', '단절', '추방'이라는 세 단락의 타락 이야기가 끝나는 바로 그 자리! 바로 그 끝자락에 미세한 비밀 하나가 숨어 있었습니다.

에덴동산으로부터 아담과 이브를 내쫓으시는 바로 그 순간, 바로 그 자리에서 하나님은 친히 지어 만드신 '가죽옷'으로 아담과 이브를 감싸 주셨다고 성서는 증언합니다(창 3:21). 가죽옷을 입혔다는 말은 무화과나무 치마를 거두셨다는 말입니다. 그 무엇으로부터도 보호받을 수 없는 무화과나무 치마, 인간이 만들어 가린 나약한 가리개! 하나님은 그것을 거두시고 쉽게 소멸되지 않는, 온갖 위험으로부터 보호받을 수 있는 '가죽옷'을 입히셨습니다. 그것은 하나님의 마음과 사랑이 담긴 은혜의 선물이었습니다.

배신으로 인해 그 책임을 물어 추방하면서도, 하나님은 자기의 형상대로 지으신 인간을 향한 사랑의 끈은 놓지 않으셨습니다. 이것은 하나님의 심판 뒤에 숨어있는 하나님의 긍휼하심이었습니다. 동생을 죽인 살인자 가인을 내치시는 그 순간에도 하나님은 '표'를 주어 죽음을 면케 하시는 하나님, 40일 40주야를 물로 심판하신 바로 그 자리에 '무지개'를 띠워 언약을 맺으신 하나님! 하나님은 지금 거대한 창조에 이어 거대한 구원을 조용히 시작하고 계셨습니다.

누가 아담이고 이브입니까?

바울이 고백했습니다. "한 사람으로 말미암아 죄가 세상에 들어오고 죄로 말미암아 사망이 들어왔나니 이와 같이 모든 사람이 죄를 지었으므로 사망이 모든 사람에게 이르렀느니라"(롬 5:12).

저와 여러분이 아담이고 또 이브입니다. 에덴을 잃고 배회하는 자들입니다. 항시 죄와 죽음 앞에 노출되어 있는 나약한 존재들입니다. 그러나 우리는 하나님께서 친히 지어 입히신 '가죽옷'을 입고 다니는 하나님의 사람들입니다. 하나님의 긍휼하심 안에서 살아가는 축복된 사람들입니다.

목사님이 베푼 작은 가정예배 성찬식과 세족식은 한 평생을 무화과나무로 만든 치마 속에 숨어 살아온 단절과 어둠의 노부모를 하나님이 친히 지어 입히신 '가죽옷'으로 바꾸어 입혀드린 작은 기적이었습니다. 고백과 용서, 그것은 하나님의 긍휼하심을 경험하는 마지막 통로였습니다.

하나님의 구원은 이렇게 시작되고 또 그것은 또 다른 구원의 역사로 이어지는 것입니다.

내가 네게 보여줄 땅으로 가라

총 본문: 창세기 11장 1절 ~ 25장 18절

주제 본문: 창세기 11:3-12:9; 22:12-19

"디아스포라Diaspora 선교", 이것은 창세기 11장 31절에서 12장 3절을 근거로 쓴 모 신학대학원 선교학 교수가 쓴 글 제목입니다. 다음 몇 문장은 교수님의 글을 인용한 것입니다.

창세기 11장 31절부터 12장 3절까지 보면 데라는 자기 아들 아브라함과 함께 고향 우르를 떠나 가나안 땅으로 이동했다. 그가 중간 기착지인 하란에 머물렀을 때 그곳은 너무 풍요로웠다. 1천km를 달려온 데라에게 하란은 그야말로 축복의 땅이었다. 가나안땅 보다는 지금 당장 하란이 좋게 보인 것이다. 데라는 하란에서 성공하고 싶었다. 이것이 이민자들이 가지는 꿈이라 할 수 있다. 가나안으로 가서 이방인을 주님께 데려오는 '하나님의 꿈Divine Dream'보다는 세상에서 잘 먹고 잘 사는 '세상의 꿈Success Dream'을 이루고 싶어 하는 것이다. 하지만 하나님의 계획은 다르다. 아브라함에게 명하였듯이 가나안으로 가야 하는 것이다. 그가 풍족한 삶을 버리고 다시 가나안까지 5백km를 가야 했지만 순종하였다. 이것이 바로 하나님의 디아스포라(흩어짐)를 향한 계획이라 할 수 있다.

이 글은 '은혜로운 설교'에 속하는 아브라함 예찬론이었습니다. 아브라함의 아버지 데라는 세상의 꿈을 찾아 헤맨 세속적 인물의 표상처럼 묘사되는가 하면, 아브라함은 세속적인 꿈을 저버리고 하나님의 꿈만을 이룬 믿음의 기사로 영웅화 되고 있었습니다.

아멘으로 받아야 하는 글이지만, 진정 이 글이 본문의 뜻을 제대로 담아내고 있는 것인가? 여기에 몇 가지 질문을 던져보고자 합니다.

하란에 머물렀던 데라 가족은 정말 풍요로웠던가? 그 고증은 어디에 있는가? 하나님의 명령을 받았을 때, 아브라함은 세상의 꿈을 완전히 포기하고 하나님 꿈만을 좇아 가나안으로 갔던가?

이 질문들에 대한 해답은 외면한 채 데라는 세속인으로, 아브라함은 신앙인으로 단순화시킨 A 교수의 글은 최소한의 검증과 해석이 빠진 다소 낮은 설교에 불과했습니다. 이것이 오늘 한국교회를 값싼 신앙의 낭만주의로 추락시키고 있는 단면이기도 합니다.

오늘 우리는 하나님의 구원 순례 3 "아브라함을 통한 구원"을 주제로 아브라함과 함께 고난의 여정을 시작하고자 합니다. 아브라함과 그의 아버지 데라 그리고 그의 조상들은 처음부터 '땅 없는 사람들landless people'이었다는 고고학적 검증에서 출발하고자 합니다.

도시의 풍요도 문명의 혜택도 경험조차 못한 채 풀을 좇아 이곳에서 저곳으로 옮겨 다니는 유목민의 운명이 바로 아브라함과 가문 그리고 부족의 정체성이었습니다. 그래서 그들은 언제나 역사 밖에 있었고, 문명의 흐름으로부터 소외된 당시의 집시들이었습니다. 그러나 그 당시(주전 2000년경) 역사의 흐름은 '기름진 초승달'로 알려진 거대한 메소포타미아 문명이 주도하고 있었습니다. 그것은 셈족도 아니고, 아브라함은 더더욱 역사의 주역이 아니었습니다. 여기서 우리는 역사의 흐름과 그것을 역행하시는 하나님의 신비 사이의 제3의 리듬을 읽어야 할 것입니다.

하나님께서 흩으신 바벨탑으로 인해 인류의 문명은 지구상에서 끝난 것처럼 보였습니다. 그러나 인간 교만의 상징이었던 바벨탑은 오히려 더 거대한 문명의 띠를 만들어가고 있었습니다. 나일 강에서 시작한 문명의 띠, '벨트belt'는 지중해 연안을 따라 위로 올라가서는 대륙을 꿰뚫고 터키남쪽에서 발원하는 티그리스 강과 유프라테스 강을 따라 남쪽 페르시아만까지 이어 갔습니다. 그것은 초승달 모양이었으며, 기름진 문명이었기에 그 이름을 '기름진 초승달Fertile Crescent'이라 불렀습니다.

그러나 여기에 데라와 아브라함이 설 자리는 없었습니다. 지금도 기름진 초승달의 후예인 이슬람들이 유목민의 후손인 유대인을 깔보고 업신여기는 이유가 여기에 있습니다. 그러기에 아브라함의 이야기는 처음부터 성공이야기success story가 아니었습니다. 오히려 처절하고, 가난하고, 역사로부터 외면된, 땅 없는 방랑자들의 비참한 이야기였습니다. 그리고 땅 없는 사람들의 이야기는 예수 그리스도로까지 이어집니다.

그러므로 성서 해석에서, 특별히 구원사에서 보는 성경은 성공담

success story이 아님을 분명히 해야 합니다. 성경을 축복에서 보고 해석하는 한, 한국교회는 하나님의 구원의 신비와 거룩한 흐름을 호흡할 수 있는 신앙의 끈을 놓치고 말 것입니다.

성경이 성공 이야기가 아니라는 사실은 데라와 가족이 살았다던 갈데아 우르Uru 이야기에서도 찾을 수 있습니다. 갈대아 우르는 지금의 이라크 남쪽에 위치해 있었으며, 그 우르는 수메르인들의 수도로서, 광대한 농지와 잘 발달된 수로 그리고 거대한 건축물들이 들어선 메소포타미아 문명의 거점도시였습니다. 수메르인들은 셈족을 용납하지 않았으며, 더욱이 유목민의 침입을 허용하지 않았다는 것이 고고학의 발견이었습니다. 그러기에 데라가 살았다는 갈데아 우르는 '우르'가 아닌 다른 장소였다는 것입니다. 다른 장소! 그곳은 남쪽의 도시 우르가 아닌, 오히려 티그리스와 유프라테스강 상류 북쪽, 지금의 터키 남쪽, '우리Uri'라는 광대한 땅이었다는 것이 고고학의 발견이었습니다. 유목민이 살 수 있었던 최적의 땅이었습니다. 데라와 그의 선조, 셈족의 후예들이 이곳에서 오랜 세월 살았으며, 그들은 도시인이 아니라 풀을 찾아 이동하는 땅 없는 유목민 부족이었음이 틀림없었습니다. 이곳 '우르'로부터 거대한 도시 '하란'으로의 이동은 1천km가 아니라 가축과 가족 모두가 쉽게 이동할 수 있는 가까운 거리 안에 있었습니다.

그들이 머물렀던 하란! 고고학에 따르면, 이 성은 아모리 족이 세운 마리Mari 왕국의 수도였으며, 교통의 중심지였으며, 상업이 번창했던 문명의 또 다른 중심지였습니다. 그리고 하란에는 '쉰Sin'이라 부르는 달 신을 시작으로 수많은 신들을 숭배하는 신전들이 서 있었습니다. 하란으로 옮겨온 데라와 가족, 유목민이었던 그들이 하루아침에 도시인이 될 수는 없었습니다. 더욱이 아모리 족속은 셈족을 환영하지도 않았습니다. 그들이 머무른 곳은 왕궁 밖, 초원이 있는 국경 근처였으며, 옥수수밭을 끼고 아모리 족속과 가끔은 충돌하는 긴장 속에 살았던 것으로 전해지고 있습니다.

여기서 우리는 한 가지를 유념해야 할 것입니다. 하란에 살았던 아브람은 도시인도, 문명인도, 부자도 아니었습니다. 오히려 그는 반문명인이었으며, 역사의 흐름에서 소외된 나약한 부족민이었으며, 집도 없이 이곳저곳을 이동하는 유목민이었다는 사실에 유념해야 할 것입니다. 그러기에 아브라함을 그의 삶의 흐름에서 떼어 놓고, 그를 미화하고 영웅시하는 것은 위험한 것입니다.

이제 우리는 창세기 12장 1절로 들어가고자 합니다.

여호와께서 아브람에게 이르시되 너는 너의 고향과 친척과 아버지의 집을 떠나….

여기서 고향은 하란이었고, 하란은 아브람이 떠난 후에도 동생 나홀이 살았으며, 이삭의 아내가 된 리브가의 생가였으며, 라반의 집이었으며, 야곱이 20년 간 살았던 곳이었습니다. 여기서부터 신학적 질문으로 들어가고자 합니다.

하나님은 왜 그 당시 그 수많은 도시인들, 화려한 종교인들, 정치인들을 구원의 도구로 선택하시지 않으시고, 반문명인, 역사의 흐름에서 비껴난 유목민을 부르셨는가라는 질문 앞에 답해야 하는 자리에 온 것입니다.

성서의 신비는 여기서 출발합니다. 하나님은 인간 교만의 상징인 도시와 문명, 더욱이 거대한 도시를 선호하시지 않았습니다. 모든 바벨탑 신화 뒤에는 언제나 하나님과 같아 보려는 인간 내면의 욕망이 항상 깔려 있기 때문입니다. 그러나 인간이 세운 문명은 그 어떤 것도 500년을 넘기지 못하고 멸망한 것이 역사의 교훈이기도 했습니다. 바벨론이 그랬고, 페르시아가 그러했으며, 로마가 그랬고, 소련이 무너졌고, 지금은 '팍스 아메리카나'가 휘청거리고 있습니다.

오히려 하나님의 선택은 항상 버림받은 자들에게로 향하고 있었습니다. 적어도 그들은 하나님 앞에서 교만하지 않았습니다. 아브라함의 선택은 하나님 손에서 온 것이지만, 적어도 그는 하나님 앞에서 교만하지 않았습니다. 그는 아무것도 없는 유목민, 사막인이었기 때문이었습니다.

창세기 12장 2절은 다음과 같습니다.

내가 너로 큰 민족을 이루고, 네게 복을 주어 네 이름을 창대케 하리니….

자식 하나 없는 아브람에게 큰 민족이 된다는 약속, '땅' 한 폭 없이 풀을 찾아 헤매는 그에게 '땅의 약속', 아모리 사람들, 바벨론인들의 천대 속에 살았던 아브람이 평화의 주도권인 복이 약속된 이 하나님의 부르심 앞에, 아브람은 성공의 꿈 때문에 하란을 떠날 수 있었다고 보아야 할 것입니다. 그러나 창세기 12장에서 25장 사이에 펼쳐지는 팔레스타인에서의 아브라함의 이민생활은 약속된 것만큼의 성공의 땅은 아니었습니다. 땅 때문에 본토 족과 롯과도 갈등을 겪어야 했습니다. 아들이 없어 몸종의 몸에서 아들을 얻어야 했습니다. 복은커녕, 안과 밖으로 분쟁은 끊이지를 않았습니다.

하나님의 약속은 빗나가고 있었습니다. 살기가 힘든 아브라함은 계속 실수를 저질렀습니다. 두 번씩이나 아내를 누이라고 속여 자신의 신변을 보호받으려 했습니다. 여기서 우리는 놀라운 사실 앞에 서 있습니다. 다른 종교는 인간의 추함을, 비도덕 함을 은폐하려는 데 반하여, 성경은 아브라함의 나약함을, 추함을 그대로 드러내고 있으며, 그것은 우리 모두의 내면의 추함을 그대로 하나님 앞에 드러내기 위함이었습니다.

이제 우리는 오늘의 마지막 질문에 이르렀습니다.

이 모든 추함과 나약함에도 불구하고, 하나님께서 아브라함을 끝까지 포기하지 아니하시고, 그를 구원의 도구로 드신 이유는 무엇일까?

선택은 하나님께 속한 것이지만, 한 가지는 분명한 듯합니다. 하란의 변두리, 유목민의 천막 그 너머, 밤이면 밤마다 별들의 틈새를 뚫고, 밤의 침묵을 깨시고, 거대한 우주로부터, 그러나 미세한 음성으로 다가오는 소리, 말씀하시는 음성 앞에 겸손히 경청한 사람, 그는 아브라함이었습니다. 하란의 수많은 신들은 말을 하지 않은 신들이 었습니다. 말을 하지 않는 신은 생명이 없는 죽은 신들이었습니다.

그러나 말씀하시는 그분! 볼 수는 없지만, 말씀하시는 분은 살아 계신 하나님이시기에 모든 것을 포기할 수 있었으며, 모든 것을 내려놓을 수 있었습니다. 이것은 영국이 낳은 구약학 학자 로올리H. H. Rowley의 해석이었습니다. 그러나 민족, 땅, 복 세 가지 약속은 그 어느 하나도 아브라함 당대에 실현되지 않았습니다. 약속의 폐기 같은 것이었습니다. 아브라함도 계속 실수로 저항했습니다. 그러나 하나님께서는 끝까지 아브라함을 포기하시지 않으셨습니다. 친아들 이삭을 포기하면서까지 하나님 앞에서 신앙의 끈만은 놓지 않으려는 아브라함의 신앙을 사신 것이었습니다. 이때 신앙은 조건이 아니었습니다. 약속을 믿고 기다림이 신앙이었습니다.

히브리서 기자는 믿음을 이렇게 표현했습니다.

약속을 받지 못하였으되 그것들을 멀리서 보고 환영하며 또 땅에서는 외국인과 나그네임을 증언하였으니(히 11:13).

여기서 아브라함은 하나님의 구원 역사와 하나님이 구원하시고자 하시는 전 인류 역사 사이를 이어가는 징검다리가 되었습니다.

브니엘의 태양

총 본문: 창세기 25장 19절~36장 43절
주제 본문: 창세기 27:34-45; 32:18-32

전 인류를 향하여 시작하신 하나님의 구원 역사는 우리의 예상을 뒤집고, 땅의 공간과 타락한 인간을 매개로 드시면서 시작하셨습니다. 그 처음 사람은 아브라함이었고, 그 처음 땅은 하란과 브엘세바 사막이었습니다. 그런데 하나님이 들어 쓰신 그 땅과 사람은 전혀 아름답지도 화려하지도 않았습니다.

오히려 땅은 인간들이 뿜어내는 악취와 냄새로 얼룩진 자리였으며, 사람들은 욕망으로 채색된 죄인들, 우리와 똑같은 사람들이었습니다. 하나님은 이 더러운 소재들을 들어 구원의 매개로 삼으셨습니다. 여기에 하나님께서 엮어 가시는 구원의 신비가 있습니다.

구원 순례 4도 이렇듯 냄새나는 공간과 타락한 인간들을 매개로 이어가고 있습니다.

오늘 하나님은 세 개의 땅과 조잡한 인간들을 무대에 끌어들여 하나의 인간드라마를 연출하시면서, 그것들을 소재로 구원의 흐름을 창조하셨습니다.

오늘 하나님께서 펼치시는 구원의 첫 번째 땅은 브엘세바였습니다. 유대 땅 남쪽, 사막지대 한복판의 작은 도읍, 브엘세바! 그곳은 아브라함이 이주하고 아비멜렉에게 양 7마리를 주고 우물을 판 후 정착한 제2의 고향이었습니다. 그리고 아들 이삭과 며느리 리브가 그리고 에서와 쌍둥이 동생 야곱이 살았던 공간이기도 했습니다. 바로 이 브엘세바의 한 가정에서 오늘의 드라마는 시작합니다.

그런데 이 드라마에는 주역이 없는 것이 특징입니다. 오히려 네 사람이 모두 주역이면서 동시에 모두가 조역이 되고 있는 이상한 드라마입니다. 본래 이 가정은 가족구성원들 사이의 상호작용interaction을 담보로 아름답고 이상적인 가족공동체 모형 하나를 만들 수도 있었습니다.

이 가정드라마의 처음 배역은 아버지 이삭이었습니다. 그는 부드러웠지만, 심히 나약한 계승자였습니다. 아버지 아브라함의 축복을 겨우겨우 지키고 있던 허약한 복사본이었습니다. 아버지 아브라함이 믿었던 하나님 신앙으로 만족했던 가냘픈 가장이었습니다. 그래서 그는 역사를 분별하는 눈도, 미래를 보는 꿈도 가지고 있지 않았습니다. 다만 사냥으로 잡아온 고기를 즐기는 것이 유일한 낙이었습니다.

이 드라마의 두 번째 배역은 이삭의 아내이면서 두 아들의 어머니 리브가였습니다. 세 남자의 틈바구니에 끼어있던 유일한 여인! 그에게는 화해와 돌봄의 역이 주어져 있었습니다. 이삭보다 약 20년 젊었던 하란의 목동 처녀 리브가, 그녀는 아브라함의 형님, 나홀의 아들, 브두엘의 딸이었으므로 이삭에게는 조카뻘 되는 처녀였습니다. 이삭과 결혼한 후 20년이 지나서야 쌍둥이를 낳은 한 많은 여인이었습니다.

그러나 이 드라마에는 세 번째 배역, 에서가 등장합니다. 나면서부터 털보였고, 온몸은 붉었다고 해서 에돔이라고 불렀습니다. 에서는 타고난 사냥꾼이었으며, 남성적이었으며, 마음이 넓고, 그러면서도 가슴이 뜨거운 호남이었다고 주석가들은 해석합니다. 장자로서의 품위를 타고난 당당한 아들이었습니다.

그러나 이 드라마의 네 번째 배역, 야곱이 등장합니다. 형 에서가 들에 나가 사냥을 하는 동안, 야곱은 온종일 엄마 곁을 맴돌면서 천막을 떠나지 않는 텐트 드웰러tent dweller, 요사이 말로 마마보이였다고 합니다. 그러면서 야곱은 항시 속임수만 생각하는 비열한 성격의 소유자였습니다. 태어나는 그 순간에도 형의 발꿈치를 붙들고 나왔다고 성경은 기록하고 있습니다(창 25:22, 25).

그러나 이 가정 드라마에 등장하는 배역들이 할아버지, 아브라함의 신앙을 그들의 역사적 유업으로 삼았더라면, 이 광야 한복판의 땅, 브엘세바의 한 가정은 역동적인 가족공동체로 현존할 수도 있었습니다. 그런데 이 가정은 한순간에 깨지고 말았습니다. 아담의 가정에 이어 가정 해체의 또 하나의 모형으로 등장합니다. 여기서 구약신학의 대가였던 클라우스 베스트만Claus Westermann은 말합니다. 성경이 가정의 '미'보다는 깨진 가정의 모습을 여과 없이 드러내는 이유는 이 땅의 모든 가정, 우리의 가정이 안고 있는 죄성을 고발하기 위함이라 했습니다. 그리고 그 원인을 폭로하기 위함이라 했습니다.

아버지 이삭은 장자인 에서뿐 아니라 처음부터 야곱까지도 품어야 하는 가장 소박한 책임을 포기하고 있었습니다. 사냥으로 잡아온 고기 맛에 매여 에서만을 사랑한 것이 다른 아들 야곱을 영원히 잃어버리는 비극의 단초가 되고 말았습니다. 편 가르기는 이삭에서 시작되었기에 가정파괴의 주범은 이삭이었습니다. 그 끝은 리브가도, 야곱도 잃었을 뿐 아니라, 끝내 그가 사랑하는 에서까지 잃어야 하는 비극으로 막을 내렸습니다.

이 틈새에 아름답고 현명했던 어머니 리브가는 남편 이삭과 아들들 사이에 벌어지고 있는 시기와 갈등을 중재하고 화해로 풀어가야 했던 중재자_{negotiator}였습니다. 그러나 리브가는 가장 소중한 소임의 순간들을 외면하고 말았습니다. 야곱이 속임수로 쟁취한 장자권과 부당하게 받은 축복을 형에게 되돌려 주었어야 했습니다. 그러나 리브가는 묵인_{connivance}의 선을 넘어 오히려 야곱을 선동하고 동조함으로 남편도, 큰아들 에서마저 영원히 잃어버리고 말았습니다. 그러나 리브가를 비운의 수렁으로 몰고 간 가장 큰 사건은 그가 그토록 편애했던 야곱마저 다시는 보지 못하는 유랑의 길로 떠나보내는 이별에 있었습니다. 편애의 결과는 모든 것의 상실이라는 비극으로 리브가를 몰아갔습니다.

이 가정의 비극적 드라마는 극히 작은 일에서 시작되었습니다. 에서는 한순간의 배고픔 때문에 장자가 누리는 그 엄청난 축복과 책임을 헌신짝처럼 내던진 영적인 무책임성! 그것으로부터 모든 것을 잃어버린 삶을 한평생 저주하며 살아야 했습니다.

비열한 속임수로 형과 아버지의 축복을 가로챈 야곱! 그는 모든 것을 쟁취한 듯하였으나 이제 야곱은 죽음을 피하여 모든 것을 포기하고 도망가야 하는 방랑자가 되었습니다. 모든 것을 얻었으나, 모든 것을 놓고 떠나야 하는 잃은 자가 된 것입니다.

이렇게 이삭의 가정은 공동체로 승화하기도 전에 공중 분해되는 비극의 가정으로 영원히 남았습니다. 아니 모든 가정이 경험하는 인간 내면의 아픔을 드러내는 한 모형이라 해도 좋을 것입니다. 그러나 이삭의 가정 파괴 이야기가 성서의 중심적인 증언은 아니었습니다.

오히려 이삭의 가정이 깨져 나간, 아니 우리 모두가 안고 있는 파괴적 원인을 성서는 경고하고 있습니다. 무엇이 이삭의 가정을 파괴시켰는가? 편 가르기와 속임수는 밖으로 드러난 현상일 뿐이었습니다. 이삭의 가정을 이토록 처참한 파멸로 몰고 간 근원적인 원인이 무엇인가?

20세기를 풍미했던 정신분석학자, 유대인 철학자 에리히 프롬Eric Fromm은 그 원인을 한마디로 '소유욕to have'라 했습니다. 이삭도, 리브가도, 에서도, 야곱도 소유욕 때문에 너를 '너'로 보지 못했습니다.

현대 가정의 위기도 소유욕에서 오는 위기라고 보아야 할 것입니다. 아니 국내 정치 그 밑바닥, 국제 정치의 내면은 바로 누가 더 많이 가지느냐의 소유욕 싸움이라고 보아야 할 것입니다. 이것은 오늘의 구원 드라마가 시작된 브엘세바 이야기였습니다.

그러나 구원 순례는 두 번째 공간으로 그 무대를 옮기고 있었습니다. 속임수로 모든 것을 소유한 그 순간, 모든 소유를 버리고 떠나야 했던 야곱의 유랑은 장차 이스라엘 민족이 겪게 되는 고난의 예시라고 성서주석은 해석합니다. 모든 것을 소유한 순간, 모든 것을 잃어버린 야곱의 유배는 시작되고 있었습니다. 그가 집을 떠나 찾아온 곳은 하란이었습니다. 오는 길에 하나님을 만난 '벧엘'이 두 번째 땅 일 수도 있었습니다. 그러나 벧엘은 야곱의 여정의 한 지점에 불과했습니다. 오히려 하란에서의 20년! 그곳은 외삼촌 라반의 집이었지만, 그곳은 야곱의 증조할아버지, 데라가 묻힌 곳이었으며, 할아버지 아브라함이 살았던 고향이었기에 하란은 야곱에게 본향과 같은 곳이었습니다.

그러나 하란의 20년은 외삼촌, 라반의 한수 높은 '속임수 게임'에 비참하게 농락당하는 고통과 고난의 연속이었습니다. 야곱은 자기 가족에게 속임수를 쓰다가 이번에는 외삼촌으로부터 처절하게 속임수로 당하는 수난을 겪어야 했습니다. 20년의 중노동으로 얻은 재산은 아내 넷과 아들 열하나 그리고 가축들이었습니다. 이제 야곱은 소유욕의 끝자락에 와 있었습니다. 소유욕의 '게임game'은 외삼촌 라반을 당할 수가 없었으며, 결국 야곱을 벼랑 끝으로 몰아갔습니다.

그런데 소유욕 그 다음은 놀랍게도 떠나온 고향의 그리움이었습니다. 이민을 떠났던 수많은 한국인이 나이 50이 넘으면서 고향의 그리움 때문에 소유욕을 포기하는 것과 같은 것입니다. 그래서 야곱은 아내들과 아들들 그리고 모든 소유를 이끌고 고향을 향해 하란을 떠났습니다. 하란은 소유욕이 끝나는 자리였습니다.

오늘의 구원 순례는 세 번째 땅, 얍복강으로 그 무대를 옮기고 있었습니다.

얍복강! 이 강은 갈릴리바다와 남쪽 염해를 이어온 요단 강 그 중간쯤에서 동쪽으로 뻗어 있는 작은 지류를 의미했습니다. 하란과 브엘세바를 잇는 길목이었습니다. 그러나 얍복강에 이르자 형 에서가 군사 400명과 함께 야곱과 대결하여 야곱을 죽이려한다는 정보를 접하는 순간, 야곱은 절체절명의 위기 앞에 놓였습니다. 여기서 야곱은 즉시 양면 작전을 세웠습니다. 맞서서 싸우는 전략과 예물 공세로 형의 마음을 돌려보려는 전략이었습니다. 그런데도 야곱은 견딜 수 없는 두려움과 불안으로 고통받아야 했습니다. 뒤로 돌아갈 수도, 앞으로 나갈 수도 없는 자리! 죽음의 자리가 얍복강이었습니다.

얍복강가, '한계상황!' 성경은 '홀로 남았더니'(창 32:24)로 표현하는 그 순간, 그 순간만은 소유로도 다른 무엇으로도 해결할 수 없는 마지막 순간이었습니다. 이 순간을 신학은 '종말론적 순간'이라 합니다. 야곱은 지금 이 종말론적 순간 앞에 서 있는 것입니다. 바로 이때 야곱은 그의 전 존재를 걸고 하나님과 씨름하는 모험을 걸었습니다. 소유가 아니라 하나님께서 주시는 축복과 인침이 아니고서는 아무것도 할 수 없는 '제로 포인트zero point'에서 하나님과 씨름하였습니다.

'어떤 사람'(창 32:24)과의 씨름은 하나님과의 씨름이었습니다. 환도뼈가 부러져 나가는데도 하나님의 축복의 끈을 놓지 않았습니다. 환도뼈의 위골은 전 존재의 파괴, 소유욕으로 오염된 전 삶, 생명체의 부서짐을 뜻했습니다. 바로 그 순간, 야곱은 죽고 새로운 존재, 이스라엘이 태동되고 있었습니다. 에릭 프롬의 말대로, 'To Have'에서 'To Be' 존재로 다시 태어나고 있었습니다. 두려움과 공포의 강가, 얍복강이 한순간 브니엘로 바뀌면서 태양이 떠올랐습니다.

구원은 한순간, 영원한 한순간에 다가오는 선물 같은 것이었습니다. 이것을 메타노이아metanoia, 즉 회심이라 합니다. 구심점을 소유로부터 하나님께 돌리는 순간이었습니다. 새로운 존재로의 태어남, 이제 야곱에게 소유는 더 이상 삶의 목적이 아니었습니다. 하나의 수단이었을 뿐입니다. 형과의 화해뿐 아니라 함께 공유하는 소유로 변화되었습니다.

오늘 본문에 클라이맥스 드라마climax drama로 끝맺는 형과의 화해는 예물 공세 때문이 아니었습니다. 오히려 소유욕을 포기하는 순간, 하나님으로부터 온 축복, 새 민족으로 다시 태어나는 존재의 변화에서 온 화해였습니다. 하나님께서는 아브라함을, 이번에는 에서가 아닌 야곱을 들어 기이한 방법으로 거대한 구원 역사를 이어가셨습니다. 모든 것을 하나님 앞에 포기하는 아브라함과 야곱을 들어 하나님은 그들을 새로운 존재로 바꾸시고, 그들을 높여 구원의 매개로 삼으셨습니다.

하나님은 인간이 세운 거대한 문명이나 권력을 사용하시지 않습니다. 오히려 자신을 하나님 앞에 내려놓는 빈 마음을 축복하시고 또 소중한 도구로 드시어 그의 구원을 이어가십니다.

죽음의 땅, 얍복강을 태양이 떠오르는 브니엘로 바꾸어가시는 하나님의 구원은 바로 오늘 우리의 땅, 대한민국을 브니엘로 바꾸어 가시고자 하시는 하나님의 거룩하신 부르심입니다.

생명을 구원하시려고…

총 본문: 창세기 37장 1절 ~ 50장 26절
주제 본문: 창세기 45:1-15; 50:15-21

오늘 구원 순례는 나일강의 기적으로 알려진 고대 이집트를 그 무대로 합니다.

찬란했던 수메르 문명과 함께 세계 문명의 중심에 서 있던 고대 이집트, 그들은 이미 피라미드라는 문명의 기적을 꽃피운 초강대국 이었습니다. 주전(BC) 3000년, 지금으로부터 5,000년 전부터 이집 트는 고대왕국Old Kingdom, 중 왕국Middle Kingdom 그리고 신 왕국New Kingdom 의 영광을 중단 없이 이어온 거대한 '바로' 왕국이었습니다.

그런데 이 찬란한 역사 속에 끊어진 역사가 단 한 번 있었습니다. 애굽인들이 애써 지워버린 150년의 역사가 그것이었습니다. 주전 (BC) 1730년에서 BC 1580년 사이! 끊어진 150년의 역사를 두고 애굽인 역사가, '메네토Menetho'는 한 벽화에 다음과 같은 글을 남겼습니다.

우리 왕 튜티메우스_{Tutimaeus} 때에 일어난 일이다. 왜 신이 우리를 미워했는지 모른다. 동방의 이름 모를 종족이 쳐들어와 우리 땅을 짓밟았다. 그는 무자비하게 도시들을 불태우고, 신전들을 마구 파괴했다. 애굽인들은 비참하게 죽었고, 여인과 어린이들은 노예로 끌려갔다. 그들은 왕을 세우고 이름을 '살리티스_{Salitis}'라 했다. 그는 멤피스_{Memphis}에 살면서 온 애굽을 통치하고 24만 명을 동원하여 아바리스_{Avaris}에 큰 성을 쌓았다.

역사는 바로 이 침략자를 '힉소스_{Hyksos}'라고 불렀습니다. 힉소스 왕! 그는 바알을 섬기던 가나안 족속의 한 부족 지도자였으며, 새 무기와 수레 전차로 무장한 싸움꾼이었다고 합니다. 바로 이 힉소스가 오늘 본문에 등장하는 바로 왕이었습니다. 하나님은 이방 왕, 힉소스를 들어 그의 구원을 이어가시는 기이한 역사를 시작하고 계셨습니다.

당시 애굽의 역사와 성경 이야기가 일치하고 있다는 고고학의 검증은 하나님의 구원은 허공이 아니라, 인간들의 삶의 자리라는 이 역사를 무대로 하고 있음을 의미합니다. 창세기 37장 25절의 '이스마엘 상인'들이 낙타에 싣고 다니던 향품과 몰약은 미라를 만드는데 필요한 향료였다고 합니다. 창세기 37장 36절에 나오는 이름, 보디발은 '신의 선물'이라는 뜻을 가진 당시 애굽인들의 이름이었습니다. 창세기 41장 42절에 바로 왕이 자기의 '인장 반지'를 빼어 요셉의 손에 끼우고, 세마포와 금 사슬을 입혔다는 성서적 증언은 당시 애굽 왕실의 엄숙한 예식 절차와 일치하고 있었습니다. 특별히 창세기 41

장 43절에 요셉을 태웠다는 '버금 수레'는 당시 애굽에는 없었던 전차로 알려져 있습니다. 이 버금 수레는 전쟁 때 힉소스 왕이 사용한 전차라는 점에서 요셉을 수상으로 발탁한 왕은 애굽인 왕이 아니라, 점령하고 들어온 이방 왕, 힉소스와 일치하고 있었습니다. 창세기 41장 54-57절에 애굽 땅 온 지면이 흉년과 기근으로 황폐되었음을 서술하는 성서적 증언과 지금도 나일강 어디엔가 "사람들은 이웃의 것을 훔치고, 어린이들은 울고, 어른들은 다리에 힘이 없어 땅바닥에 주저앉았다"라는 고대 이집트의 기록은 일치하고 있었습니다. 큰 재앙이 애굽을 휩쓸었던 증거였습니다.

이 모든 서술들은 하나님의 구원은 종교적 상상이 만들어낸 우화나 신화가 아님을 의미합니다. 하나님의 구원은 인간이 살아가는 시간과 공간을 그 무대로 하며, 거기서 벌어지는 역사적 사건들 속을 꿰뚫고 진행하고 있었습니다. 그러나 이 역사의 흐름 속에서 어느 결정적인 순간 하나님은 모든 것을 뒤엎으시고(over-rule, 역전) 거기서 새로운 역사를 창조하고 계셨습니다. 한때는 모리아산에서, 한때는 얍복강가에서, 오늘은 애굽 왕실에서 하나님은 역전의 역사를 만들어 새 역사를 준비하고 계셨습니다.

하나님은 아브라함에게 약속하셨던 세 가지 약속 중의 처음, '큰 민족'을 준비하고 계셨습니다. 그러나 하나님의 이 거대한 구원계획을 아는 사람은 아무도 없었습니다.

여기서부터 요셉의 처절한 삶의 여정을 보고자 합니다.

오늘 구원 순례의 주역은 요셉이었습니다. 그러나 요셉은 하나님의 이 거대한 구원을 알지 못했습니다. 오히려 요셉이 겪은 길고도 지루한 수난의 길은 마치 하나님의 채찍을 맞는 것과 같았습니다. 그것은 마치 그리스도의 십자가와 같은 것이었습니다. 이유 없는 고난이었습니다. 그러나 수난의 길은 하나님께서 친히 이끌어 가시는 구원의 여정이었습니다. 여기에 신비가 깃들고 있습니다. 그런데 하나님께서는 두 가지 매체를 드시고, 이 두 매체를 번갈아 사용하시면서 요셉을 들어 그의 구원을 이끌어 가셨습니다.

그 하나의 매체는 '꿈'이었습니다. 독일의 구약학자인 베스터만_{C.} Westermann은 이를 '드림 모티브_{dream motif, 꿈의 동기}'라고 불렀습니다. 그리고 다른 매체는 '옷'이었으며, 이를 '가멘트 모티브_{garment motif}'라 했습니다.

여기서부터 우리는 꿈과 옷이라는 두 매체를 가지고 창세기 37장에서 50장 사이에 등장하는 요셉의 삶의 여정을 풀어 보고자 합니다. 요셉의 여정 그 첫 라운드_{round}는 요셉이 형들보다 좋은 옷, 채색 옷을 입었다는 데에서 출발합니다. 영어 성경은 'a coat with long sleeves', 긴 소매가 달린 코트로 표현하고 있는 것으로 보아 형들의 옷보다 훨씬 화려하고 고급스러웠던 것으로 보입니다. 그리고 요셉은 자기가 꾼 '꿈'을 자랑하는 데서 시작합니다.

그러나 화려한 옷과 꿈 자랑으로 시작된 요셉의 여정은 오히려 형들의 미움, 질투, 추방, 단절이라는 온갖 비극으로 이어졌습니다. 요셉은 옷과 꿈 때문에 형들의 버림을 받았으며, 노예의 몸이 되어 애굽으로 끌려간 바 되었습니다. 아버지 야곱처럼 어려서 부모와 이별하는 비애의 여정이 시작된 것입니다. 그 누구도, 아버지 야곱도 그 속에 숨어있는 하나님의 비밀을 알 수는 없었습니다. 그러나 이 비극의 여정은 하나님의 거대한 구원의 첫 단추였습니다.

요셉의 여정 제2 라운드는 애굽을 그 무대로 합니다. 친위대장 보디발의 가정 총무까지 올라간 요셉, 그는 노예의 신분이었으나 그의 옷은 화려했을 것입니다. 그러나 보디발의 아내의 유혹을 뿌리치다가 버려두고 나온 바로 그 옷 때문에 요셉은 감옥에 투옥되고 말았습니다. 요셉은 또 한 번 옷 때문에 수난을 겪어야 했습니다. 바로 그 감옥! 그곳에서 요셉은 바로 왕을 섬기던 두 관원들을 만났습니다. 그 누구도 이 과정이 하나님의 각본 안에 있다는 사실을 아는 사람은 없었습니다. 이번에는 두 관원이 꾼 꿈을 해몽하는 기회를 얻습니다. 옷 때문에 감옥에 묶였다가 꿈 때문에 풀려나는 신비한 '싸이클cycle'을 가고 있었습니다. 그러나 요셉의 꿈 해몽으로 풀려난 술 관원이 망각하는 바람에 요셉은 2년을 감옥에서 더 살아야 했습니다. 그러나 그 기다림은 하나님의 때를 기다리는 기다림이었습니다.

그리고 성경은 요셉의 여정 제3 라운드를 소개합니다. 이번에는 바로 왕의 꿈을 해몽하는 절체절명의 때를 맞습니다. 꿈을 매개로 한 죄수와 한 나라 왕과의 만남! 그것은 결코 우연이 아니었습니다. 분명 그 어떤 경륜하심 안에서 온 계시의 순간이었습니다. 요셉의 신기한 '꿈' 해몽은 한순간에 죄수의 옷을 벗고, 국무총리라는 옷을 입었습니다. 일약 애굽이라는 거대한 나라를 통치하는 이인자가 된 것입니다. 이것은 꿈dream과 옷garment이라는 두 매체가 엮어낸 한 인간의 신비한 여정이었습니다.

며칠 전 저는 잠이 들기 전, 심야 영화 한 편의 끝 장면을 잠시 본 일이 있었습니다. 영화 제목은 〈닉슨Nixon〉이었습니다. 리차드 닉슨Richard Nixon 대통령을 주제로 한 영화였습니다. 1960년 당시 부통령이었던 닉슨은 대통령선거에서 복병, 케네디John F. Kennedy 상원의원에게 패배를 당하는 수모를 겪었습니다. 그러나 1963년 케네디 대통령이 암살되고 난 후 닉슨은 어렵게 어렵게 대통령으로 당선되었습니다.

그러나 1970년대 초, '워터게이트Watergate 사건'에 연루되면서 닉슨은 미국 역사상 두 번째로 탄핵을 받고 대통령직에서 물러나야 하는 비운의 대통령이 되었습니다. 영화 끝 장면은 사임하기 전날 밤, 닉슨은 백악관 벽에 걸려 있는 케네디 초상화 앞에서 독백을 쏟아놓습니다.

나는 중국을 개방시켰다. '소비에트 유니온Soviet Union'의 핵무기를 폐기시킨 위대한 업적을 남겼다. 그런데 왜, 너, 케네디는 미국의 영웅이 되고, 나는 나쁜 대통령이 되어 추방을 당해야 하는가?

그날 밤 자살하려는 닉슨을 살려낸 사람은 부인과 딸이었습니다. 케네디와 닉슨은 제가 유학하고 있던 1960년대 미국 대통령들이었습니다. 두 사람은 모두 좋은 옷, 최고의 옷, 대통령의 옷을 입고 있었습니다. 그러나 케네디는 미국과 세계의 미래를 꿈꾸는 드리머Dreamer였습니다. 그의 옷 뒤에는 꿈이 살아 움직였습니다. 비운으로 갔지만, 케네디가 여전히 미국인들 속에 영웅으로 남아 있는 이유는 그는 꿈을 꾸는 자였기 때문입니다. 그러나 닉슨에게는 꿈 대신 정치적 술수가 앞서 있었습니다. 대통령 옷은 입었으나 미래를 보는 꿈이 없었기에 그는 20세기 요셉이 될 수 없었습니다.

오늘 한국의 위기는 옷을 탐하는 자들은 쌓였는데, 그 옷 뒤에 꿈을 꾸는 자는 잘 보이지 않는 데 있습니다.

이제 요셉의 이야기로 돌아오고자 합니다.

17살 소년시절, 옷과 꿈 때문에 시작된 요셉의 여정은 수난과 눈물의 역사였습니다. 애굽에서의 옷과 꿈의 얽힘이 만들어낸 삶도 실은 눈물의 연속이었습니다. 그러나 30세가 되던 해, 왕의 꿈 해몽에서 얻은 옷, 국무총리의 옷은 요셉의 생을 한순간 바꾸어 놓은 위대한 승리였습니다. 국무총리가 된 어느 날 요셉은 자기를 죽이려 했던 형들과 만났습니다. 그들을 감옥에 처넣어 보복할 수 있는 절호의 기회였습니다.

그런데 바로 그 자리, 증오하고 보복해야 할 그 자리에서 요셉은 조용히 하나님을 만나고 있었습니다. 원수 같은 형들의 얼굴에서 하나님의 마음을 읽고 있었습니다. 그리고 13년이라는 긴긴 수난의 여정이 저주의 길이 아니었음을 보기 시작한 것입니다. 하나님께서 많은 생명을 구원하시기 위해 자신을 들어 쓰신 구원의 과정임을 보기 시작한 것입니다. 역사의 진행 속에서 거대한 구원을 경륜하시는 하나님의 손길을 보기 시작한 것입니다.

여기서 요셉은 자신이 걸어온 수난의 길이 하나님의 길이었음을 보기 시작했습니다. 여기서 요셉은 자기가 입은 옷이 복수의 옷이 아닌 화해의 옷으로 바꾸어 갔습니다. 그때 비로소 요셉은 형들 앞에서 견딜 수 없는 사랑으로 자신을 고백하고 말았습니다. 그것은 하나님 앞에서의 신앙고백이었습니다.

> 당신들이 나를 이곳에 팔았다고 해서 근심하지 마소서. 한탄하지 마소서. 하나님이 생명을 구원하시려고 나를 당신들보다 먼저 보내셨나이다(창 45:5).
> 하나님이 큰 구원으로 당신들의 생명을 보존하고 당신들의 후손을 세상에 두시려고 나를 당신들보다 먼저 보내셨나니(창 45:7).
> 그런즉 나를 이리로 보낸 이는 당신들이 아니요 하나님이시라. 하나님이 나를

바로에게 아버지로 삼으시고 그 온 집의 주로 삼으시며, 애굽 온 땅의 통치자로 삼으셨나이다(창 45:8).

꿈을 꾸는 자, 요셉! 그는 인간이 만든 모든 '악'을 '선'으로 바꾸어 가시는 하나님의 거룩하신 손길 앞에 자신의 옷을, 모든 축복을 바칠 수 있었던 선구자였습니다. 힉소스의 등장과 애굽 통치, 꿈과 옷의 절묘한 '매취match'로 요셉을 애굽 왕궁으로 인도하신 하나님! 하나님은 이것들을 들어 아브라함과 약속하신 '민족'을 준비하시고 계셨습니다. 그리고 요셉은 장차 오실 그리스도를 증언하는 예시였습니다. 모든 생명을 구원하시려고 나를 먼저 보내셨다는 신앙고백이 오늘 우리 모두의 신앙고백이기를 소망합니다.

오늘 너희를 위하여 행하시는 구원을 보라

> 총 본문: 출애굽기 1장 1절 ~ 15장 21절
> 주제 본문: 출애굽기 2:23-3:14; 14:13-31

　　오늘날 이스라엘 민족은 해마다 두 개의 민간 절기를 지키고 있습니다. 그 하나는 고대 페르시아 왕국이 가한 말살 위기로부터 유대민족을 구출해낸 왕후 에스더의 영웅적 업적을 기리는 부림절입니다. 다른 하나는 고대 그리스계 시리아 통치자 안티오쿠스 에피파네스 왕이 더럽혔던 예루살렘 성전을 정화하고 다시 봉헌한 막카비의 승리를 기리는 하누카(일명 수전절)입니다. 이 두 절기는 오랜 세월 나라 없이 전 세계로 흩어져 살아야 했던 '디아스포라diaspora' 이스라엘의 민족적 정체성을 일깨우고 또 보전해오는 촉매라는 공통점을 가지고 있습니다.

　　그러나 이스라엘 민족에게는 3,300년을 지켜온 보다 중요한 민족적인 명절이 있습니다. 그것은 그들의 달력 니산 월(양력으로는 4월)에 드리는 유월절Passover 축제입니다. 출애굽 사건이 일어난, 주전(BC) 1300년경으로부터 주후(AD) 70년 예루살렘과 성전이 파괴되기 전까지 약 1,400년 가까이 유월절은 예루살렘 성전에서 드려졌던 민족적 축제였습니다. 그러나 성전이 파괴되어 전 세계로 흩어진(diaspora) 이후 유월절은 성전 대신 유대인 가정에서 드리는 민족 축제로 변모되어 지금까지 이어지고 있습니다.

각 가정에서 지키는 유월절 축제는 다음과 같은 순서로 무려 7일 동안 진행된다고 합니다.

1) 유월절 첫 날 저녁 모든 식구들은 식탁에 둘러앉고, 촛불을 밝히고 포도주잔을 들어 축복하는 기도로 축제는 시작됩니다.

2) 그리고 모든 식구는 손을 씻습니다. 그리고 나물을 소금물에 담갔다가 먹습니다. 나물은(출 12:8) '쓴나물'을 기억하기 위함이며, 소금물은 애굽 땅에서 노예생활을 하던 조상들이 흘린 '눈물'을 기억하기 위함입니다.

3) 가장은 누룩을 넣지 않은 빵, '맛초Matzo' 세 개 중 가운데 것을 반으로 잘라 흰 천으로 싸서 옆에 둡니다. 애굽을 탈출하며 먹었던 조상들을 기억하기 위함입니다.

4) 그리고 제일 어린 아이가 네 가지 질문을 던집니다. 가장이 대답합니다. ① "왜 오늘밤입니까?" "출애굽(12:42)의 밤을 기억하기 위함이다." ② "왜 쓴 나물입니까?" "노예 되었던 우리 조상들의 아픔(출 2:23)을 기억하기 위함이다." ③ "왜 소금물에 담가야 합니까?" "우리 조상들의 눈물(출 2:24)을 기억하기 위함이

다." ④ "왜 누워서 먹어야 합니까?" "우리는 하나님 앞에 자유하기 때문이다."

5) 이렇게 문답이 끝나면 온 가족은 출애굽기 12장, 시편 113편, 114편을 큰 소리로 함께 봉독합니다.

이스라엘이 애굽에서 나올 때에… 바다가 보고 도망하며, 요단은 물러갔으니….

6) 그리고 열 가지의 재앙을 담은 잔을 채우고 잔을 돌립니다.
7) 이제 유월절은 구운 양고기를 먹는 것으로 절정에 이릅니다. 이것은 "고기를 불에 구워"(출 12:8)를 기억하기 위함입니다.
8) 그리고 유월절 축제는 축복기도로 그 끝을 맺습니다.

3,300년이 지난 오늘! 그것도 7일 동안 온 가족이 경건하게 지키고 있는 이 유월절 축제! 그 의미는 무엇일까?

그 첫 번째 의미는 3,300년 전 애굽 땅에서 벌어진 싸움은 모세와 바로 왕의 싸움이 아니었습니다. 오히려 하나님께서 친히 벌이신 거룩한 싸움이었음을 온 민족에게, 온 가족에게, 특별히 젊은 세대에게 일깨우기 위함이었습니다. 그러나 이 싸움은 영토 확장, 권력쟁탈, 약탈 등으로 표출되어온 세속적 싸움이 아니었습니다. 오히려 이 역사에 친히 뛰어들어서 눌리고, 압제당해 온 사람들, 하나님의 백성을 압제자의 손으로부터 풀어주시는 해방의 싸움이었습니다. 그러기에 출애굽은 해방의 주이신 하나님께서 하나님의 백성을 마구 짓밟아 온 압제자, 애굽 왕 바로에게 직접 걸어오신 하나님의 선한 싸움이었습니다.

이 거룩한 싸움은 열 가지 처참한 재앙으로 나타나기도 했고, 애굽의 처음 것들을 모두 죽이는 비참한 심판으로 표현되기도 하였습니다. 겉으로는 거룩한 싸움과 세속적인 전쟁 사이에는 아무런 차이도 없는 것처럼 보이는 것은 아이러니하기도 합니다. 그러나 하나님의 싸움은 이 세상 전쟁과 한 가지가 달랐습니다. 하나님의 싸움은 하나님의 오랜 참으심과 인내의 끝자락에서 연유되는 경고이고 전쟁이었다는 사실에 주목합니다. 여호와의 날로 불리는 출애굽 전야!

"요셉을 알지 못하는 새 왕이 일어나 애굽을 다스리더니"라는 정치적 상황은(출 1:8), 이스라엘 영아들을 마구 학살하고, 히브리인은 모조리 노예로 삼아 중노동에 투입하면서 민족의 뿌리까지 말살하려는 '사디즘Sadism'! 그 잔악함을 즐기고 있는 애굽 왕의 포악성을 폭로하고 있었습니다.

극에 달한 사디즘! 영아학살과 중노동 그리고 배고픔으로 고통받는 사람들의 아픔을 즐기고 있는 그 자리는 바로 하나님의 거룩한 전쟁, 하나님의 심판이 시작되는 자리였습니다. 성경은 증언합니다.

이스라엘 자손은 고된 노동으로 말미암아 탄식하며 부르짖으니 그 고된 노동으로 말미암아 부르짖는 소리가 하나님께 상달된지라(출 2:23).

그러기에 하나님의 거룩한 싸움은 세상의 전쟁처럼 이유 없이, 빼앗기 위해, 무자비한 살상을 벌이는 세상의 전쟁에서 출발하지 않았습니다. 눈물로 아픔을 호소하는 부르짖음의 소리에 귀를 기울이시는 데서 시작하셨습니다. 이것이 거룩한 전쟁입니다. 거룩한 전쟁은 시작부터 달랐습니다.

고대 로마의 네로, 독일의 나치스 히틀러, 일본의 침략주의, 소련의 스탈린, 북한의 김일성 그리고 리비아의 가다피, 지금 진행되고 있는 시리아의 아사드가 벌리고 있는 잔악한 사디즘 속의 사람들의 아픔! 그 아픔의 소리를 듣고 계시는 데서 하나님의 거룩한 전쟁은 시작되고 있었습니다.

가인에게 맞아 죽은 아벨! 그러나 살인자 가인을 그 자리에서 죽이지 아니하시고 거꾸로 죽은 아벨의 피 소리를 듣고 계셨던 하나님이셨습니다. 아브라함과 사라로부터 쫓겨나 사막에서 죽어가던 하갈과 이스마엘의 눈물의 소리를 하나님은 듣고 계셨습니다. 애굽 땅 한구석에서 눈물로 호소하는 이스라엘의 부르짖음의 소리가 하나님 앞에 상달되는 그 순간, 거룩한 전쟁은 이미 시작하고 있었습니다.

그리고 3,300년 동안 지켜온 유월절 축제가 가지는 두 번째 의미는 인간이 만들어낸 사디즘! 인간을 학대하면서 그것을 즐기는 사디즘! 하나님은 그것을 뒤엎으시는 역전Reversal의 전쟁이 출애굽이었습니다.

그러나 이때에도 하나님께서 쓰신 역전의 방법은 기이한 것이었습니다. 하나님은 한숨에 단칼로 바로와 애굽을 쳐서 모두 멸망으로 처넣을 수도 있었습니다.

그러나 눈여겨 보십시요. 피의 재앙, 개구리 재앙, 이 재앙, 악성종기 재앙, 우박 재앙, 메뚜기 재앙, 흑암의 재앙은 한꺼번에 그리고 동시적으로 쏟아부은 심판이 아니었다는 사실에 우리는 주목해야 합니다. 한 가지 재앙이 끝난 후 그다음 재앙 사이에 이음에는 하나님의 '기다리심'이라는 '단락Plot'이 그 사이를 채우고 있었습니다. 세상의 전쟁은 멸절하기까지 계속 폭력을 가하지만, 하나님의 싸움은 멸절이 아니라 돌이킴의 여백을 사이사이에 두고 계셨습니다.

후일 사도 바울은 로마서 9장 17절에서 바로에게도 하나님만이 참 하나님이심을 드러내시는 기회를 주셨다고 증언합니다. 바로가 만들어낸 사디즘을 조목조목 심판하시면서도 하나님은 그 사이사이마다 바로의 회심을 기다리셨다는 의미입니다. 바로에게까지 구원의 여백을 남겨 두고 계셨던 것입니다.

그러기에 아홉 가지 재앙은 분명 하나님의 엄위하신 심판이었으면서도 그것들은 애굽과 애굽인 모두의 멸절이 아니라 하나님의 기다리심의 '이음Sequence'이었으며, 그 이음은 회개를 기다리시는 은혜와 자비하심의 이음이었습니다.

오늘도 계속되는 북녘의 사디즘!

기근과 죽음의 재앙을 내리시면서도 그 재앙의 마디마디를 이어 가는 단락 그 뒤에는 북한 통치자의 회개를 기다리시는 하나님의 자비하심의 자리하고 있다고 보아야 할 것입니다. 후일 베드로는 이 하나님의 구원의 비밀을 정확히 포착하고 이렇게 고백하고 있었습니다.

주께는 하루가 천 년 같고 천 년이 하루 같다는 이 한 가지를 잊지 말라. 주의 약속은 어떤 이들이 더디다고 생각하는 것같이 더딘 것이 아니라 오직 주께서는 너희를 대하여 오래 참으사 아무도 멸망하지 아니하고 다 회개하기에 이르기를 원하시느니라(벧후 3:8-9).

그러나 유월절의 세 번째 의미는 더 놀라운 비밀을 그 속에 담고 있었습니다. 3,300년 전, 애굽 땅에서 일어난 하나님의 거룩한 싸움은 아브라함과 맺으신 약속을 지키시기 위한 것이었습니다. 세 가지 약속 중의 처음 것! 큰 민족을 세우시기 위함이었습니다. 끝내 돌이킴을 거부한 바로와 애굽은 처음 것들의 죽음을 겪어야 했습니다. 그러나 그 심판마저 멸절은 아니었습니다. 하나님은 두 번째, 세 번째 것들을 애굽에 남겨두셨기 때문입니다. 하나님의 은혜와 자비하심의 여백은 계속되고 있었습니다.

그리고 하나님은 '유월절 사건Passover'을 통하여 이스라엘을 노예로부터 풀어주셨습니다. 430년의 노예가 한순간 하나의 민족으로 태동되고 있었습니다. 노예로부터 민족으로의 태동! 그것은 오늘 노예의 후손, 오바마가 미국 대통령이 되어 세계를 주름잡는 지도자로 등단한 사건에 비유될 수 있을 것입니다. 우리는 이 진행을 해방이라 합니다. '노예로부터 풀림Liberation from'이었습니다.

1945년 8월 저는 어렸을 그 당시 이 해방, 풀림을 받았다는 감격이 무엇을 의미하는지를 보았습니다. 오늘의 이 나라! 그것은 1945년 하나님께서 일본인들의 압제로부터 풀어주신 이 풀림으로부터 온 새 역사의 연장이었습니다.

여기에 주역으로 등장한 모세와 아론! 그러나 그들은 해방자가 아니었습니다. 그들은 하나님의 놀랍고도 거대하신 해방에 부름받은 종이고 증인이었습니다. 그러기에 모세를 영웅화하는 성서해석은 하나님의 구원의 비밀을 훼손하는 무서운 오류일 수 있습니다.

지금 이스라엘은 애굽으로부터 풀림을 받는 'liberation from'에서 이제 약속의 땅을 향해 새로운 창조의 순례를 시작하는 'liberation to'를 향하고 있었습니다.

오늘의 결론으로 오고자 합니다.

왜? 이스라엘 민족은 3,300년이 지난 오늘까지 각 가정에서 드리는 민족적인 축제! 유월절 그것도 7일 동안 온 가족이 공동으로 축하하는 이유는 왜일까? 거기에는 놀라운 신학적 의미 하나가 담겨 있었습니다.

자기들의 조상이 노예로부터 풀림을 받아 당당한 민족으로 태동된 존재론적 사건ontic event, 이스라엘을 이스라엘 되게 한 원초적 사건을 오늘 자기들의 삶의 자리에서 현재화하고 되새기기 위함이었습니다. 노예가 변하여 민족이 되던 날! 이날을 기억하기 위함이었습니다. 이것을 유대인들은 '역사적 기억historical remembrance'이라 합니다. 3,300년 전의 역사적 사건을 오늘 그들의 삶 속에, 이스라엘에 살든 디아스포라든, 그곳에서 오늘의 경험으로 다시 되살리는 재연의 행위가 유월절 축제입니다. 그래서 그들은 "너희가 애굽에서 종 되었을 때를 기억하라"를 끊임없이 외친 예언자들의 유언을 지금까지 반복하고 있는 것입니다. 놀라운 하나님의 싸움을 눈과 몸으로 지켜본 모세는 이렇게 고백했습니다.

너희는 두려워하지 말고 가만히 서서 여호와께서 오늘 너희를 위하여 행하시는 구원을 보라(출 14:13).

어린아이가 묻습니다.

> 1. 왜 오늘밤입니까?
>   ▸ 출 12:42의 밤을 기억하기 위함이다.
> 2. 왜 쓴 나물입니까?
>   ▸ 노예 되었던 우리 조상들의 아픔(출 2:23)을 기억하기 위함

이다.
3. 왜 소금물에 담가야 합니까?
    ▸ 우리 조상들의 눈물(출 2:24)을 기억하기 위함이다.
4. 왜 누워서 먹어야 합니까?
    ▸ 우리는 하나님 앞에 자유하기 때문이다.

그러나 오늘의 한국 사회, 한국 가정, 심지어는 한국교회에서 마저 어린이 청소년들의 삶과 신앙의 물음 소리가 그쳤습니다. 역사가 단절되어가고 있다는 의미입니다. 여기에 불길한 미래의 상징$_{sign}$이 숨어있습니다.

"너희는 두려워하지 말고 가만히 서서 여호와께서 오늘 너희를 위하여 행하시는 구원을 보라"를 묻고 답하는 소리가 우리 가정에서 우리 교회에서 우리 사회에서 되살아나기를 소망해봅니다.

나 외에 다른 신들을 네게 두지 말라

총 본문: 출애굽기 15장 22절~24장 18절

주제 본문: 출애굽기 19:1-6; 20:1-17

지난 1월 17일은 미국이 '마틴 루터 킹 날Martin Luther King, Jr. Day'로 정하고, 온 국민이 킹 목사를 기억하고 추모하는 공휴일이었습니다. 그날을 공휴일로까지 정한 이유는 무엇일까? 흑인들의 영웅이었기 때문일까? 인권운동의 선구자였기 때문일까? 그럴 수 있습니다. 그러나 킹 목사가 민족적으로 기억되는 가장 큰 이유는 흑인의 인권을 위해 생명을 바치면서도 백인도, 그 누구도 미워하지 않았기 때문입니다.

지금까지 명연설로 각인되고 기억되는 1963년 8월28일 연설! "나에게는 꿈이 있습니다I have a Dream"는 전 세계인 머릿속에 지금까지 강력한 영감으로 기억되고 있습니다.

절망의 골짜기에서 주저앉지 마십시오. 나에게는 꿈이 있습니다. 그 어느 날 조지아Georgia의 붉은 언덕에는 옛 노예의 아들들과 옛 지주의 아들들이 한 형제 됨의 테이블에 함께 앉게 되는 새날의 꿈이 있습니다. 내 아이들과 네 아이들이 얼굴 색깔로 판단 받지 아니하고, 인격 됨의 내용을 따라 평가받는 새날의 꿈을 가지고 있습니다.

이것은 해방의 노래였으며, 약속의 땅을 바라보는 환상의 호소였습니다. 그래서 이 연설은 많은 흑인들과 인권운동가들을 흥분시켰으며, 그 후로 데모는 더 극렬하기 시작하였습니다. 그러던 어느 날 킹 목사는 짤막한 연설을 이어갔습니다.

여러분, 우리가 꿈꾸는 약속의 땅은 하루아침에 오지 않습니다. 약속의 땅은 40년의 사막과 광야를 거쳐야만 도달하는 고통의 여정입니다.

꿈과 사막 사이! 해방과 배고픔 사이! 구원의 감격과 광야 40년 사이! 바로 이 역설적인 여정의 틈바구니에 낀 것은 미국 흑인만은 아니었습니다. 3,300년 전 거대한 해방과 죽음의 사막 사이라는 역설적 여정을 시작한 사람들은 애굽을 막 탈출한 고대 이스라엘 사람들이었습니다.

오늘 구원 순례는 여기서 시작합니다. 한 가지 재앙 그리고 기다리심 그리고 다시 재앙으로 바로의 마음을 돌리려 하셨던 하나님의 열 가지의 재앙을 지켜본 이스라엘 민족! 그러나 끝내 하나님을 거부한 바로로 인하여 마지막에는 애굽의 모든 처음 것들을 소멸하시는 극단적인 방법으로 역사하신 하나님의 구원을 눈으로 보고 흥분했던 이스라엘 민족! 이제 그들은 한 주 후면 약속의 땅으로 들어갈 것이라는 꿈으로 흥분하고 있었습니다. 홍해를 건넌 그 길은 곧바로 가나안으로 직행하는 지중해 연안 길이었기 때문이었습니다. 그 길은 '왕의 대로'라는 이름을 가질 만큼 넓고 평탄한 길이었으며, 상거래와 인구 이동이 빈번한 국제적인 통로였습니다. 그러기에 그 길은 이스라엘 200만이 3일에서 5일이면 가나안까지 도달할 수 있는 아주 좋은 길이었습니다. 그래서 홍해를 건너온 이스라엘 민족은 닷새 후면 약속의 땅으로 들어갈 수 있다는 꿈 때문에 흥분해 있었습니다.

그런데 전혀 예상하지 못했던 문제가 생겼습니다. 하나님께서 이 길을 막으신 것입니다. 하나님께서 이 3일 길을 막으시고, 방향을 사막으로 트신 것입니다. 여기서 해방은 곧바로 약속의 땅이라는 이스라엘의 도식이 한순간에 무너지고, '해방은 사막'이라는 전혀 예상하지 못했던 도식이 이스라엘 운명 앞에 다가온 것입니다. 이때부터 민족이 분열되기 시작했습니다. '애굽을 그리워하는 과거 회상파'와 '출애굽은 곧 미래를 모험해야 하는 하나님의 명령이라는 역사 기억파'로 갈라지면서 영웅 모세는 비난과 저주의 대상으로 급선회하였습니다. 여기서부터 이스라엘 민족의 행진은 분열과 불신으로 얼룩진 피투성이 여정으로 바뀌기 시작했습니다.

이제 우리는 한 가지 질문을 던져야 합니다. 하나님은 왜 이 3일 길을 막으셨는가? 출애굽기 13장 17절은 이 물음 앞에 다음과 같이 답하고 있습니다.

바로가 백성을 보낸 후에 블레셋 사람의 땅의 길은 가까울지라도 하나님이 그들을 그 길로 인도하지 아니하셨으니, 이는 하나님이 말씀하시기를 이 백성이

전쟁을 하게 되면 마음을 돌이켜 애굽으로 돌아갈까 하였음이라(출 13:17).

싸움에 능한 블레셋과의 전쟁을 막아 민족을 보전하시려는 하나님의 긍휼하심과 하나님 보시기에 이스라엘은 한낱 오합지졸에 불과했기 때문이었습니다. 해방은 얻었으나, 노예의식으로부터 풀려난 것은 아니었습니다. 이스라엘은 아직 '민족'이 아닌 '노 바디no body' 였습니다. 그래서 하나님은 "해방은 곧 약속의 땅"이라는 이스라엘의 도식을 꺾으시고 "해방은 곧 사막"이라는 대단히 괴로운 도식 하나를 이스라엘 앞에 내놓으셨습니다.

1945년 8월 20일, 무더운 한여름, 제가 살던 황해도 옹진 저의 집 앞마당에는 갑자기 동네 사람 수백 명이 모여들었습니다. 그리고 아버지께서 포목상을 하시면서 감추어 두었던 흰 포목을 마구 풀어 그 자리에서 청년들은 태극기를 만들어 모든 사람들에게 나누어 주는 것이었습니다. 오랫동안 일본 경찰의 감시 속에 사시던 동네 목사님께서 계단에 오르시더니, 일본은 이제 항복하고, 우리 조선은 해방되었다고 선언하셨습니다. 그 순간 온 동네는 태극기를 흔들며 조선 독립만세를 수십 번, 수백 번을 외쳤습니다. 옛 곡조에 맞추어 목사님은 애국가를 선창하시고, 동네 사람들에게 애국가를 가르치셨습니다. 동네 사람들은 그 즉석에서 애국가를 수십 번 불렀습니다. 당시 초등학교 6학년이었던 저는 너무도 무섭고 떨려서 숨은 채 이 광경을 지켜보았습니다. 시퍼런 일본 경찰들의 잔악상을 여러 번 목격한 바 있었기 때문이었습니다.

8.15는 분명 한국의 출애굽이었습니다. 그러나 8.15가 곧바로 약속의 땅은 아니었습니다. 이 도식이 한국인을 큰 충격으로 몰아갔

습니다. 1945년 해방에서 1950년 6.25전쟁 그 사이, 이 땅은 '좌익'과 '우익'으로 극명하게 갈라지면서 온갖 테러와 싸움으로 민족은 분열되고, 끝내 6.25라는 민족상쟁의 비극으로까지 이 땅은 한순간에 "사막화"되어버렸습니다.

"해방은 곧 가나안"이 아니라는 뼈아픈 역사적 교훈은 지금까지도 이 땅에서 계속되고 있습니다. 그리고 우리는 "해방은 곧 사막"이라는 고대 이스라엘의 교훈을 비싼 값을 치루면서 지금도 배우고 있습니다. 그러기에 우리도 '노예'로부터 '민족'으로 태어나고 있는 고된 훈련을 배우고 있는 사막 한복판에 놓여있습니다.

해방, 그 뒤에 따라온 사막! 그곳엔 마실 물이 없으며, 먹을 양식이 없는 땅입니다. 죽음의 땅이 사막입니다. 그런데 하나님께서는 이 죽음의 땅, 사막을 들어 생명의 자리로 바꾸어가셨다고 성서는 증언합니다. 그래서 성서는 사막을 하나님의 자리, 계시의 자리, 구원의 자리, 단련의 자리라고 증언합니다.

문명의 상징인 바벨탑, 풍요의 상징인 도시가 하나님의 자리가 아니라는 뜻이기도 합니다. 그곳에는 부르짖음도, 갈급함도, 절실함도 없기에 하나님을 필요로 하지 않습니다. 그러나 아무것도 존재하지 않는 사막! 그곳에서 하나님은 마실 물을 창조하고 계셨습니다. 그곳에서 하나님은 만나와 메추라기를 만드시고 200만의 생명을 보전하고 계셨습니다. 하나님은 '무'에서 모든 것을 창조하시는 분이셨습니다. 사막은 이스라엘을 테스트하는 공간이었지만, 동시에 사막은 무에서 생명을 창조해가시는 하나님의 공간이었습니다.

출애굽의 극적이고도 웅장한 구원 드라마가 하나님의 부성적 구원이었다면, 아직은 덜 익은, 오합지졸 이스라엘의 생명을 보전하신 사막에서의 하나님의 구원은 모성적 구원이었습니다. 낮에는 구름 기둥으로 인도하셨지만, 밤의 불기둥은 분명 이스라엘을 사막의 추위와 온갖 위협으로부터 보전하시기 위한 것이었습니다. 그러나 사막은 민족을 단련하는 자리였습니다.

저는 6.25를 온몸으로 산 사람 중의 하나입니다. 6.25는 한국의 사막이었습니다. 마실 물, 먹을 양식이 없어 민족 전체가 죽어가던 사막! 우리는 이 사막에서 하나님께서 주시는 만나와 메추라기로 살아남을 수 있었습니다. 적어도 이 민족은 이 사막을 거치면서 민족됨의 자의식이 움트기 시작했으며, 그때 교회는 오늘처럼 물질로 타락하거나 세속화되지는 않았습니다. 해방에서 사막으로 이끄신 하나님은 이 사막에서 오합지졸 이스라엘과 오합지졸 한국을 하나의 민족으로 서서히 세워가셨습니다.

그러나 하나님의 구원 드라마는 사막을 지나 하나님의 또 다른 거대한 구원으로 이어지고 있었습니다. 하나님은 사막을 지나, 이번에는 '산'을 선택하셨습니다. 출애굽이 하나님의 폭풍우였다면, 사막은 하나님의 따뜻한 돌봄이었으며, 이제 산은 하나님과의 만남이고 언약의 자리였습니다.

시내산! 하나님의 산으로 알려진 시내산! 그러나 하나님은 그 산에 머무시는 공간의 하나님이 아니셨습니다. 모세를 만나실 때에도 구름이 엿새 동안 산을 가리었습니다(출 24:16). 모세가 구름 속으로 들어가 40일을 있는 동안 그 위치를 본 사람은 아무도 없었습니다. 하나님을 본 자는 그 자리에서 죽었습니다. 하나님은 시내산을 자신을 잠시 계시하시는 공간으로 선택하신 것뿐이었습니다. 그러므로 시내산을 성산으로 신격화하는 것은 우상이었습니다. 이스라엘은 지금까지 이 사실 하나만은 지키고 있습니다. 그러나 하나님께서 친히 말씀하시고 자신을 계시하시는 동안, 이스라엘 민족은 산 밑에 진을 치게 하시고, 아론과 나답과 아비후 그리고 장로 70인은 산중턱에서 하나님을 보며 먹고 마시게 하였습니다(출 24:10, 11). 모세는 구름 속으로 들어가 하나님을 만나고 십계명을 받았습니다.

이것을 시내산의 3중 구조라 합니다. 이 시내산 3중 구조는 성막의 의미를 이해하는 데 중요한 단서가 될 것입니다.

여기서 시내산의 의미는 무엇인가? 시내산이 하나님이 거하시는 성산도 아니고, 이스라엘 민족이 잠시 쉬어가는 휴식공간도 아니라면 시내산은 무엇인가?

출애굽에서 민족으로 삼으신 하나님은 이제 시내산에서 이스라엘을 '하나님의 백성Laos tou Theou'으로 인 치시는 언약의 땅이었습니다. 애굽의 사슬에서 이스라엘을 빼내실 때 약속하신 "너희를 내 백성으로 삼고 나는 너희의 하나님이 되리니"(I will be your God and you will be my people, 출 6:7)하신 약속을 '돌판에 담아' 확실한 언약을 맺으시는 데 있었습니다. 이것이 시내산이었습니다.

돌 판에 새긴 십계명은 10개의 계율로 구성되어 있었습니다.

1계명에서 4계명까지는 하나님 사랑이며, 5계명에서 10계명까지는 이웃 사랑에 대한 명령이었습니다. 그리고 십계명의 후속으로 제정된 법들은 약자를 보호하는 법률들이었습니다.

약자 보호법에는 노예 법, 사형에 처하는 법, 신체 상해 죄, 재산 손해 죄 등 주로 '인권정의', '분배정의', '법치정의'로 요약되는 이웃 사랑이 근간을 이루고 있었습니다. 그러나 문제는 시내산 언약인 십계명을 완벽하게 지킬 수 있는 사람은 아무도 없다는 데 있습니다.

설령 십계명을 다 지키고, 약자보호법까지 완벽하게 지켰다 하더라도, 문제는 그 사람은 쉽게 율법주의자가 되거나, 신앙의 독선주의자로 전락한다는 데 있습니다. 그러기에 십계명은 하나님의 계명임에도 불구하고, 십계명은 유대인에게나 기독교인에게 걸림돌이 되어 왔습니다.

오늘 저는 이 어려운 문제를 예수님께서 풀어가신 해석에서 그 의미를 찾고자 합니다.

무엇을 하여야 영생을 얻을까를 묻는 부자 청년에게 예수님은 십계명을 지켰느냐고 다시 물으셨습니다. 이때 젊은이는 어려서부터 십계명은 다 지켰다고 당당하게 대답했습니다. 완벽하게 계명을 지켰다고 당당하게 대답하는 그 대답이 예수님에게는 오히려 위선이었습니다. 그래서 예수님은 "네게 아직도 한 가지 부족한 것이 있으니"라는 말로 네가 지키는 계명은 참 계명이 아님을 일러주고 계셨습니다. 한 가지 부족한 것은 "있는 것 다 팔아 가난한 자들에게 주고… 그리고 와서 나를 따르라"는 것이었습니다. 계명은 지키는 것이 아니라는 말씀이었습니다. 계명을 지키려 매달리면 매달릴수록 우리는 율법주의자가 되든지, 위선자가 될 수밖에 없기 때문입니다. 우리에게는 계명을 지킬 수 있는 능력이 없기 때문입니다. 거꾸로 예수님은 계명을 지키려고 애쓰기 전에 우리의 삶과 생명 그리고 신앙까지도 하나님 앞에 내려놓는 자기 포기를 먼저 요구하고 계셨습니다.

"있는 것 다 팔아 가난한 자들에게 주고", "와서 나를 따르라"는 두 말씀은 전적인 자기포기라는 동의어로 제게는 다가왔습니다. 그러기에 십계명은 하나씩 차례대로 지켜가는 법칙이 아니라는 뜻입니다. 오히려 "나 외에 다른 신들을 네게 두지 말라" 하시는 제1계명,

유일신 신앙radical monotheism 안에 다른 아홉 가지 계명은 뒤를 이어야 한다고 보아야 할 것입니다. 하나님 안에 우리 생명과 삶 그리고 신앙의 구심점을 두는 한(첫째 계명), 우리는 불가능성impossibility의 나머지 아홉 계명을 가능성possibility으로 바꿀 수 있을 것입니다.

여기서 하나님의 백성이 되는 길은 율법을 지키는 일이 아니었습니다. 오히려 하나님 외의 다른 모든 신들을 포기하는 데에서 출발한다는 의미였습니다. "나 외에 다른 신을 두지 말라." 이 계명을 첫째 계명으로 정하신 하나님의 뜻이라 해석합니다.

오늘 한국교회가 거룩성을 잃은 데서 위기가 왔다는 해석에 대해 저는 동의하지 않습니다. 어느 교회든 교회는 거룩할 수가 없기 때문입니다. 오히려 오늘의 위기는 교회가 구심점을 하나님으로부터 떠나 다른 것에 두고 그것에 집착되어 있는 데서 오는 위기입니다. 하나님의 나라와 그의 의를 먼저 구하지 않는 데에서 오는 위기입니다.

"나 외에 다른 신들을 네게 두지 말라." 이 신앙에서부터 이스라엘은 비로소 하나님의 백성이 될 수 있었습니다. 해방 이후! 약속의 땅이 아닌 사막 그리고 산! 그곳은 고난과 눈물의 여정이지만, 그곳은 오합지졸을 민족으로, 민족을 하나님의 백성으로 인 치시는 하나님의 거룩하시고도 신비로운 구원의 여정이었습니다.

"나 외에는 다른 신들을 네게 두지 말라." 이 신앙에서 모든 것을 풀었으면 합니다.

하나님의 시간과 인간의 시간

> 총 본문: 출애굽기 25장 1절~40장 30절
>
> 주제 본문: 출애굽기 31:18-32:14; 33:18-23

　　미국 LA 남쪽 가든 그로브Garden Grove는 한 교회 때문에 세계에 알려진 작은 도시입니다. 그 교회의 이름은 크리스탈 캐디드롤 처치 Crystal Cathedral Church, 일명 수정교회입니다. 통유리 수 만장으로 만든 초현대 건축양식에서 시작하여 강당 뒤의 숲은 에덴동산을 상징하는 듯하였습니다.

　　1960년대에 이미 전통예배 형식을 탈피한 이 교회의 열린 예배 contemporary worship는 가히 혁명적이었습니다. 교회 위기를 논하기 시작한 1960년대에 역으로 선풍을 일으킨 이 교회는 2000년까지 무려 40년 동안 고도의 성장과 성공신화를 만들었으며, 21세기를 주도해 갈 모델로까지 높임을 받았습니다. 한국의 몇몇 교회들도 이 교회를 모델로 하여 대형화에 성공한 바 있습니다. 그리고 이 교회의 영광은 영원하리라 믿었습니다.

그런데 이 교회가 2010년 10월, '챕터chapter 11'이라는 이름의 파산보호신청을 연방정부에 제출하였습니다. 2000년에 들어서자 교인들은 떠나가기 시작하고, 재정 적자는 눈덩이처럼 쌓이고, 파산보호신청은 불가피한 조치였습니다. 그런데 이 교회는 파산보호신청보다 더 심각한 문제에 봉착했습니다.

교회가 파산으로 치닫고 있던 2009년, 이미 은퇴한 담임목사 로버트 슐러Robert Schuller, 이미 교회를 사임한 아들 목사와 그의 부인 그리고 딸과 사위 등 일가 8명이 1년에 180만 불을 교회 재정에서 빼내갔다는 사실이 연방정부에 의해 공개되면서 이 교회는 두 겹의 수렁으로 빠져들었습니다. 공개된 이 교회의 부채는 4,850만 불에 이른다고 합니다. 카리스마가 실패한 뼈아픈 예증인 듯합니다.

이 불행한 사건에서 저는 아주 평범한, 그러나 우리 모두가 쉽게 빠지기 쉬운 함정 같은 것을 보고 있습니다. 이 지상의 영광은 그 어떤 것도 영원하지 않다는 교훈입니다. 그것이 기독교 왕국이라 할지라도 이 땅의 영광은 왔다가는 간다는 교훈을 보고 있습니다. 수정교회의 영광이 영원할 줄 알았으나, 50년을 넘기지 못할 듯합니다.

그런데 문제는 이 영광의 순간들이 떠나간 자리, 그래서 생겨난 빈자리가 우리 앞에 돌연히 나타날 때입니다. 영광은 가고, 남은 것은 빈자리, 빈 공간! 오늘 한국 연예인들과 젊은이들은 이 빈자리를 자살로 메우기도 하고, 마약으로 달래며, 청소년들은 폭력으로 채워보려는 모습에서 삶의 아이러니를 보게 됩니다. 수정교회 40년의 영광은 사라지고, 통유리 교회가 서서히 빈 공간으로 바뀌는 이 빈자리, 여기서 슐러 목사 일가는 180만 불을 횡령하는 금송아지를 선택하고 말았습니다.

오늘 우리는 하나님의 거대한 구원을 따라 이스라엘 민족과 함께 구원 순례를 계속하고 있습니다. 애굽의 사슬로부터 풀림을 받은 출애굽 사건은 이스라엘 민족이 노예로부터 민족으로 태어나고, "나는 너희 하나님이 되고, 너희는 내 백성이 되는" 지상 최고의 날이었습니다. 십계명과 약자보호법은 이스라엘을 거룩한 민족, 제사장 나라로 만드시는 영광스런 사명이며 동시에 특권이었습니다. 그리고 오늘은 성막제작과 제사장 복장을 만드는 법까지 제정 받는 날이었습니다.

그런데 이 장엄한 구원의 진행 속에 갑자기 금송아지 사건이 끼어든 것입니다. 구원의 대장정이 무너질지도 모르는 금송아지 사건! 그런데 그 뒤에는 숨어 있는 이야기 하나가 있었습니다. 오늘 저는 이 뒷이야기 속에서 말씀하시는 하나님을 만나고자 합니다.

금송아지 사건 뒷이야기 처음! 이스라엘은 처음부터 금송아지를 만들어 경배했던 민족은 아니었습니다. 야웨 하나님만을 믿고 따랐던 민족이었습니다. 그러나 문제는 시내산 기슭에 찾아든 '빈자리'였습니다. 이 '빈 공간'이 문제의 시작이었습니다.

"백성이 모세가 산에서 내려옴이 더딤을 보고"(출 32:1)라는 말은 지도자가 민족을 버리고 떠난 저주의 공간이었음을 의미합니다.

지도자가 떠난 바로 이 빈자리, 시내산 기슭! 그곳은 사막이었으며, 200만 명이 하루도 생존할 수 없는 죽은 공간으로 변하고 있었습니다. 거기에 지도자가 수십 일 동안 자리를 비웠다는 것은 죽음과 같았습니다. 화려했던 출애굽 사건은 이미 뒤로 가고, 지도자가 자리를 빈 그 공간은 절망의 자리일 수밖에 없었습니다.

고등학교 1학년 시절의 크리스마스. 저는 성극의 주인공 역을 맡으면서 한 달여 온 정력으로 성극을 절찬리에 마친 일이 있었습니다. 교회 교인들뿐 아니라 서대문 형무소의 죄수 600여 명으로부터도 박수갈채를 받는 영광을 얻었습니다. 그때의 감격은 지금도 살아있습니다. 그러나 모든 것이 끝난 크리스마스 그 다음날 저녁, 저는 영광 그 뒤에 스며드는 처절한 고독과 허전함 때문에 목적 없이, 이유 없이 함박눈이 쏟아지는 그 옛날 청계천 가를 몇 시간을 헤맸던 때가 있었습니다.

영광의 순간이 가고 남긴 빈자리, 하나님마저 버렸다고 생각한 이 시내산 빈자리를 이스라엘 백성은 그만 금송아지로 그 자리를 메워보려고 한 것입니다. 그러므로 '금송아지'는 하나님께서 잠시 비운 자리를 인간의 시간, 욕망의 시간으로 채워보려는 저항과 교만의 표현이라고 보아야 할 것입니다.

인간의 시간은 언제나 조급하고 성급하며, 하나님의 시간은 항상 더디고 지루하다고 생각하면서, 우리가 하나님의 시간 안에 있다는 사실을 부정합니다. 여기서 금송아지 신화가 시작되고 있었습니다.

수정교회 슐러 목사와 그의 일가는 수정교회의 영광이 지나가는 바로 그 틈새의 빈자리를 하나님의 시간에서 보지 아니하고, 아들을 세습하고, 일가가 공금을 횡령하는 금송아지를 선택하고 말았습니다.

문제는 한국교회입니다. 오늘 한국교회는 화려했던 교회 성장기를 뒤로 하고, 그 영광 뒷자락에 생겨난 빈자리를 여러 모양의 금송아지로 메워보려고 몸부림하는 데 있습니다.

금송아지 사건 뒷이야기, 두 번째로 가고자 합니다. 모세가 잠시 비운 자리! 그래서 하나님마저 버리셨다고 생각한 이 빈자리는 하나님이 버리신 자리가 아니었습니다. 이 빈자리는 거대한 출애굽 사건, 시내산 언약, 십계명, 약자보호법 그리고 '그 다음'을 준비하고 계셨던 하나님의 또 다른 시간이었습니다. 인간들이 더디다고, 소망이 없다고 소리치며 금송아지로 마구 난도질한 이 빈자리는 오히려 하나님께서 침묵으로 새 구원을 준비하고 계시던 하나님의 공간이고 또 시간이었습니다.

모세를 시내산 꼭대기로 불러 구름으로 가리시고 대화하시는 하나님은 이제 시내산을 떠나 약속의 땅, 가나안으로 이스라엘 민족을 인도하실 거대한 여정을 준비하고 계셨습니다. 여기서 명령하신 성막Tabernacle 제작은 이스라엘 민족과 함께 동행하시려는 하나님의 '이동하는 현존moving presence'이었습니다. 영광 다음 찾아온 빈 공간! 초조하고 답답한 그 자리는 하나님께서 다음 구원을 준비하고 계시는 하나님의 시간이었습니다. 이스라엘은 이 시간을 보지 못하고 있었습니다. 그래서 후일 베드로는 놀랍고도 신비적인 하나님의 시간을 이렇게 노래하였습니다.

> 주께는 하루가 천 년 같고 천 년이 하루 같다는 이 한 가지를 잊지 말라. 주의 약속은 어떤 이들이 더디다고 생각하는 것같이 더딘 것이 아니라 오직 주께서는 너희를 대하여 오래 참으사 아무도 멸망하지 아니하고 다 회개하기에 이르기를 원하시느니라(벧후 3:8-9).

이것이 하나님의 시간입니다. 그러나 이스라엘은 금송아지로 하나님의 시간을 인간의 시간으로 앞당기려 했습니다.

오늘 교회 성장의 영광이 끝나고 스며드는 빈자리는 어느 날 한국교회를 다시 들어 다음 구원을 준비하고 계시는 하나님의 시간임을 보아야 할 것입니다. 여기에 고대 이스라엘 민족의 실패가 오늘 한국 교회에 주는 교훈으로 다가오는 이유가 있습니다.

오늘 우리는 금송아지 사건의 뒷이야기 세 번째로 결론지으려고 합니다. 빈자리를 하나님의 시간으로 보지 못한 이스라엘은 끝내 금 송아지로 그 자리를 메우려 하였습니다. 여기서 금송아지는 우상숭 배를 넘어, 십계명 1, 2계명을 배역한 원초적 범죄였다는 사실에 주 목하고자 합니다.

"나 외에 다른 신들을 네게 두지 말라"(출 20:3)에서 시작한 1, 2 계명을 배역했다는 말은 나머지 8계명을 지킬 수 있는 능력 모두를 상실하고 말았다는 의미였습니다. 하나님께 대한 불신앙은 이웃을 사랑할 수 있는 능력을 소멸시키기 때문입니다. 그러기에 금송아지 사건은 하나님의 계명을 거역한 불신앙보다 더 심각한 배신이었습 니다. 금송아지는 하나님 자신을 거부하는 행위였기 때문입니다. 그 것도 자신들을 애굽의 사슬에서 풀어주신 역사의 주되시는 하나님 을 배반하는 행위였기 때문이었습니다. 그것은 곧 죽음이었습니다.

여호와께서 또 모세에게 이르시되 내가 이 백성을 보니 목이 뻣뻣한 백성이로 다. 그런즉 내가 하는 대로 두라. 내가 그들에게 진노하여 그들을 진멸하고 너를 큰 나라가 되게 하리라(출 32:9-10).

이제 모든 구원의 여정은 이곳에서 끝나고, 이스라엘 민족은 사 막에서 멸종하는 운명 앞에 놓였습니다. 그것은 마치 하나님께서 노 아 때에 인간창조를 한탄하시고 후회하시고 심판하셨던 때와 같은 심판의 운명이었습니다. 바로 이 절대 절명의 위기 앞에서 모세가 '중보기도'를 드립니다. 그런데 모세의 중보기도는 애굽 사람들 앞에서 조롱거리가 되도 좋겠느냐는 '공갈 섞인' 호소로부터 시작되고 있었습니다. 그리고는 "주의 맹렬한 노를 그치시고 뜻을 돌이키사 주의 백성에게 이 화를 내리지 마옵소서"(출 32:12)라는 탄원으로 끝을 맺습니다.

기도치고는 거칠고, 강요하는 듯한 이상한 기도였습니다. 그런데 놀라운 일이 일어났습니다. 하나님께서 뜻을 돌이키신 것입니다. 화를 거두시고(32:14) 민족이 다시 살아난 것입니다. 해피엔딩입니다. 그러나 여기에 심각한 신학적 질문 하나가 등장합니다.

"모세의 중보기도가 하나님의 뜻까지도 바꾸었는가? 인간의 기도가 하나님의 마음까지도 바꿀 수 있는가?"라는 질문입니다. 거칠기는 했어도 모세가 드린 중보기도는 모든 기도의 원형입니다. 여기서 모세는 자기 자신을 위해 기도하지 않았습니다. 자신을 위한 기도는 엄밀히 말하여 참 기도가 아닙니다. 기도는 언제나 타자를 위한 기도여야 하기 때문입니다. 자신은 저주를 받을지라도 모든 사람의 구원을 간구하는 기도만이 참 기도이기 때문입니다. 모세는 이 기도를 드렸던 것입니다.

그럼에도 불구하고 하나님께서 뜻을 돌이키시고 진노를 거두신 것은 모세의 기도 때문이 아니었습니다. 이것은 신앙의 또 다른 역설이었습니다. 기도를 받으시면서도 하나님은 기도 때문에 한 번 정하신 뜻을 바꾸시는 분은 아니기 때문입니다. 오히려 하나님께서 뜻을 돌이키사 심판을 거두신 것은 하나님의 긍휼하심에서 온 것이었습니다. 오래 참고 오래 기다리시며, 잘못된 인간의 시간까지도 하나님의 시간 안에 품으시는 긍휼하심에서 오는 값없는 은혜 때문이었습니다. 여기서 모세의 기도는 하나님의 긍휼하심 안에 있는 인간적인 통로였을 뿐이었습니다.

보십시오. 하나님의 긍휼하심은 금송아지의 주역이었던 아론까지도 살리셨으며, 그를 제사장으로 인 치시는 데까지 이어졌습니다. 말씀으로만 나누시던 하나님께서 자신이 지나가신 후에 등만을 모세에게 보게 하심으로 모세의 생명을 보전하셨습니다. 더 나아가 사막 한복판에서 멸절해야 했던 이스라엘 민족을 다시 드시사 약속의 땅으로 인도하시는 데까지 그 민족을 사랑하셨으며, 이 거대한 여정에 함께 동행하시기 위해 움직이는 현존, 성막을 완성하게 하셨습니다.

하나님의 시간은 인간의 시간과 같지 않습니다. 영광이 떠나간 자리에 찾아드는 빈자리, 지루하고 답답한 자리지만, 그것은 하나님께서 거대한 구원을 준비하시는 하나님의 시간입니다. 믿음이란 이 하나님의 시간을 읽을 수 있는 눈을 의미합니다. 우리 모두에게 스며드는 영광의 뒷자락, 빈자리! 답답하고 버림받았다고 생각하는 이 빈자리! 이 빈자리는 하나님이 우리를 버리시는 자리가 아닙니다. 다음 구원을 준비하시는 하나님의 시간입니다. 이 하나님의 시간 안에 거하는 것이 믿음입니다.

네 자녀를 몰렉에게 주어
불로 통과하게 하지 말라

> 총 본문: 레위기 1장~27장
>
> 주제 본문: 레위기 9:1-24; 20:1-5; 25:1-12

몬테리오Monte Rio는 미국 샌프란시스코 북쪽 약 130km에 자리하고 있는 작은 도시입니다. 그러나 근방 깊은 산속에는 보헤미안 그로브Bohemian grove, 짚시들의 숲이라는 135년 역사의 거대한 캠프장이 들어서 있습니다. 그런데 이 캠프장은 100년 가까이 단 한 번도 밖에 노출된 적이 없는, 그래서 온갖 신비 속에 밀폐된 정체불명의 왕국 같은 곳이라고 합니다. 그러던 2000년 7월 15일, 알렉스 존스Alex Jones라는 다큐멘터리 영화감독과 핸슨Hanson이라는 카메라맨이 비밀리에 이곳에 잠입하여 찍어낸 필름이 비디오로 출시되면서 보헤미안 클럽의 비밀이 하루아침에 전 세계에 폭로되고 말았습니다. 보헤미안 클럽의 비밀회원의 암호는 '힐 빌리스Hill Billies', 그 수는 약 2,000명! 여성은 단 한 명도 없는 남성 클럽, 그런데 이 클럽은 세계 최고의 정치인, 은행가, 기업인, 언론인 그리고 군인들로 구성되어 있습니다. 매해 7월이 되면, 힐 빌리스들은 비밀리에 이곳 보헤미안 숲에 스며들고, 두 주간 화려한 음악공연을 감상하고, 저녁이면 캠프 화이어를 즐기고, 클럽 하우스에서는 친교도 나누고, 3 ,4, 5명이 모여 토론, 협상, 거래를 한다고 합니다. 여기까지는 지상 최고의 'high society club'처럼 보였습니다.

그러나 100년 동안 숨겨온 비밀 하나가 폭로되면서 이 클럽은 하루아침에 전 세계의 비판의 대상이 되고 말았습니다. 100년 동안 극비 속에 지켜온 소위 사탄 숭배 제전Satanic ritual 때문이었습니다.

폭로된 비디오는 이렇게 묘사합니다. 큰 호숫가를 끼고 설치된 50m 높이의 부엉이 신전Owl Shrine 앞에 모여든 힐 빌리스들은 "나는 몰렉을 사랑합니다I love Molek"라는 표식mark이 달린 검은 가운gown을 입고 나타납니다. 그리고 검은 모자를 쓰고, 검은 옷을 입은 합창단이 부르는 노래에 맞춰, 힐 빌리스들은 술을 마음껏 마시고 만취가 되고, 서서히 옷을 벗어 나체로 변하고, 자기가 미워하는 사람의 초상을 부엉이 제단에 올려놓고 불로 태워버립니다. 그리고 사람을 제물로 바치는 죽음의 의식을 행합니다. 이어 promiscuity난혼라 부르는 혼음행위를 자행하는 광란의 축제가 밤새도록 진행된다고 합니다. 이 광란은 한마디로 어린아이를 제물로 바쳐서 행하던 고대 '몰렉' 제사의 재판이었습니다.

이 장면을 비밀리에 촬영하고 그것을 다큐멘터리로 제작한 알렉스 존스는 이 보헤미안 클럽을 "지상에서 가장 성공한 자들의 가장 저질적인 광란"이라고 혹평하였습니다.

소문으로만 나돌았던 사탄 숭배 제전이 오늘 전 세계를 지배하고 있는 미국 심장부 한 구석에서 그것도 100년 동안이나 자행되어 왔다는 사실은 충격 그 자체였습니다. 최고의 성공자들이 '나는 몰렉을 사랑합니다'라는 마크를 달고, 사탄 숭배 제전에 참여하여 왔다는 사실 그 자체가 어딘지 미국의 위선을 대변하는 것 같았습니다. 3,300년 전의 잔악했던 암몬의 신, 몰렉이 오늘 미국과 전 세계를 비밀리에 지배하고 있다는 느낌을 지울 수가 없었습니다.

오늘 레위기에는 아들만을, 그것도 어린 맏아들만을 즐겨 제물로 받았다는 고대 암몬의 신 몰렉에 대한 경고가 세 번, 네 번 강력한 어조로 등장하고 있습니다.

몰렉, 그는 누구인가? 보헤미안 클럽은 몰렉을 거대한 부엉이로 묘사했으나, 고대 암몬족은 몰렉을 얼굴은 소의 머리, 몸은 사람 그리고 제물로 바쳐진 어린아이를 끌어안는 손으로 그렸습니다. 몰렉은 어린아이를 제물로 받고서야 자신의 화를 풀어주는 간악한 신의 표상이었습니다. 고고학에 따르면 이 몰렉 앞에서 이방 제사장들은 4살에서 12살의 어린이들을 제물로 받아 불 위로 걸어 타죽게 하든지, 불로 달군 기둥 위를 걸어 타죽게 하든지, 아니면 몰렉의 두 손 위에 올려놓고 태워 죽이는 제사를 행했다고 합니다. 이때 어린아이들의 곡성이 들리지 않도록 북을 크게 울렸다고 합니다. 그리고 몰렉은 제물이 된 어린아이들의 부모가 흘린 눈물로 몸을 씻었다고 합니다. 그러기에 레위기에 세 번, 네 번 거명되는 몰렉은 당시 비와 구름을 주관한다는 바알보다, 전쟁과 성을 주관한다는 아스다롯보다, 불행과 죽음을 주관한다는 '못'보다 더 악랄하고 잔인한 신이었습니다.

그런데 문제는 왜 하나님은 몰렉 제사가 극에 달한 암몬, 가나안 문턱, 시내산 기슭에서 새 제사법을 명하셨는가에 있습니다. 레위기의 3분의 1을 차지하는 새 제사법은 이 역사적 시점에서 무슨 의미를 가지는 것인가?

하나님은 레위기에서,

1. 일반 제사인 번제Burnt Offering,
2. 가난한 사람들이 고운 가루와 곡식으로 드리는 소제Cereal Offering,
3. 하나님과 화해하는 화목제Peace Offering,
4. 용서받을 수 없는 원죄를 위한 속죄제Sin Offering,
5. 그리고 보상을 전제로 하는 속건제Guilt Offering로 구분되는 다섯 가지 새 제사법을 명하셨습니다.

그리고 새 제사법 끝자락에 하나님은 세 번씩이나 몰렉이라는 이름을 들어 이스라엘을 강력히 경고하셨습니다.

너는 결단코 자녀를 몰렉에게 주어 불로 통과하게 함으로 네 하나님의 이름을 욕되게 하지 말라. 나는 여호와니라(레 18:21).

몰렉에 대한 두 번째, 세 번째 경고는 레위기 20장 2, 4절에 더 강렬한 어조로 반복되고 있습니다. 여기서 하나님은 왜 새 제사법을 몰렉과 이렇듯 극렬하게 대비시키는 것일까? 그 이유는 무엇일까?

이 물음과의 씨름은 레위기를 풀어가는 소중한 실마리가 될 것입니다. 그러나 저는 오늘 이 물음을 거꾸로 하나님께서 아브라함과 그의 아들 이삭 사이에 벌이셨던 500년 전의 모리아산 사건에서 해결의 실마리를 찾고자 합니다. 아들, 이삭을 제물로 바쳐야 했던 아브라함 시대! 분명 그때도 어린아이 제사가 성행했던 몰렉 시대임이 틀림없었습니다. 이것은 모리아산에서의 이삭의 이야기를 몰렉 시대를 배경으로 풀어가야 할 이유입니다.

하나님은 이삭을 산 제물로 바치라고 명하셨습니다. 이것은 당시 성행하던 몰렉 제사를 따르는 관행처럼 보입니다. 그리고 아브라함은 하나님의 명령을 따라 아들, 이삭을 결박하고 칼로 쳐서 죽인 후 제물로 바치려 했습니다. 아브라함도 몰렉 제사 관행을 그대로 받아들였습니다. 그러나 칼을 들어 아들을 죽이려던 마지막 순간에 하나님은 아브라함의 손을 막으셨습니다. 그리고 이삭을 칼에서 풀어주셨습니다.

잘 보십시오. 이것은 하나님께서 당시 암몬과 가나안 전 지역을 지배하고 있던 몰렉 제사를 한순간에 폐기하시는 순간이었습니다. 그리고 몰렉 제사를 꺾으시고(역전, over rule), 새 역사를 시작하시는 순간이었습니다.

우리는 지난날 이 드라마틱한 사건을 아브라함의 무한의 포기_{in-finite resignation} 그리고 신앙의 비약_{leap of faith}이라는 키에르케고르의 해석에 많이 의존해 왔습니다. 그리고 "믿음으로 말미암은 의로움"의 사건으로 해석해 왔습니다. 이 해석은 중요한 풀이이고 그리고 아직 살아있는 해석입니다.

그러나 모리아산에서 일어난 아브라함–이삭 이야기에는 다른 차원 하나가 숨어 있었습니다. 인간 제물이었던 이삭을 대신하여 이번에는 하나님께서 준비하신 '숫양'으로 제물을 삼아 제사를 드리게 한 사건이었습니다. 숫양이 이삭 대신 죽은 것입니다. 그래서 이삭이 살아났습니다. 한 생명의 희생이 다른 생명을 구원하는 하나님의 새로운 구원 방식이 시작되는 순간이었습니다. 성경은 이것을 '대속'이라 합니다.

오늘 레위기에 소개되는 번제, 소제, 화목제, 속죄제, 속건제 그 중심에는 이 놀라운 구원사적 주제가 흐르고 있었습니다. 대속의 주제입니다. 레위기 제사는 신의 진노를 진정시키기 위해, 신의 심판을 피하기 위해 바치는 뇌물성 제사가 아니었습니다. 어린이를 제물로 바쳐 화를 면하려 한 몰렉 제사는 더더욱 아니었습니다.

이 대속의 주제는 애굽의 처음 것들을 치시는 심판 전야, 양의 피를 바른 집은 건너뛰는 유월passover을 통하여 이스라엘 민족을 살리신 출애굽 사건에서 극명하게 드러내 주셨습니다. 이때 양의 피는 이스라엘 민족을 살린 '대속'의 피였습니다. 여기 레위기에 등장하는 다섯 가지 제사는 이 거대한 하나님의 구원, 출애굽을 기억하고 감사하는 민족적인 '감사제'들이었습니다. 그러기에 하나님 앞에 드리는 다섯 가지 제물은 뇌물이 아니었습니다. 레위기의 모든 제사-제물은 하나님의 구원하심과 인도하심에 대한 감사의 제사-헌물이었습니다. 때로는 수송아지로, 수양으로, 때로는 비둘기와 고운가루 같은 대속물로 그러나 그것들은 출애굽의 하나님을 기억하고 감사하는 감사의 제사였습니다. 그러기에 레위기 제사는 한편으로는 몰렉 제사의 폐기였으며, 동시에 레위기 제사는 해방과 미래를 향해 이끌어 가시는 하나님의 구원에 대한 감격과 감사의 제사였습니다. 이것이 레위기의 두 번째 주제입니다.

그러나 레위기는 여기서 끝나지 않습니다. 지금 우리는 제사와 정의가 만나는 세 번째 차원으로 다가서고 있습니다. 출애굽의 구원에 대한 감사로서 드리는 제사는 반드시 성결한 삶으로 이어져야 했습니다. 유월절, 무교절, 칠칠절로 표현되는 절기 제사는 하나님의 구원을 기억하고 감사하는 민족적 예배였습니다. 그리고 그 구원의 감사는 또 다시 안식일에 객을 쉬게 하고 안식년에 땅을 쉬게 하여 가난한 자들에게 이삭을 가져가게 하는 일로 이어져야 했습니다.

그리고 안식년 일곱 번째 그 다음 해, 50년에는 희년year of Jubilee을 선포하고, 모든 소유를 본래 주인에게 돌려주는 정의사회로까지 이어져야 했습니다. 그러기에 레위기에 등장하는 많은 규례들 그 중심에는 한 가지 주제, 하나님의 구원을 기억하고 감사하는 역사적 기억Historical remembrance이 강력히 흐르고 있었습니다. 역사적 기억으로서의 제사는 반드시 성결과 이웃사랑으로 이어져야 하는 윤리적 책임이 뒤따르고 있었습니다. 모든 예배는 역사를 변혁해가는 정의와 사랑으로 구현되어야 하는 신학적 이유가 여기에 있습니다.

아직은 시내산 기슭에 머물러 있는 이스라엘 백성! 뒤로는 십계명과 약자보호법 그리고 성막법을 제정 받은 이스라엘! 그리고 가나안을 향한 민족 대행진을 준비하고 있는 그 사이에 끼어든 레위기! 이 치밀한 과정 그 뒤에는 한 가지, 하나님 앞에서는 '거룩한 백성'으로, 역사 앞에서는 세상의 아픔을 품고 또 치유하는 '제사장 나라'로 이스라엘을 세워 가시는 하나님의 거룩하신 계획과 경륜하심이 숨어있었습니다.

그러나 이 모든 것은 오직 한 가지, "나는 너희를 인도하여 애굽 땅에서 나오게 한 너희의 하나님 여호와니라"(레 19:36)를 기억하고 감사하는 역사적 기억이 살아있는 한 가능할 수 있었습니다.

저는 오늘 레위기에서 몰렉 경배를 강력히 경고하시는 하나님은 하나님과 몰렉을 교묘하게 섞어 함께 섬기려는 혼합주의 신앙, 특히 보헤미안 숲의 힐 빌리스들 같은 이들의 절충주의 앞에 던지시는 하나님의 엄위하신 경고로 받아들이고 있습니다.

저는 오늘 미가서 6장 6절에서 8절 말씀을 레위기를 집약하는 결론으로 삼고자 합니다.

> 내가 무엇을 가지고 여호와 앞에 나아가며 높으신 하나님께 경배할까 내가 번제물로 일 년 된 송아지를 가지고 그 앞에 나아갈까 여호와께서 천천의 숫양이나 만만의 강물 같은 기름을 기뻐하실까 내 허물을 위하여 내 맏아들을, 내 영혼의 죄로 말미암아 내 몸의 열매를 드릴까(미 6:6-7).

미가는 우리의 숨은 몰렉 종교에 대하여 고발하고 있습니다. 그러나 미가는 우리가 가야 할 길을 정확히 비추고 있습니다.

> 사람아 주께서 선한 것이 무엇임을 네게 보이셨나니 여호와께서 네게 구하시는 것은 오직 정의를 행하며 인자를 사랑하며 겸손하게 네 하나님과 함께 행하는 것이 아니냐(미 6:8).

역사 다음의 역사

> 총 본문: 민수기 1장 1절~14장 45절
>
> 주제 본문: 민수기 13:25-33; 14:1-38

주전(BC) 27년 아우구스투스 카이사르Augustus Caesar는 로마공화국을 뒤엎고, 그 자리에 로마제국을 새로 세우고 황제가 되었습니다. 그리고 주후(AD) 180년, 마르쿠스 아우렐리우스Marcus Aurelius 황제가 죽기까지 207년 동안 로마제국은 인간이 지상에 세울 수 있는 최고의 왕국, 소위 '팍스 로마나Pax Romana'를 세운 바 있었습니다. 영토는 프랑스, 스페인, 영국을 포함하는 서유럽과 그리스와 터키를 중심으로 하는 소아시아 전역 그리고 오늘의 이집트와 리비아를 포함하는 북아프리카 전역까지 장학하였습니다. 황제는 이미 신이 되어 있었으며, 나라의 풍요는 하늘을 찌를 듯 화려했습니다. 그런데 이 영원한 제국, 로마가 안으로부터 서서히 무너지기 시작한 것입니다. 그칠 줄 모르는 사치와 귀족의 타락은 점차 부의 고갈로 이어지고, 피투성이의 권력투쟁은 한때 30여 명의 황제들이 나라를 분할 통치 하면서 시민 전쟁으로 이어지고, 그것은 다시 인구 감소, 경제 파탄, 도시의 황폐화라는 연쇄적인 파멸로 치달았습니다.

3세기 말 유능했던 디오클레티아누스Diocletian 황제의 과감한 정치 개혁과 4세기 초 기독교를 국교화시킨 콘스탄틴Constantine 황제의 정치적 결단에도 불구하고 로마제국은 서서히 깊은 파멸의 수렁으로 빠져들고 있었습니다. 바로 이 틈새를 뚫고 감히 로마제국을 침략해 들어오는 겁 없는 부족들이 일어나고 있었습니다. 그들은 훈Huns, 슬라브Slavs, 게르만Germans, 고트Goths 그리고 반달Vandals이었습니다. 그중에서도 게르만 족은 유난히 매서운 눈과 빨간 머리, 건장한 몸을 가지고 있었으며, 그들은 작은 동리 구석구석에 살면서 농사도 지었지만, 수시로 도시들을 공략하여 거기서 얻은 노획물로 살아가는 야만족이 었습니다.

때는 주후 410년, 알라리크Alaric의 지휘를 따라 북방의 야만족, 비스고트Visigoths 족이 제국의 수도, 로마를 침략하고, 무차별 초토화시키고, 그 여세를 몰아 스페인을 점령한 후 소위 고틱Gothic 왕국을 세웠습니다. 이 한순간의 비극적 멸망은 로마인들을 큰 충격으로 몰아갔습니다. 그리고 로마인들은 로마가 로마 신을 버리고 기독교를 국교로 받아들인 데 대한 저주라고 비난하고 나섰습니다.

다른 한편 기독교인들은 기독교 국가가 된 로마를 하나님이 무슨 일로 야만인을 들어 심판하시는가를 의심하기 시작하였습니다. 결국 이것은 역사가 무엇인가에 대한 심각한 신학적 물음으로 확산되어갔습니다. 바로 이때 펜을 든 사람은 성 어거스틴St. Augustine이었습니다.

혼란에 빠진 기독교인들을 위로하기 위해 글을 쓰기 시작한 어거스틴은 지상의 영원한 나라, 로마제국 구석구석이 잿더미로 변해가는 역사 진행을 지켜보면서 그 신비한 의미를 써나갔습니다. 그것이 바로 『하나님의 도성Civitas Dei, The City of God』이었습니다.

이 책은 최초로 기독교 역사관을 제시한 대작으로 평가받고 있습니다. 인간 역사를 보는 신앙의 '눈'을 남겼습니다. 거대한 로마가 하루아침에 침몰하는 역사의 신비를 지켜보면서 어거스틴은 인간 역사란 두 도성 위에 서서 진행되는 과정이라고 보았습니다. 하나의 도성을 '인간의 도성civitas mundi'이라 불렀습니다. 인간의 도성은 인간의 욕망에 뿌리를 둔 사랑, 자기 사랑, 에로스eros 위에 세워진 도성이라 했습니다. 하나님의 사랑을 희생하면서까지 포기하지 않는 자기 사랑 위에 세운 도성이 인간의 도성이라는 것입니다.

오늘의 한국이 점차 인간의 도성으로 빠져들어간다는 느낌은 왜일까?

그러나 지상의 도성은 왔다가는 반드시 사라져 버리는 것이라 했습니다. 로마제국은 왔다가 사라지는 이 땅의 모든 인간 도성의 모형이었습니다.

그러나 어거스틴은 이 역사 속에는 또 다른 도성이 오고 있음을 보고 있었습니다. 그 도성을 '하나님의 도성Civitas Dei'이라 불렀습니다. 하나님의 도성은 인간의 욕망과 자기 사랑, 에로스eros를 포기하면서까지 희생하는 하나님의 사랑, 아가페Agape 위에 세워지는 도성이라 했습니다. 지상의 모든 도성들은 왔다가 사라지지만, 하나님의 도성은 영원히 이 역사를 통치하는 하나님 나라라 했습니다. 그러기에 하나님의 도성은 역사 다음의 역사입니다.

오늘 구원 순례의 무대는 사막 한가운데 오아시스, 가데스 바네아 입니다. 시내산과 약속의 땅 가나안 사이에 잠시 머문 곳이 가데스 바네아였습니다. 그러나 약속의 땅 가나안을 하룻길 앞두고, 이스라엘은 하나님의 엄위하신 진노 앞에 섰습니다. 멸종의 위기는 면하였으나 사막을 39년 동안 배회해야 하는 심판 앞에 직면한 것입니다. 그 이유는 무엇일까?

문제의 발단은 12지파로부터 나온 정탐꾼 12명이 가나안 땅에 스며들어 40일 동안 정탐하고 돌아온 후에 일어났습니다. 그리고 그들의 보고가 이스라엘 민족을 폭풍 속으로 몰아넣었습니다. 그들이 정탐한 가나안! 고고학은 이곳을 기름진 초승달의 요충지라고 불렀습니다. 국제무역의 통로, 고도의 도시국가, 화려한 왕궁에서 시작하여 이미 학교, 도서관까지를 소유한 문명국가! 그리고 상업이 번창했던 문명의 도성들이었다고 서술합니다. 어거스틴이 말하는 인간의 도성, 인간의 도성의 전형적 모형이었습니다.

그러기에 사막 끝자락에 도달한 천막 민족, 이스라엘 민족에게 문명의 도성 가나안은 지상낙원이었습니다. 그런데 문제는 가나안을 보는 '두 눈'이었습니다.

한 눈은 가나안을 '젖과 꿀이 흐르는 땅', '강한 거민', '견고한 성읍'(신 13:27-28)으로 묘사합니다. 그리고 "… 우리는 스스로 보기에도 메뚜기 같으니…"(민 13:33)라는 표현으로 자기를 비하했습니다. 이때 온 회중은 "소리를 높여 부르짖고… 백성은 밤새도록 통곡함으로"(민 14:1) '자기비하', '열등의식', '패배주의'로 깊이 빠져들고 있었습니다.

우리는 지난날 이 패배주의가 하나님의 진노를 불러일으켰다고 해석해 왔습니다. 그래서 39년을 배회하는 저주를 받았다고 풀이했습니다. 그러나 저는 이 해석에 동의하지 않습니다. 이스라엘 민족이 하나님의 진노를 일으키고 저주를 받은 숨은 이유는 자기비하라는 패배주의에 있지 않았기 때문입니다. 오히려 정탐 10명과 이스라엘 민족이 하나님의 저주를 받은 이유는 민수기의 한 구절, "우리가 한 지휘관을 세우고 애굽으로 돌아가자"(민 14:4) 때문이었다고 보기 때문입니다. 이 구절 하나가 바로 눈앞에 놓인 땅을 약속의 도성, 하나님의 도성Civitas Dei으로 보지 못하도록 가로막고 있었기 때문이었습니다. 이것을 '애굽 콤플렉스Egyptian complex'라 합니다. 몸은 약속의 땅 목전에까지 와 있었으나, 생각과 의식은 애굽을 그리워하는 향수의 노예였다는 풍자입니다.

지금 대학살이 진행 중인 시리아의 아사드! 그는 한마디로 인간 도성의 노예입니다. 민족과 자신마저 살릴 수 있는 하나님의 도성을 바라보는 일말의 양심이라도 있다면 돌아올 수 없는 다리bridge of no return를 넘지는 않았을 것입니다.

저는 오늘의 한국이 '애굽 콤플렉스'에 걸려들고 있다는 느낌을 지울 수가 없습니다. 권력지상주의가 이 땅을 온통 판치고 있기 때문입니다. 여당은 썩을 대로 썩었고, 야당은 이미 지상의 도성에 입성한 것 같은 교만을 풍기고 있기 때문입니다. 인간 도성의 노예가 되어 가나안 그 뒤의 하나님의 도성을 보지 못하는 애굽의 노예들이 오늘 이 나라 정치꾼들이라고 보기 때문입니다.

그러나 정탐꾼 중에는 다른 눈이 등장합니다. 비록 소수이지만 두 사람이 있었습니다. 여호수아와 갈렙이었습니다. 갈렙이 말합니다.

갈렙이 모세 앞에서 백성을 조용하게 하고 이르되 우리가 곧 올라가서 그 땅을
취하자 능히 이기리라(민 13:30).

… 그들의 보호자는 그들에게서 떠났고 여호와는 우리와 함께 하시느니라(민
14:9).

얼핏 이 증언은 '승리주의'의 나팔처럼 보입니다. 패배주의에 빠진 이스라엘 앞에 승리주의라는 정치적 캠페인을 외치는 듯이 보입니다. 그러나 여호수아와 갈렙은 지금 눈앞에 놓인 인간의 도성, 가나안 그 뒤에 약속되어진 하나님의 거룩한 도성을 바라보고 있었습니다. 여호수아와 갈렙은 가나안을 애굽 콤플렉스라 부르는 노예의 눈으로 보지 않았습니다. 두 사람은 가나안을 하나님의 약속에서 보고 있었습니다. 이것을 '종말론적 눈eschatological eye'이라 합니다. 불가능을 하나님의 가능에서 보고 있었습니다.

그러나 그들의 소리는 광야의 외치는 외로운 소리였습니다. 듣는 이도 호응하는 이도 없었습니다. 그래서 종말론적인 눈은 언제나 외롭고 고독합니다. 그러나 하나님의 구원 순례는 하나의 신비에서 그 진행을 계속합니다. 하나님은 애굽 콤플렉스에서 울고 있는 대중을 선택하지 않으셨습니다. 거꾸로 광야의 소리, 누구도 듣지 않는 여호수아와 갈렙을 들어 구원을 이어가셨습니다. 성경은 이들을 '남은 자'라 합니다.

아놀드 토인비Arnold Toynbee는 역사 다음의 역사를 보는 이들을 불러 '창조적 소수creative minority'라 했습니다. 그러나 가나안을 하룻길 앞에 둔 땅 사막 속의 오아시스 가데스 바네아! 인간 도성의 노예에서 벗어나지 못한 민중과 정탐꾼 10명 때문에 이스라엘 민족은 그곳에

서 39년을 헤매야 했습니다. 그러나 그것은 노하시기를 더디 하시는 하나님의 숨 고르기 시간이었습니다. 하나님은 역사 다음의 역사를 바라보는 여호수아와 갈렙 그리고 광야에서 태어난 2세들을 준비하시고 계셨습니다. 역사 그 다음의 역사를 보는 소수, 남은 자를 들기 위함이었습니다. 이것이 하나님의 역사 방법이었습니다.

목자 없는 양과 같이 되지 않게 하옵소서

> 총 본문: 민수기 15장 1절~36장 13절
> 주제 본문: 민수기 20:1-13; 27:12-23

'카리스마' 그리고 '카리스마의 일상화'라는 두 말을 20세기 유행어로 만들어낸 사람은 독일의 사회학자 막스 베버Max Weber였습니다. 『개신교 윤리와 자본주의정신』그리고『종교사회학』이라는 두 책은 베버가 남긴 불멸의 저서이며, 지금도 여기저기서 인용하는 사회학의 교과서이기도 합니다. 여기서 베버는 카리스마란 '초인적인 힘을 가진 사람' 또는 '신의 은총을 받은 자'라고 그 뜻을 풀었습니다. 1920년 그가 세상을 떠난 후 카리스마라는 용어는 사회학뿐 아니라 신문매체, 종교, 정치, 경제 모든 영역으로 무섭게 퍼져나갔습니다. 강한 인상을 가진 사람을 카리스마라 부르는 데서 시작하여 독재자에 이르기까지 무엇이든 보통사람과 다르면 그들을 카리스마라고 부르는 유행성 용어가 되었습니다. 그러나 카리스마는 '신의 은총을 입은 자'라는 본래의 의미에서 오늘의 구원 이야기를 접근하고자 합니다.

오늘 이야기의 주인공은 모세입니다. 모세를 두고 구약학자 아이히로트Eichrodt는 이렇게 표현합니다.

모세! 그는 다윗과 같은 왕은 아니었다. 그러나 모세는 애굽으로부터 이스라엘 민족을 뽑아낸 영웅이었다.

모세! 그는 아론과 같은 제사장은 아니었다. 그러나 모세는 시내산에서 홀로 하나님을 대면하고도 죽지 아니한 그리고 십계명과 약자보호법, 성막법과 제사법을 받은 계시자였다.

수시로 하나님을 배신하고, 돌을 들어 자신을 치려 한 민족이 하나님의 저주를 받아 사막에서 진멸하게 된 그때, 그 자리에서도 하나님의 긍휼하심과 용서를 간청했던 중보자! 그는 모세였다.

모세! 그는 여호수아와 같은 군사령관은 아니었다. 그러나 홍해를 건넌 후부터 요단강 동쪽에 이르기까지 40년 동안 수없이 치른 이방 나라와의 전쟁을 승리로 이끌었던 전략가였다.

모세! 그는 이사야와 같은 예언자는 아니었다. 그러나 모세는 역사의 진행 속에 말씀하시고 또 인도하시는 하나님의 통치하심을 읽고, 말씀을 선포하고 회개를 호소한 선지자였다.

그러기에 모세는 막스 베버가 말하는 '카리스마 중의 카리스마', '하나님의 은혜를 힘입은 자'였습니다.

그런데 이 모세가 나이 120세 되던 해, 약속의 땅, 가나안, 하나님의 도성을 바로 눈앞에 둔 요단강 동쪽에서 죽음을 맞습니다. 카리스마가 아무리 뛰어나고 역사를 바꾸는 영웅이었다고 해도, 카리스마는 왔다가는, 반드시 역사의 뒤안길로 사라지는 이 엄숙한 운명 앞에 모세도 예외일 수는 없었습니다.

그런데 문제는 모세가 그곳에서 죽는다는 사실 그 자체에 있지 않았습니다. 인간이면 한번은 가야 하는 운명의 길을 모세라 해서 피할 길은 없었습니다. 오히려 문제는 40년 동안 팔레스타인 지역을 떨게 만들었던 카리스마, 모세가 이 지상에 아무런 흔적도 남기지 못하고 죽는다는 데 있었습니다. 카리스마는 가더라도 그 카리스마는 다음 세대로 계승되어야 했기 때문입니다. 바로 이 카리스마의 계승, 베버는 이것을 '카리스마의 일상화routinizing of charisma'라 불렀습니다.

모세에게는 이 카리스마의 일상화가 거부되고 있었습니다. 카리스마가 끝나는 자리! 그러나 거기에 새로운 매듭이 이어지는 것 같지가 않았습니다. 카리스마의 일상화! 종교사회학에서는 성공한 사례 몇 가지를 나열하고 있었습니다.

첫째로 예수 그리스도의 카리스마는 열두 제자들과 초대교회 그리고 바울에 의해 일상화되었으며, 2,000년의 기독교는 성공한 종교라는 것입니다. 모하메드의 계시를 제자들이 계승하고 또 일상화하여 중동의 종교로 만들어낸 이슬람도 성공한 사례라고 종교사회학은 해석합니다. 그러기에 기독교와 이슬람은 카리스마의 일상화에 성공한 종교라는 것입니다. 그러나 거꾸로 다윗과 솔로몬에게서 카리스마의 일상화는 깨졌습니다. 다윗의 카리스마는 솔로몬의 타락 그리고 그의 아들 르호보암의 학정으로 이어지면서 소멸되었기 때문이었습니다.

그리고 역사상 가장 비극적인 실패는 히틀러였습니다. 한때 유럽을 뒤흔들었던 히틀러의 카리스마는 결국 자살로 그리고 독일을 파멸로 몰아넣으면서 그 어떤 일상화도 일어나지 않았습니다. 독일인들은 지금도 이것을 회개한다고 합니다. 김일성은 카리스마였습니다. 그러나 그 카리스마는 포악한 아들과 손자로 이어지면서 북한은 저주받은 땅으로 변해버렸습니다. 카리스마의 일상화가 깨진 최악의 사례 중 하나로 남을 것입니다. 로버트 슐러 목사의 카리스마가 아들에게 세습되면서 파산으로 치닫는 수정교회 이야기는 카리스마의 일상화가 실패한 종교 사례로 연일 낙인찍히고 있습니다.

오늘의 본문, 민수기 27장은 모세에게 가나안 입성을 거부하시는 하나님의 엄중한 통보를 담은 비정한 장면을 그 무대로 합니다. 40년 동안 힘겹게 쌓아올린 카리스마가 한순간 물거품처럼 사라질지도 모르는 위기 앞에 모세가 선 것입니다. 카리스마의 계승이 거부되는 순간이었습니다. 실패한 카리스마로 추락하는 순간이었습니다. 돌이켜보면, 호렙산으로 몸을 피한 모세를 찾아가신 분은 하나님이셨습니다. 가기 싫다고 극구 사양하는 모세에게 지팡이 하나 주시고 죽음의 땅, 애굽으로 떠미신 분도 하나님이셨습니다. 수시로 "누가 우리에게 고기를 먹게 하랴? 우리가 애굽에 있을 때에는 값없이 생선과 오이와 참외…를 먹은 것이 생각나거늘"이라고 투덜거리며 인간의 도성, 애굽으로 되돌아가려던 싸가지 민족을 모세에게 떠맡기신 분도 하나님이셨습니다. 너무 힘이 들어 "이 모든 백성을 내가 배었나이까? 내가 그들을 낳았나이까? … 즉시 나를 죽여 내가 고난 당함을 내가 보지 않게 하옵소서"(민 11장)를 간구하는 모세를 가나안 문턱까지 끌고 오신 분도 하나님이셨습니다.

그리고는 비정하게도 여기서 모든 것을 끝내시려 하셨습니다. 가데스 바네아에서 지팡이로 바위를 두 번 친 것을 문제 삼아 40년의 카리스마를 한순간에 포기하시려 하셨습니다. 그러기에 민수기 27장은 하나님의 비정함마저 드러내는 순간이었습니다. 베버의 말대로 카리스마의 일상화가 끊기는 비극적인 자리였습니다. 그래서 종교사회학에서는 모세를 카리스마의 일상화가 실패한 지도자로 낙인찍을 수도 있을 것입니다.

그러나 우리는 저주받은 듯한 이 카리스마의 종말, 그 다음을 보고자 합니다. 베버나 종교사회학이 보지 못하는 비밀 하나, 숨어있는 하나님의 신비를 보고자 합니다.

자신이 거부된 자리! 그것도 하나님으로부터 거부된 죽음의 자리에서 모세는 하나님 앞에 마지막 청원기도 하나를 드립니다. 그런데 이 마지막 기도는 자기 자신을 위한 기도가 아니었습니다. 우리는 이 점을 주목해야 합니다. 자신의 모든 것이 소멸되는 이 자리에서 모세는 40년 동안 수시로 자기를 괴롭히고, 툭하면 돌을 들어 치려 달려들었던 배역한 민족! 이스라엘 백성을 두고 '여호와의 회중'이라고 불렀습니다. 하나님께서 사랑하시는 무리라는 뜻입니다. 그리고 이 "여호와의 회중이 목자 없는 양과 같이 되지 않게 하옵소서"(민 27:17)를 기도한 것입니다.

자신은 저주를 받아도 하나님의 회중인 이스라엘을 위한 하나님의 축복이면 족하다는 기도였습니다. 하나님과 하나님의 회중인 이스라엘 민족의 관계가 하나님과 자기 자신의 관계보다 우선한다는 고백이었습니다. 그래서 모세는 하나님과 하나님 백성 사이의 관계의 '선' 옆으로 살짝 물러섰습니다. 그리고 자신의 생명과 운명은 하나님의 거룩하신 경륜의 손 안에 있는 것으로 족하다는 고백이었습니다.

자신을 부르신 분도 하나님, 자신에게 카리스마를 주신 분도 하나님, 이제 카리스마를 거두시는 분도 하나님! 하나님의 손 안에 있는 것으로 모세는 족했습니다. 이것을 하나님 앞에서의 신앙이라고 부를 수 있을 것입니다. 바로 이때 하나님은 여호수아를 후계자로 위임하십니다. 이 말은 모세가 자신의 카리스마를 여호수아에게 계승하지 않았다는 의미입니다. 하나님이 여호수아를 선택하셨기에 이것은 베버가 얘기하는 카리스마의 일상화가 아니었습니다. 오히려 구원의 역사는 이렇게 하나님의 손에 의해 이어지고 있었습니다.

1961년 작은 충격이었지만 제게 계속 영감으로 남아있는 한 장면이 있습니다. 1961년 1월 20일 정오, 몹시도 추웠던 워싱턴 국회의사당 이스트 포티오_{East Portio}에서 성경에 손을 얹고 대법원장 워렌_{Earl Warren} 앞에서 선서하던 케네디_{John F. Kennedy}의 선서문이었습니다. 물론 모든 미국 대통령이 동일하게 반복하는 선서문입니다.

> I do solemnly swear that I will faithfully execute the office of President of the United States!(나는 미합중국 대통령직을 성실히 수행할 것을 엄숙히 서약합니다!)

이것은 존 F. 케네디라는 한 카리스마가 대통령이 되는 것이 아니었습니다. 미국 국민을 향하신 하나님의 뜻 앞에 책임 있게 응답해야 하는 미국 국민을 섬기기 위해 세워진 대통령 '직'을 성실히 수행하겠다는 서약이었습니다.

여호와의 회중이 목자 없는 양과 같이 되지 않게 하옵소서(민 27:17).

나의 때는 하나님의 손 안에 있으나, 하나님의 백성은 하나님의 거대하신 구원을 계승해야 하는 하나님의 소중한 공동체이기에 이 백성만은 길을 잃지 않도록 지켜 주시기를 간구하는 모세의 기도 그리고 그 백성을 섬기기 위해 선택된 여호수아! 오늘의 한국교회와 한국 정치가 여기서 다시 출발할 수 있기를 소망해봅니다. 자신의 카리스마 일상화가 아니라, 하나님의 거대하신 구원 앞에 복종한 모세의 자기 겸허에서 오는 신앙과 지도력, 이것이 우리 모두에게 영감으로 다가오기를 소망해봅니다.

여호와의 회중이 목자 없는 양과 같이 되지 않게 하옵소서(민 27:17).

이제 함께 교독할 요한복음 17장은 예수 그리스도의 카리스마를 찬양하는 기도가 아닙니다. 온 인류를 자기와 화해하시는 하나님 아버지의 거대하신 구원을 위하여 예수 그리스도는 자신을 옆으로 비키셨습니다. 그것이 십자가였습니다.

오늘 우리가 만난 모세는 장차 오실 그리스도를 증거하고 있었습니다(요 5:46). 이렇게 하나님의 구원 역사는 계속 이어지고 있습니다.

여호와, 모든 육체의 생명의 하나님이시여… 여호와의 회중이 목자 없는 양과 같이 되지 않게 하옵소서.

이 기도가 우리의 기도이기를 소망합니다.

한 땅이 네 앞에 있으니

총 본문: 신명기 1장 1절~34장 12절
주제 본문: 신명기 4:32-40; 15:7-18; 19:1-10; 20:10-14

지난 2011년 4월 29일, 영국 런던, 웨스트민스터 대성당에서 거행된 왕자, 윌리암Williams과 미들톤Middleton 양의 결혼식은 그 예식의 엄숙함 못지않게, 지구촌 20억 명이 지켜 본 세기의 결혼식이었습니다. 그러나 그 화려함과 영광 뒤에는 숱한 피의 역사가 왕실 카펫 속에 말없이 깔려 있었습니다. 그 중에는 영국의 운명을 갈라놓은 큰 사건 하나가 자리 잡고 있었습니다.

지금으로부터 400여 년 전, 16세기였습니다. 자신의 이혼을 거부하는 로마교황에 반기를 들고, '앵글리카나 에클레시아Anglicana Ecclesia', 영국교회를 만든 다음 로마 가톨릭 교회로부터 분리시킨 후, 자기 자신을 영국교회의 머리로 앉힌 사람은 그도 유명한 헨리 8세Henry VIII 왕이었습니다. 신랑 윌리엄 왕자는 바로 헨리 왕의 후손입니다. 절대 권력은 교회를 분리시키고, 왕을 교회의 머리로 만드는 데 까지는 성공하였으나, 헨리 8세는 안으로부터, 그것도 가장 신뢰했던 수상으로부터 강력한 저항을 받았습니다. 그의 이름은 토마스 무어Thomas More, 그는 법률가이고 사회철학자이며 동시에 영국의 수상이었습니다. 왕이 교회를 분리시켜서도 안 되고, 더욱이 교회의 머리가 되어서도 안 된다는 것이 무어의 신념이고 또 주장이었습니다. 1534년 무어가 서약을 거부하자, 그는 즉시 런던 타워London Tower에 투옥되고, 1535년 재판이 끝나자 곧 바로 처형되었습니다. 그때 무어의 나이 57세였습니다.

토마스 무어! 생명을 포기하면서까지 왕의 교회 분열을 반대했던 그의 순교 뒤에는 깊은 고뇌 하나가 그의 영혼을 감싸고 있었습니다. 당시 유럽 전역을 휩쓸고 있던 왕들의 절대권력, 그것으로 인해 수없는 서민들이 죽어나가야 하는 사회구조에 대한 강력한 저항 같은 것이었습니다. 이 저항은 그가 1516년에 쓴 『유토피아Utopia』 속에 이미 드러나 있었습니다. 그도 유명한 유토피아! 지난 400년을 지배해온 '이상향의 꿈'! 이 책 하나가 수많은 사람을 흥분시키고, 혁명의 씨를 뿌렸던 정치 '이데올로기'의 교본이 되었습니다.

희랍어에서 왔다는 유토피아! 이상향, 또는 최고의 공화국으로 번역되는 유토피아, 실은 존재하지 않는 장소, no place land라는 뜻과 좋은 장소 good place라는 뜻을 모두 가지고 있습니다. 유토피아! 여기서 토마스 무어는 '라파엘Raphael'이라는 주인공을 내세워 대화의 형식으로 유럽을 병들게 하는 병균이 무엇인가를 고발합니다. 전쟁을 즐기고 있는 왕들, 왕들의 횡포 그리고 가난한 사람들에게는 땅 한 폭도 주지 않는 왕들의 착취들을 낱낱이 고발하고 있었습니다.

이제 라파엘은 남미 '브라질Brazil'을 지나 유토피아 섬을 방문합니다. 그곳에서 5년 동안 본토인이 사는 모습을 관찰합니다. 그 섬은 본래 대륙에 붙어있는 한 반도였으나 '유토포스Utopos' 왕이 넓은 통로를 만들고 대륙으로부터 그 섬을 분리시켰습니다. 그 섬은 작은 도읍 54개로 구성되어 있었으며, 한 도읍에는 6,000세대가 살고 있었습니다. 수도 아마로트Amaurot는 반달모양의 섬 중심에 있으며, 각 도읍에는 선거로 선출된 시장이 관할하고 있었습니다.

이 유토피아에는 사유재산이 허용되지 않습니다. 큰 창고를 지어 놓고 모든 생필품을 쌓아두고, 누구든지 원하는 만큼 가져갈 수 있었습니다. 집 문에는 잠금 쇠가 없으며, 10년마다 집을 바꾸어가며 살아갑니다. 남녀 모두 동등한 교육을 받으며, 모든 시민은 같은 모양의 단순한 옷을 입었습니다. 모든 시민은 농사, 뜨개질, 목공일에 종사합니다. 식사는 공동회관에서 함께 나누며, 노인과 관리는 우대를 받습니다. 병원은 무료이고, 안락사가 허용됩니다. 모든 종교는 허용되며, 종교간 관용이 이루어지고 있었습니다. 금지된 것은 도박, 사냥, 화장 그리고 점성학이었습니다. 이것이 토마스 무어가 꿈꾸던 이상향, 유토피아, 최고의 공화국이었습니다.

출애굽에서 시작하여 시내산 언약을 거쳐 광야 40년의 길고 긴, 그러나 하나님께서 동행하고 계시는 이스라엘 민족은 지금 요단 강 동쪽, 모압 평야까지 다다랐습니다. 이 자리는 200만 이스라엘이 40년의 광야생활을 마감하는 끝자락이었으며, 약속의 땅, 가나안이 눈앞에 펼쳐져 있는 경계 선상이었습니다. 토마스 무어의 용어로는 유토피아를 눈앞에 둔 자리였습니다. 이곳은 '땅 없는 백성landless people'

에서 '땅을 차지하는 백성landed people'이 되는 거룩한 자리였습니다.

바로 이 거룩한 순간에 모세만이 가나안 입성이 거부되었습니다. 자신만이 거부된 자리! 그러나 "목자 없는 양과 같이 되지 않게 하소서"를 탄원하던 모세는 이제 그의 송별연설을 시작합니다. "한 땅이 네 앞에 있으니!" 그 땅 위에 세울 하나님의 도성을 설교하기 시작한 것입니다. 이 유명한 설교를 묶은 것이 신명기서 입니다. 신명기란 창세기, 출애굽기, 레위기, 민수기의 종합이라는 의미이며, 제2의 율법이라는 뜻이기도 합니다. 이제 가나안 땅에 세울 하나님의 도성! 그곳은 먼저 종교적 규례들을 철저히 지키는 데서 시작되는 곳이었습니다. 매년 토지소산의 십분의 일을 바쳐야 했습니다. "유월절", "칠칠절", "초막절"을 반드시 지켜야 했습니다. 그리고 하나님의 도성은 시민규례와 사회규례까지를 철저히 지켜야 했습니다. "종"에 대한 정당한 대우, "공정한 재판", "죄 없는 살인자가 피할 수 있는 공간," "도피성", "안식년", "화평을 먼저 선언하는 전쟁 법"들을 꼭 지켜야 한다고 당부의 당부를 거듭했습니다. 그들은 출애굽을 모르는 2세대였기 때문이었습니다.

여기서 우리는 토마스 무어의 유토피아와 신명기가 꿈꾸는 유토피아 사이에 거대한 공통점 하나가 흐르고 있음을 발견합니다. 자기 자신이 귀족이고, 한 나라의 수상이었으면서도, 자신이 누리고 있는 왕정제도가 얼마나 위선적이며 많은 서민들을 죽음으로까지 몰아가는 악마적인가를 직시하고 있던 토마스 무어! 그는 분명 이 타락의 역사 그 뒤에 역사하시는 하나님의 거대한 구원의 비밀을 보고 또 읽고 있었습니다. 그러기에 그는 죽으면서까지 하나님의 뜻 앞에 순종하려 했습니다.

약속의 땅이 거부된 자리에서도 하나님과 하나님의 백성인 이스라엘과의 관계가 하나님과 자신과의 관계보다 우선해야 한다는 모세도 역사 뒤에 역사하시는 거대한 하나님의 구원의 비밀을 보고 있었습니다. 그러기에 모세는 자신의 죽음마저 하나님 안에 있음도 알고 있었습니다. 그러기에 무어와 모세가 꿈꾸는 미래세계는 절대 권력을 휘두르는 왕정체제가 아니었습니다. 모든 사람이 하나님의 형상으로 함께 살아가는 공동사회가 이 두 사람이 꿈꾸었던 미래세계였습니다.

그러나 토마스 무어의 유토피아와 신명기 사이에는 건널 수 없는 다리 하나가 깊숙이 깔려 있었습니다. 유토피아는 모든 사람이 동등한 인간으로 살아가는 '평등주의' 사회였습니다. 동등한 교육을 받고, 모두가 노동을 해야 하며, 모두가 재산을 공유하는 평등주의 사회였습니다. 그러나 엄밀한 의미에서 유토피아에는 '이웃'은 없었습니다. '이웃'을 배려하는 사랑은 존재하지 않았습니다. 유토피아에는 그 사회를 창조해내는 공동의 에너지, 이웃, 너와 나를 하나로 묶어주는 '이웃' 공동체는 없었습니다. 그러기에 아름다운 이상에도 불구하고, 유토피아는 또 하나의 정치적 '이데올로기'로 전락하고 있었습니다.

토마스 무어의 유토피아가 강력한 힘으로 다시 살아난 것은 20세기에 회오리바람으로 일어났다가 사라져간 공산주의였다고 합니다. "계급 없는 사회!" 그것은 공산주의의 슬로건이었습니다. 평등주의의 실현을 약속하고 나선 그들, 그러나 그들은 계급 없는 사회를 세우기 위해서는 수많은 '이웃', 특별히 유산계급의 이웃사람들을 죽여야 했습니다. 그리고 새 계급을 만들어 이웃을 학대해 갔습니다. 공산주의의 계급 없는 사회는 이웃사랑에서 시작되어야 했습니다. 그리고 이웃들과 함께 창조해내는 사회여야 했습니다.

토마스 무어의 유토피아로부터 영향을 받은 또 다른 흐름은 16세기 어린이세례를 거부하고 성인세례만을 들고 나온 소위 재세례(침례)파운동으로 이어졌습니다.

유토피아의 미국 펜실베니아에 자리 잡은 '아미쉬 메노나이트Amish Mennonite' 공동체는 지금도 현대문명을 거부한 채 '소박한 옷차림', '공동의 노동', '공동소유'를 살아가고 있습니다. 무어가 꿈꾸던 유토피아의 이상향이기도 합니다. 그러나 아미쉬마저 '자기들만의 경건'에 집착할 뿐, 자기들 밖의 이웃이나 지구촌의 아픔 따위에는 관심조차 없는 하나의 도피적 종교집단에 불과합니다.

토마스 무어의 유토피아는 불행히도 '좋은 장소good place'가 아니라, '존재하지 않는 자리no place'로 전락하고 말았습니다.

그러나 오늘 신명기가 목 놓아 외치고 또 반복하는 땅의 신학! 죽음이 임박한 모압 평야에서 수없이 반복하는 모세의 땅의 신학! 비록 후일 이스라엘이 계속 실패하고 배신한 하나님의 도성이었으나, 3,300년이 지난 오늘까지 한 가지만은 그대로 살아 있습니다. 가나안 땅 위에 세울 하나님의 도성은 평등사회를 넘어, 그 속에 사랑을 창조하는, 그래서 생명이 숨 쉬는 공동체였습니다. '이웃'이 있는 사회, '이웃'에 대한 따뜻한 배려가 만들어가는 사회였습니다. 그래서 신명기는 말합니다. "십일조를 드릴 때도 분깃이 없는 레위인 뿐 아니라 네 성 중에 거류하는 객과 고아와 과부들이 와서 먹고 배부르게 하기 위함이었다"(신 14:29)는 말씀에 우리는 주목합니다. 칠 년째 종을 풀어 자유인이 되게 하는 그날 빈손으로 가게 하지 말아야 했습니다(신 15:13). 평등사회! 그러나 그 뒤에는 사랑이 뒤따라 와야 했습니다.

이웃사랑! 하찮은 말 같은 이웃사랑! 그러나 이 한 마디가 신명기의 땅의 신학을 토마스 무어의 유토피아로부터, 공산주의의 허상으로부터, 아니 오늘 한국 땅에 난무하는 정치 이데올로기로부터 구별하는 키워드입니다. 사랑이 없는 유토피아는 허구일 수밖에 없습니다. 거기에는 생명의 약동도 창조도 존재하지 않기 때문입니다.

그러나 모세는 숨을 가눈 채 마지막 송별연설을 계속합니다. 그는 묻습니다. 언제 어떻게 이웃사랑이 가능한 사회를 만들어낼 수 있는가를 묻습니다. 이 물음 앞에 모세의 답은 간단했습니다. 이웃사랑은 "너희가 종 되었던 때"를 기억하는 때 가능한 것이라 했습니다. 애굽의 노예로부터 풀림을 받은 하나님의 구원의 손길을 기억하는 바로 그곳에서부터 이웃사랑은 시작된다고 했습니다. 이웃사랑은 내가 풀림을 받았음에 대한 하나님 앞에서의 감사에서만 가능하다는 말입니다. 모세는 출애굽을 알지 못하는 2세를 향하여 유언으로 말합니다.

네 하나님 여호와께서 이 사십 년 동안에 네게 광야 길을 걷게 하신 것을 기억하라(신 8:2).

이 사십 년 동안 네 의복이 해어지지 아니하였고 네 발이 부르트지 아니하였느니라(신 8:4).

너는 애굽에서 종 되었던 것을 기억하라(신 16:12).

이 말을 마치고 모세는 가나안이 눈앞에 놓인 느보산에서 120년의 삶을 마감합니다. 그러나 모세는 하나님의 생명 안으로 들어간 것입니다. 그리고 거대하신 하나님의 구원은 계속되고 있었습니다. 이스라엘 민족은 모세를 뒤로 한 채 이제 약속의 땅 위에 하나님의 도성을 새로 세워야하는 소명 앞에 섰습니다.

　이것은 오늘 한국을 사는 우리 모두에게 던져지는 또 하나의 질문이고 소명입니다. 한 땅이 네 앞에 있으니! 여러분은 이 땅 위에 무엇을 창조하시겠습니까? 정치적 유토피아입니까? 하나님의 구원의 비밀을 감사하는 이웃들이 창조해내는 사랑과 정의의 공동체입니까? 오늘 이 땅은 이 갈림길에 서 있는 듯합니다.

그것은 하나님의 전쟁이었다

총 본문: 여호수아 1장 1절~12장 34절

주제 본문: 여호수아 1:19; 6:1-2

오늘 이 지구촌에는 두 가지 사건이 첨예한 관심으로 떠올랐습니다. 그 하나는 '오사마 빈 라덴Osama bin Laden'의 죽음입니다. 1957년에 출생하여 2011년 5월 2일까지, 54세를 일기로 처절한 한 삶을 마감한 빈 라덴! 그는 천당과 지옥을 동시에 살다간 신비의 사나이였습니다. 사우디의 갑부, '모하메드 빈 라덴Mohammed bin Laden'의 아들로 태어나 일찍이 왕실학교에서 교육을 받고 아버지의 사업을 계승 받을 귀족청년, 그러나 이슬람 경전인 '코란'에 심취되면서 오사마는 점점 '지하드Jihad'라 부르는 '전쟁'에 빠져들었습니다. 일찍이 집을 떠나 아프가니스탄 테러집단에 참여한 뒤, 소련에 맞서 싸우면서 그의 악명은 서서히 높아지기 시작 하였습니다. 그런데 문제는 1990년 8월 2일 이라크의 '사담 후세인Saddam Hussein'이 쿠웨이트를 점령하자, 위협을 느끼기 시작한 사우디 왕실이 미군 주둔을 허락한 때부터였습니다. 아프가니스탄으로부터 사우디로 급히 귀국한 빈 라덴은 왕과 국방장관에게 미군 주둔 허용 철회를 강력히 요구하였습니다. 그러나 왕실이 이를 거절하자 빈 라덴은 조국을 비난하고 나섰습니다. 그리고 추방되어 '수단Sudan'으로 숨었습니다.

그때부터 빈 라덴은 더 악랄한 테러리스트로 변신하면서 사우디, 미국, 이스라엘을 싸잡아 '적'으로 선포하고, 미 대사관부터 폭파하기 시작하였습니다. 1998년 2월 '알카에다'를 조직하고 미국인 살해를 목적으로 하는 지하드, 소위 '거룩한 전쟁'을 선포하였습니다. 그도 유명한 2001년 9월 11일, 뉴욕 중심가, '세계 무역센터World Trade Center' 쌍둥이 빌딩을 비행기 자폭으로 한순간에 무너뜨리고, 미 국방부, '펜타곤Pentagon'을 공격하는 일대 모험을 걸었습니다. 당시 사망자는 2,974명 그리고 미국의 위상은 땅으로 곤두박질하였습니다. 그 후로 미국은 보다 전투적이고 공격적인 국가로 변모하였습니다. 그리고 꼭 10년 만에 빈 라덴은 미국 특수부대 손에 사살되고 말았습니다. 세기의 풍운아는 이렇게 삶을 마감했습니다. 그는 피는 피를 부르는 나쁜 교훈 하나를 남겼습니다.

빈 라덴이 사살 된 이후 지금 팔레스타인에는 해묵은 폭동이 재연되기 시작하였습니다. 이것은 지구촌을 흔드는 두 번째 '이슈'입니다.

지난 2011년 5월 16일 이스라엘 수상, '네타냐후Netanyahu'가 폭력집단인 '하마스Hamas'와 결탁한 팔레스타인 자치정부와는 어떤 협상도 거부한다는 성명을 발표한 바 있었습니다. 1967년 전쟁에서 땅과 집을 빼앗기고 떠돌이가 된 팔레스타인 난민 50만 명이 다시 폭동을 시작한 것입니다. 바로 중재에 나섰던 미국 대통령 '오바마Obama'의

협상마저 실패했습니다. 이제 미국과 알카에다, 이스라엘과 팔레스타인 사이의 싸움은 또 다른 긴긴 싸움으로 번질 듯합니다.

그런데 오늘 지구촌의 뜨거운 감자, 빈 라덴의 죽음, 이스라엘과 하마스의 끊이지 않는 갈등 그 중심에는 '가나안'이라는 비극적인 '땅'이 자리하고 있습니다. '가나안 땅'! 3,300년 전부터 알려지기 시작한 가나안 '땅', 그러나 이 땅을 차지하기 위해 시작한 한 싸움은 작게는 팔레스타인과 이스라엘, 좀 더 크게는 전투적 이슬람국가와 미국, 이스라엘 그리고 영국, 더 크게는 이슬람과 기독교의 싸움으로 수 천 년을 이어 왔습니다.

가나안 땅, 때로는 '이스라엘 땅', '성지'라고도 불리는 팔레스타인! 지구촌 그 어느 땅보다도 수 없는 침략과 살육, 파괴와 재건을 되풀이 해온 피의 사각지대였습니다.

가나안 땅은 주전(BC) 1000년경 사울 왕, 다윗 왕, 솔로몬 왕이 이룩했던 통일왕국시대에 절정에 이르렀습니다. 그러나 솔로몬 왕이 죽고 난 후부터 가나안 땅은 남과 북, 두 쪽으로 갈라지고, 200년 뒤에는 앗수르에게 짓밟히고, 130년 뒤에는 바벨론이 들어와 그 땅을 초토화시켰습니다. 그 후로 가나안 땅은 페르시아, 그리스, 로마의 속국으로 전락하면서 온갖 착취와 배고픔의 땅으로 저주를 받았습니다. 두 차례에 걸쳐 로마에 저항도 해보았으나 실패하고 이스라엘 민족은 사실상 가나안 땅을 버리고 세계로 흩어지는 땅 없는 민족 -'디아스포라diaspora'로 전락하기도 하였습니다. 그것이 유명한 주후 73년에 일어난 맛사다 자결사건이었습니다.

주후 313년 로마황제 '콘스탄틴Constantine'이 기독교로 개종하고 기독교가 국교가 되면서, 황제는 예수님이 나신 베들레헴과 예수님이 승천하신 예루살렘에 거대한 교회를 세웠습니다. 이때를 틈타 흩어졌던 유대인 100만 명이 요단 강 서쪽, 지금 팔레스타인들이 살고 있는 땅으로 스며들었습니다. 그러나 문제는 주후 636년 모하메드가 시작한 이슬람이 지하드의 이름으로 로마를 창과 칼로 무찌르고 승리를 거두면서, 예루살렘이 이슬람 손에 들어가면서부터였습니다.

그 후로 가나안 땅은 아랍세계와 기독교 사이의 처절한 싸움터가 되었습니다. 십자군의 통치가 200년, 애굽의 통치 그리고 '오토만 터키Ottoman Turkey'가 19세기까지 그리고 영국이 20세기 중반까지 통치하는 파란을 겪어왔습니다. 그런데 영국이 가나안 땅에 이스라엘 국가 건설을 약속하자 유대인들은 사면에서 모여들고, 아랍인들은 즉각 폭동을 일으키기 시작하였습니다. 1947년 11월29일 유엔 총회가 33대 13으로 가나안 땅에 이스라엘 국가와 아랍 국가 설립을 결정하자, 유대인은 이를 받아들이고, 아랍 국가들은 이를 거부하고 곧바로 폭동으로 들어갔습니다.

피나는 전쟁이 일어난 것입니다. 이것이 그도 유명한 1948년 전쟁이었습니다. 이때 35만 명의 팔레스타인 사람들이 쫓겨나고 그 후에 또 다시 35만 명이 쫓겨났습니다. 20년 뒤, 1967년 6일 전쟁으로 알려진 싸움에서 아랍세계가 또 다시 패배하면서 50만 명이 또 집과 땅을 빼앗기고 난민이 되었습니다.

지금 싸움은 1967년에 빼앗긴 땅을 되돌려 달라는 싸움입니다. 이스라엘 정부는 이를 거절하고 그곳에 이스라엘 정착촌을 계속 짓고 있습니다. 가나안 땅, 여호수아 때로부터 3,300년이 지난 오늘까지 이렇게 길고도 지루한 싸움은 계속되고 있습니다. 모름지기 이 싸움은 앞으로 세계 3차 대전으로까지, 아니 기독교와 이슬람 사이의 싸움으로까지 갈수도 있는 잠재적 폭탄으로 남아 있습니다.

오늘의 구원 순례 본문, 여호수아 1장-12장은 이 파란만장한 땅, 가나안을 그 무대로 합니다. 광야 40년의 끝자락, 모압 평야에서 이스라엘 민족이 그토록 소망하던 가나안 땅에 입성하는 이야기입니다. 그 입성과정은 드라마틱하고, 장엄하고 또 영광스럽기까지 합니다. 그리고 모든 전쟁 이야기가 그랬듯이 여호수아서에 증언된 가나안 정복 이야기도 겉으로는 빈 라덴과 '무슬림Muslim'들이 내세우는 지하드 전쟁방식과 흡사했습니다. 죽이고, 빼앗고, 침략하는 야만적 행위까지도 흡사했습니다.

이스라엘의 가나안 정복은 거점도시로 알려진 '여리고 성'을 시작으로 , '아이 성', '예루살렘 성', '헤브론 성', '야르뭇 성', '라기스 성' 그리고 '에글론 성' 그리고 북쪽에 있는 '하솔 성'까지 차례로 쳐들어갔습니다. 그리고 이스라엘은 모두 대승을 거두었습니다. 그리고 가혹한 것은 도시들을 점령할 때마다 그 성안의 남녀노소와 양과 나귀 그리고 호흡이 있는 모든 것을 다 진멸하였습니다. 이것도 근대 전투적 무슬림들이 하는 방식과 흡사했습니다.

또 가나안 정복 이야기는 점령한 땅을 제비를 뽑는 방식으로 12지파에게 공평하게 나누어준 것으로 이어졌습니다. 땅을 영토화해 갔다는 의미입니다. 빈 라덴이 내세웠던 가장 중요한 지하드의 목적은 폭력적인 방법으로라도 지구의 모든 영토를 점령하여 무슬림의 영토로 만들고 이슬람이 세계를 지배하는 그날을 위해 싸우는 것이었습니다. 그래서 가나안 정복을 두고 성서학계에서는 지금도 이것이 '거룩한 전쟁'이냐, 아니면 '침략 전쟁'이냐로 갈리는 뜨거운 논쟁이 계속되고 있습니다.

더욱이 여리고 성의 남녀노소, 우양까지도 모조리 살해한 사실을 두고 이것이 정의의 전쟁, 혹은 인도적, 윤리적 차원에서 정당화될 수 있는가를 묻기도 합니다. 그래서 가나안 정복 이야기가 아프가니스탄의 탈레반, 알카에다, 팔레스타인 이슬람 지하드-하마스가 벌리고 있는 폭력과 무엇이 다른가라고 묻기도 합니다.

여기서 우리는 잠시 숨을 가다듬고 가나안 정복 이야기 그 중심에 흐르고 있는 다른 차원에 주목하고자 합니다. 성경을 자세히 보면, 가나안을 정복해가는 긴긴 과정에 여호수아와 이스라엘 민족은 단 한 번도 '군사훈련'을 실시하지 않았다는 사실입니다. 전쟁을 위해 나아가야 하는 군인들이 군사훈련을 하지 않았다는 이야기입니다. 백번 실패할 수밖에 없는 역설입니다.

그렇다면 전쟁준비에 군사훈련을 하지 않았다는 의미는 무엇일까? 오히려 이스라엘 민족, 특히 젊은 군사들은 가나안 땅을 밟기 전에 "모세가 명한 율법을 지키는 일부터 준수했다"(수 1:7)고 증언합니다. 싸움터에 나가는 군사가 칼을 들지 아니하고 율법을 지키는 훈련을 실시한 것입니다. 하나님의 말씀으로 무장했다는 의미입니다. 이것이 첫째 준비였습니다.

그리고 둘째는 그들이 요단강을 건널 때 그들 앞에 선 것은 전위대가 아니었습니다. 12제사장과 그들이 멘 '언약궤'가 앞장서고 있었습니다(수 3:3; 3:11; 3:15; 3:17). 전쟁에 나가는 대열에 칼을 든 전위대가 아니라, 언약궤가 앞장섰다는 의미는 무엇을 말하는 것일까?

그리고 셋째는 요단강을 건넌 이스라엘 민족은 요단강에서 가져온 돌 12개를 세웠다고 증언하고 있습니다(수 4:19-24). 돌 12개, 그것은 40년 전 홍해를 말리시고 이스라엘 선조들을 건너게 하신 하나님께서 이번에는 요단강을 마르게 하사 이스라엘을 건너게 하신 하나님의 구원을 기억하게 하기 위한 '사인'(sign)이었습니다.

그리고 여호수아서 전쟁기사 넷째는 전쟁터에 나가는 이스라엘 젊은이들에게 칼을 갈지 아니하고 할례를 통하여 성결을 준비했다는 증언으로 이어지고 있습니다(수 5:2-4, 10). 이것은 유월절을 통하여 출애굽의 하나님을 기억하게 하기 위함이었습니다.

그리고 여호수아서 전쟁기사 다섯째는 여리고 성 앞에서 이스라엘 민족은 칼 대신 언약궤와 나팔 부는 일 그리고 소리 지르는 일밖에는 하지 않았다고 증언합니다(수 6:12, 13, 20).

그때 지구상의 가장 오래된 여리고 성이 무너졌습니다. 여리고는 칼로 망하지 않았습니다.

오늘 가나안 땅을 차지하고 입성하는 거룩한 전쟁에서 여호수와서는 한 가지만을 일관되게 증언하고 있습니다. 이 싸움은 이스라엘 민족의 싸움이 아니었다는 증언입니다. 이 싸움은 하나님께서 친히 행하시는 하나님의 전쟁이었다고 증언합니다.

애굽의 사슬에서 이스라엘을 풀어주신 하나님, 홍해를 마르게 하사 건너게 하신 하나님, 40년 간 사막에서 200만 민족을 보존하신 하나님, 이제 이 하나님은 마지막 약속인 땅을 성취하시는 전쟁을 하나님께서 친히 수행하시고 계셨습니다. 이스라엘 민족은 칼로 싸우지 않았습니다. 그들은 하나님의 율법을 지키는 것으로 전쟁에 임했습니다.

그러나 아직 중요한 질문 하나가 남아 있습니다. 신앙으로 무장한 이스라엘이 무슨 이유로 이방 왕들과 그 백성들 그리고 가축까지를 전멸시켜야 했던가? 이유는 하나였습니다.

그것들은 다 가나안 신에게 드려진 가나안 신의 소유물이었기 때문이었습니다. 그것들은 하나님 앞에서 더러운 것들이었습니다. 그리고 하나님은 본래의 자기의 소유를 되찾고 계셨습니다. 그러기에 하나님의 소유를 훔쳐 숨긴 아간을 표본으로 벌하셨습니다. 가나안 정복, 그것은 이스라엘의 싸움도 여호수아의 승리도 아니었습니다. 더욱이 칼로 맞서는 오늘의 이스라엘이나 무슬림이 벌이고 있는 지하드도 아닙니다. 역사의 모든 진행을 친히 손 안에 두시고, 이 역사를 때로는 심판으로 때로는 사랑과 은혜로 품으시는 하나님의 역사를 이어가는 것이 가나안 정복 이야기입니다. 그러기에 가나안 정복은 하나님의 전쟁이었습니다.

　이 민족을 죽음으로 몰고 갔던 6.25전쟁은 엄밀한 의미에서 공산주의에 대한 우리의 싸움이나 미국, 우방의 싸움이 아니었습니다. 그들은 하나님이 들어 쓰신 도구들이었습니다. 6.25 전쟁은 하나님께서 친히 행하신 하나님의 전쟁이었습니다. 지금도 이 역사를 무대로 수행해 가시는 하나님의 전쟁의 의미를 우리 모두가, 이 세계 지도자들이 정확히 읽고 또 그 내면의 의미를 보았으면 합니다. 그것은 칼이 아니라, 신앙을 무장해야 하는 하나님의 전쟁이 주는 의미이기 때문입니다.

땅 이후

> 총 본문: 여호수아 13장 1절~24장 33절
> 주제 본문: 여호수아 23:1-13; 24:1-28

거대한 신대륙, 미국, 특별히 '플로리다Florida'를 개척한 사람은 주앙 델레온Juan Ponce Deleon이라는 가톨릭 신도였습니다. 그리고 1607년 '버지니아 주 제임스타운Virginia, Jamestown'은 영국 상인들이 시작한 영국 식민지였습니다. 그러기에 미국은 로마가톨릭과 영국교회의 지배에서 시작하는 듯하였습니다.

그러나 13년 뒤, 1620년 영국교회의 박해를 피해 미국으로 항해오던 청교도들, 퓨리탄Puritan이라 불리는 청교도들, 101명은 오늘의 뉴욕으로 향하여오던 도중 폭풍을 만나 '케이프 코드Cape Cod'라는 곳에 상륙할 수밖에 없었습니다. 그 해 혹독한 겨울을 넘기지 못한 48명이 죽었습니다. 그리고 살아남은 청교도는 53명이었습니다. 그때 살아남은 53명은 12,000년을 그 땅에서 살아온 '왐파노액Wampanoag'

이라는 인디언들과 우호적인 협약을 맺습니다. 그리고 그들의 도움으로 사냥을 하고, 농사도 지어 1621년 가을 첫 수확을 거두게 되었습니다. 그리고 새 땅에서 인디언들과 함께 축제를 열었습니다. 청교도들과 인디언은 한데 어울려 추수한 옥수수, 산에서 잡아온 사슴고기 그리고 구운 생선으로 준비한 들판 식탁에서 함께 먹고, 노래하고 춤을 추었습니다. 이것은 청교도들의 "땅 이후"의 조촐한 예식이었으며, 이는 "추수감사절"의 시작이기도 했습니다.

그리고 청교도들은 1620년 '프리머스Plymouth'를 시작으로, 1628년에는 '매사추세츠Massachusetts'를, 1633년에는 '코네티컷Connecticut'을 차례로 영국 왕실로부터 벗어난 '미국령American colony'을 세워나갔습니다. 그러나 그 후 인디언들과의 영토싸움, 영불전쟁의 틈에 끼어 독립을 쟁취해야 하는 독립전쟁 그리고 남북전쟁의 아픔을 거치면서 미국은 오늘 '팍스 아메리카Pax Americana'라 불리는 세계 초강대국이 되었습니다.

그런데 이 속에는 강력한 국가철학 하나가 미국이라는 거대한 조직을 움직여 왔습니다. 그것은 버지니아, 제임스타운Jamestown에 먼저 둥지를 틀었던 영국 왕정정치도, 로마 교황정치도 아니었습니다. 1620년 광야 같은 케이프 코드에서 살아남은 53명의 청교도들이 꿈꾸었던 정치철학이 그것이었습니다. 청교도들은 이 우주와 역사는 인간이 조작해가는 정치적 무대로 보지 않았습니다. 이 우주와 역사는 하나님의 창조하심이며 동시에 하나님의 영광을 드러내는 무대- '데아트룸 글로리애 데이Theatrum Gloriae Dei'로 보았습니다. 이 우주와 이 역사의 주인은 창조주이신 하나님 한 분이라고 믿었습니다. 하나님만이 이 역사의 '주'가 되시며, 미국이라는 새 땅은 하나님께서 지배하시는 나라가 되어야 한다고 믿었습니다.

그래서 청교도들은 '왕'을 거부했습니다. 그리고 왕이 머리가 되는 그 어떤 국가종교도 거부했습니다. 신앙은 양심을 따라 자유 하는 것이라고 믿었기 때문이었습니다. 그리고 지상의 모든 권력은 오직 하나님께 속하는 것! 그러나 권력이 인간의 손에 오는 순간 타락한다고 보았습니다. 그래서 지상의 권력은 분산되어야 하고, 규제되어야 하며check 동시에 균형balance을 이루어야 한다고 믿었습니다. 이것이 오늘 미국의 3권 분립을 가져온 정치철학이었습니다.

놀랍게도 청교도들은 '땅 이후'를 정치적 유토피아에서 꿈꾸거나 설계하려고 하지 않았습니다. 그들은 "땅 이후"를 하나님의 절대주권이 실현되는 하나님의 도성으로 꿈꾸었던 것입니다. 오늘 미국의 위기는 이 처음 신앙을 점차 망각하는 데 있습니다.

오늘 구원 순례는 가나안 땅, '세겜'이라는 도성에서 시작합니다. 세겜! 이곳은 이스라엘 민족이 얻은 땅을 12지파에게 분배하고 난 후의 자리였습니다. 그러기에 세겜은 "땅 이후"의 자리였습니다. 이제 전쟁은 끝나고 아직은 국가형성 이전의 사이가 세겜이었습니다. 바로 이 "땅 이후"의 자리, 세겜에 민족의 지도자 여호수아가 이스라엘 민족 모두를 불러 모은 것입니다. '땅 없는 민족landless people'에서 '땅 있는 민족landed people'이 되어 가지는 최초의 민족적 회집이었습니다. 몇 십 년을 만나와 메추라기로 연명하던 방랑자들이 이제는 자기 땅에 씨를 심고, 거기서 나오는 소산을 먹는 당당한 한 '민족'이 되어 이곳에 모였습니다.

그런데 여호수아가 민족적인 회집의 자리로 세겜을 선택한 데는 세 가지 숨은 이유가 있었습니다. 첫째로 세겜은 오랜 세월 가나안을 주름잡아온 정치·경제의 1번지였기 때문이었습니다. 세겜은 가나안과 애굽 사이, 지금 분쟁 중인 시리아와 이집트를 잇는 대로의 중심지였으며, 국제무역의 중심이기도 했습니다. 바로 여기서 여호수아는 세겜의 주역은 더 이상 가나안이 아니라 하나님과 하나님의 백성, 이스라엘임을 온 천하에 선언하는 정치적 목적이 숨어 있었습니다.

그리고 두 번째 이유가 숨어 있었습니다. 세겜은 온갖 이방신들이 들끓었던 종교적 도성이었습니다. 어린아이들의 제물을 먹고사는 '몰렉' 그리고 '바알'이 둥지를 틀고 인간과 나라를 지배하고 있었던 종교왕국이었습니다. 여호수아는 바로 이 자리에서 이 모든 신들을 거짓 신으로 만천하에 폭로하고, 그들을 추방하고, 저들을 초토화하는 종교적 전쟁을 시작하고 있었습니다.

그러나 세겜 회집은 놀랍게도 정치적 선언과 종교적 전쟁보다 더 깊은 이유 하나를 담고 있었습니다. 이것이 세 번째 이유입니다. 세겜은 500년 전 그들의 조상, 아브라함이 살았던 곳이었습니다. 세겜은 그들의 고향이었으며, 하나님께서 약속하신 땅이었습니다.

아브람이 그 땅을 지나 세겜 땅 모레 상수리나무에 이르니 그 때에 가나안 사람이 그 땅에 거주하였더라. 여호와께서 아브람에게 나타나 이르시되 내가 이 땅을 네 자손에게 주리라 하신지라(창 12:6, 7).

세겜! 아브라함이 살았던 곳, 후손에게 약속된 땅 그리고 야곱의 우물이 있었던 곳(요 4:6) 그리고 요셉의 무덤이 있는 곳(수 24:32), 이스라엘의 고향, 그곳으로 민족 모두를 불러 모은 것입니다. 고향에로의 회집! 그러나 그 뒤에는 거대한 신학적 의미가 깔려 있었습니다.

약속의 땅 세겜! 아브라함과 약속하셨던 때로부터 500년 동안 망각되었던 약속의 땅, 세겜. 그러나 하나님은 아브라함과의 약속을 기억하시고 그 약속을 지키신 하나님의 신실하심을 만천하에 선언하는 자리였습니다. 그러기에 세겜은 하나의 지명 그 이상이었습니다. "땅 이전"의 긴긴 고난의 여정을 기억하고, 이제 "땅 이후"에 펼쳐질 민족의 운명을 새로 설계해야 하는 분기점이 바로 세겜이었습니다.

바로 여기에 또 하나의 거대한 역설이 등장합니다. 민족의 운명이 걸린 중대한 역사적 갈림길, 이스라엘 민족이 가야할 새 정치판을 짜야하는 바로 이 시점에 민족의 지도자 여호수아는 아무런 정치적인 청사진도 내놓지 않았다는 사실에 주목합니다. 후계자 지명도, 민족이 가야할 그 어떤 '로드맵'도 내놓지 않았습니다. 거꾸로 여호수아는 이 자리에서 민족과 함께 하나님을 찬양하는 예배를 드리기 시작했습니다. 가장 절실한 정치적 현실 앞에서 민족의 미래를 기도로 풀어가려는 '역설irony' 같은 것입니다.

그러기에 여호수아서 24장을 모세 6경의 '클라이맥스climax'로 보는 이유가 여기에 있습니다. 여호수아서 24장을 주의 깊게 읽어 보십시오. 여기 세겜 회집에서 여호수아는 땅을 정복한 승리를 노래하지 않았습니다. 땅을 공정하게 분배한 정의를 뽐내지도 않았습니다. 여호수아에게 있어서 모든 기적과 기사는 야웨 하나님께서 홀로 행하신 하나님의 은혜의 선포로 족하였습니다. 그것은 감사로 이어졌습니다. 그리고 세겜 회집은 민족과 함께 드리는 예배로 이어졌습니다. "이스라엘 하나님 여호와께서 이같이 말씀하시기를"(수 24:2a), 이것은 현대 예배의 "예배의 부름Preamble"이었습니다.

세겜 예식 두 번째는 '역사적 서곡historical prologue'이라 부르는 기억의 행위였습니다. 출애굽과 광야 40년의 긴긴 여정을 하나님의 구원의 빛에서 다시 기억하는 "역사적 기억historical remembrance"을 통하여 이스라엘 민족은 하나님의 구원을 그들의 오늘 속에 재연하고 또 현재화하고 있었습니다.

내가 너희의 조상 아브라함을… 이끌어내어… 그의 씨를 번성하게하려고… 이삭을 주었으며(수 24:3).

지금 여호수아와 이스라엘 민족은 약속의 하나님을 되새기고 있었습니다.

모세와 아론을 보내었고(수 24:5)
너희의 조상들을 애굽에서 인도하여 내어 바다에 이르게 한즉(수 24:6)
내가 애굽에서 행한 일을 너희의 눈이 보았으며(수 24:7).

해방의 하나님을 고백하고 찬양하고 있었습니다.

너희가 많은 날을 광야에서 거주하였느니라(수 24:10).
너희가 요단을 건너 여리고에 이른즉… 내가 그들을 너희의 손에 넘겨주었으며…(수 24:11).
너희의 칼이나 너희의 활로써 이같이 한 것이 아니며(수 24:12).

가나안 전쟁은 이스라엘의 싸움이 아니라, 야웨 하나님의 전쟁이었음을 고백하고 있었습니다.

너희가 수고하지 아니한 땅과 너희가 건설하지 아니한 성읍들을 너희에게 주었더니(수 24:13).

모든 것은 값없는 하나님의 은혜의 선물이었음을 고백하고 있었습니다. 그러기에 세겜 예식의 중심은 하나님의 약속하심Promise, 해방하심Deliverance, 돌보심Care, 하나님의 전쟁Yahweh's War 그리고 값없이 주신 선물Free Gift을 온 영혼으로 기억하는 민족적 감사와 찬양에 있었습니다.

그리고 세겜 예식은 이스라엘 민족이 하나님 앞에 걸어야 할 결단과 약속으로 끝을 맺습니다. "강 저쪽의 신들, 또는 이곳 아모리 신들을 섬기든지, 여호와를 섬기든지", 양자택일의 결단을 요청하는 것으로 이어졌습니다. 만일 여호와를 선택하면, 조건은 하나! 지상의 그 어떤 신도 치워버려야 했습니다. 여호와 하나님은 '질투하는' 하나님이시기 때문입니다. 이것은 민족을 향한 여호수아의 최후통첩과도 같은 경고였습니다. 그리고 여호수아는 자기의 신앙고백으로 끝을 맺습니다. "오직 나와 내 집은 여호와를 섬기겠노라"(수 24:15).

이 때 광야에서 태어난 2세들이 합창으로 응답했습니다. "우리가 결단코 여호와를 버리고 다른 신들을 섬기기를 하지 아니하오리니…"(수 24:16), "그는 우리 하나님이심이니이다"(수 24:18).

예식이 끝난 후 그들은 언약을 맺고, 율례와 법도를 만들고, 그것을 율법책에 기록하고 큰 돌을 증거로 세웠습니다. 이것을 '세겜 언약'이라 합니다. 시내산의 언약의 완성이라는 뜻이었습니다. 장엄한 세겜 예식은 이렇게 끝났습니다. 백성들은 각기 자기 기업으로 돌아가고, 여호수아는 110세를 일기로 하나님의 부르심을 받았습니다. 가장 절실한 정치적인 현실에서 정치적 프로그램 대신 하나님의 구원을 기억하고 감사의 예배를 드렸다는 세겜 회집과 세겜 언약은 오늘 우리에게 무엇을 말하고 있는가?

아무것도 없는 땅, 케이프 코드에서, 가장 열악한 정치적 현실 앞에서 정치적 '유토피아'를 꿈꾸지 않고 거꾸로 하나님의 뜻이 실현되는 신대륙을 위해 기도했다는 청교도들의 역설과도 같은 것이었습니다.

6.25를 눈앞에 둔 이 민족! 그 아픔을 애써 외면하려는 오늘 이 땅의 정치인들과 3세대! 지금 이 땅은 권력의 환상에, 정치적 유토피아에 현혹된 채 6.25의 아픔 속에 함께 하셨던 하나님을 기억하고 감사하는 민족적 회집이 이 땅에서 사라진 지 오래되었습니다.

여호수아와 이스라엘 민족이 함께 한 세겜 예식 같은 민족적인 감사와 역사적 기억이 이 민족 속에 존재하지 않고 있는 듯합니다. 지난날의 구원에서 내일을 보는 예지가 사라져가고 있는 듯합니다. 여기에 이 민족의 위기가 잠재해 있는지도 모릅니다.

오늘 여호수아 이야기가 끝나는 자리에 드레허Dreher라는 한 무명의 구약학 학자가 한 가지 질문을 던졌습니다. "이 거대한 이스라엘 민족의 축제, 세겜 회집에 기생 라합이 초대되었을까? 아니 기생 라합뿐 아니라 하나님 여호와의 행하심을 보고 두려움과 떨림으로 하나님 섬기기를 소원했던 이방인들도 초청되었을까?"를 질문하고 나셨습니다.

그리고 드레허는 스스로 이 물음에 답합니다. 여호와의 전쟁이 만일 이방 '민족의 말살genocide'이 아니었다면, 하나님께서는 이방 왕들의 학정과 착취에 시달려온 기생 라합이나 다른 이방인들까지도 하나님께서 세워 가시는 새 땅과 새 백성 안으로 끌어들였을 것이 분명하다는 것입니다. 이스라엘이 세워나갈 새 땅과 새 백성! 거기에는 하나님을 두려워하고 섬기고자 하는 사람들 모두를 하나님은 품으시는 분이기 때문입니다.

저는 오늘 세겜 예식과 세겜 언약을 순례하면서, 정치적으로 해결할 수 없는 북녘 땅의 현실 앞에서 하나님 앞에 그들을 위해 드리는 기도가 무기력한 것이 아니라 가장 강력한 신앙의 탄원임을 절감하고 있습니다. 땅 이후! 하나님께서 약속하신 민족, 복, 땅을 다 소유하고 난 후! 이스라엘이 가야할 길고도 먼 정치적 여정을 앞에 두고, 여호수아는 정치적 로드맵 대신 민족과 함께 하나님의 구원을 기억하고 감사의 예배를 드렸다는 신앙적 역설이 오늘 우리 모두에게 새로운 교훈으로 다가오기를 소망합니다.

여호와께서 진노하사

> 총 본문: 사사기 1장 1절~21장 25절
> 주제 본문: 사사기 2:1-2:10; 2:11-3:6

미국 공화당 선거 전략을 총지휘 하면서 많은 대통령을 당선시켰던 사람은 케빈 필립스*Kevin Phillips*였습니다. 그런데 케빈이 갑자기 사회비평가로 변신하면서 연속으로 문제의 책 세 권을 내놓았습니다. 『부와 민주주의*Wealth and Democracy*』, 『미국의 왕조*American Dynasty*』 그리고 『미국의 신권정치*American Theocracy*』라는 책은 미국 전역에 큰 충격을 던졌습니다.

예리한 날을 세운 비판의 칼은 놀랍게도 자기가 당선시켰던 부시 대통령 부자를 겨냥했습니다. 두 부시 부자 대통령은 하나님을 빙자한 거짓 신앙을 내세워 위대한 미국을 노래했지만, 그 속에는 부시 가문의 기업 챙기기가 숨어있었다는 고발입니다. 이라크 전쟁이 바로 그 한 예라 했습니다. 미국은 지금 점점 벌어지는 빈부격차, 국가와 교회의 밀착, 반이성적 신앙 그리고 미국인의 자만 등으로 이미 쇠퇴의 길로 빠져들었다고 날을 세웠습니다. 하나님께서 함께 하셨던 미국이 하나님의 진노의 대상으로 추락하고 있다는 경고음으로 들려왔습니다. 여호수아서 "여호와께서 함께 하사"에서 사사기 "여호와께서 진노하사"로 돌이키시는 느낌입니다.

지난 구원 순례는 여호수아서였습니다. 여호수아서를 회고하는 순간 저는 하나의 주제어가 계속 반복되고 있음에 놀랐습니다. "여호와께서 함께 하사…"라는 주제어였습니다. 가나안 정복과 그 긴긴 여정 속에 하나님께서 친히 함께 하셨다는 증언이 여호수아서입니다.

그러나 오늘의 사사기에는 "여호와께서 진노하사…"라는 새 주제어가 계속 반복되고 있습니다. 친히 함께하셨던 하나님께서 진노하시는 하나님으로 급선회하신 것입니다. 그토록 장엄하고도 엄숙한 예식을 통하여 하나님의 구원을 기억하고, 감사하고, 여호와만 섬기기로 약속했던 민족, 막 태어난 이스라엘 민족이 민족의 지도자 여호수아가 죽자마자, 그 약속을 폐기하기 시작한 것입니다.

전쟁을 모르는 세대의 등장과 함께 타락의 역사가 약 200년 가까이 진행되었습니다. 그런데 이 타락의 역사에는 놀랍게도 네 개의 동일한 행동 패턴이 계속 되풀이되고 있었습니다. 그 첫 번째 패턴은 하나님을 버리고 바알신을 섬기는 배신의 행위였습니다. 바로 이때 두 번째 패턴이 뒤따르고 있었습니다. 하나님 배신은 하나님의 진노를 불러 일으켰습니다. 하나님의 진노하심은 남겨두었던 이방나라들을 들어 이스라엘을 치게 하시는 패턴으로 이어졌습니다.

하나님의 진노하심 앞에서 세 번째 패턴이 등장합니다. 배신의 죄 값으로 이방이 침략하고, 이방에 종노릇하며, 조공을 바쳐야 하는 비굴한 고통에 빠지는 순간 이스라엘 민족은 하나님께 부르짖었습니다. 그리고 네 번째 패턴이 등장합니다. 배신한 민족, 이스라엘의 부르짖는 소리를 하나님은 외면하지 않으셨습니다. 그들이 고통받으며 부르짖는 소리를 들으시고 마음을 돌이키사 '사사'들을 세우시고 이스라엘을 이방의 사슬에서 풀어주셨습니다.

사사기를 잘 읽어 보십시오. 사사기는 이 네 개의 패턴이 계속 반복되면서 진행되는 이스라엘 민족의 타락사였습니다. 좋게 표현하여 사사기는 민족형성사의 불행한 시작이었습니다. 그리고 사사기 중심에는 민족과 부족을 이방으로부터 구출해낸 사사들의 영웅담들이 사사기를 수놓고 있습니다.

'메소포타미아Mesopotamia, 지금의 터키'의 침략을 물리친 옷니엘에서 시작하여 모압 왕을 암살한 에훗, 가나안 왕을 살해한 야엘, 미디안 대군을 300명으로 격파한 기드온, 암몬을 물리친 입다, 블레셋의 세력을 꺾은 삼손! 이 사사들은 곤궁에 빠진 민족과 부족을 구원해낸 민족적 영웅들이었으며, 사사기는 이들의 영웅적 행동을 노래하고 찬양하는 영웅전임에 틀림없습니다.

그러나 사사기는 '영웅들'의 전기가 아니라는 데서 오늘의 구원순례를 다시 시작하고자 합니다. 사사기는 곤궁에 빠진 민족과 부족을 구원해낸 사사들의 영웅담이 아니었기 때문입니다. 거꾸로 사사기는 '영웅담'이 아닌 '하나님의 진노'하심에서 풀어가야 하는 이스라엘 민족의 타락사였기 때문입니다. 왜 하나님은 오랜 세월 그들과 '함께하셨던' 그의 동행하심의 손길을 한순간 끊으시고 민족을 멸하는 "진노하심"으로 급선회 하셨는가라는 질문에서 사사기를 풀어가야 하기 때문입니다.

세겜에서 모였던 12지파 인보동맹, 출애굽의 구원을 엄숙히 기억하고, 여호와만을 섬기기로 피차 서약하고, 언약을 세울 때까지 하나님은 그들과 내내 '함께' 하셨습니다.

그러나 문제는 세겜 이후였습니다. 하나님은 여호수아가 없는 역사의 진행 속에서 이스라엘 민족이 앞으로 어떤 나라를 세워갈 것인가를 시험하시는 정치 실험을 시작하고 계셨습니다. 이 정치 실험은 하나님의 통치하심을 이 지상에서 구현하는 국가Theocracy인가, 아니면 지상의 왕을 중심으로 하는 왕정 국가Ontocracy인가를 선택하는 정치 실험이었습니다. 놀랍게도 이 정치 실험은 사사 기드온과 아비멜렉을 통하여 극렬하게 드러났습니다. 여기에 사사기가 사사들의 영웅담이 아닌 이유가 있습니다. 사사기는 그 중심에 하나님의 정치 실험을 주제로 하고 있기 때문입니다.

기드온! 그는 어느 사사보다 신앙과 지략을 갖춘 사사였습니다. 시내반도와 모압 북쪽 그리고 요르단 계곡을 종횡무진 누비고 다니던 미디안 대군의 침략을 300명으로 막아낸 기드온! 그는 영웅 중의 영웅으로 칭호를 받기에 넉넉한 사사였습니다. 그러나 사사기는 영웅 기드온보다, 성공 그 뒤에 숨어있는 비밀 하나를 증언하고 있습니다. 기드온은 이스라엘을 시험하시는 하나님의 정치 실험을 정확히 보고 또 읽고 있었습니다.

때는 기드온이 미디안을 대파하고 난 후였습니다. 흥분한 이스라엘 군중은 미친 듯이 소리쳤습니다.

그 때에 이스라엘 사람들이 기드온에게 이르되 당신이 우리를 미디안의 손에서 구원하셨으니 당신과 당신의 아들과 당신의 손자가 우리를 다스리소서 하

는지라(삿 8:22).

영어 성경은 "Rule over us!" 통치하라는 말로 표현하고 있습니다. 이 순간은 민중이 일어나 기드온을 왕으로 추대하고 있었다고 보아야 할 것입니다. 바로 그 순간은 기드온이 이스라엘의 초대 왕이 될 수 있는 절호의 순간이었습니다. 그러나 이 자리에서 기드온이 대답합니다.

> **기드온이 그들에게 이르되 내가 너희를 다스리지 아니하겠고, 나의 아들도 너희를 다스리지 아니할 것이요**(삿 8:23a).

기드온은 이 거대한 기회를 한순간에 한마디로 포기하고 있었습니다. 굴러 들어온 '대권'의 자리를 한마디로 포기하고 있었습니다. 어떻게 이런 일이 가능했던가?

여기서 우리는 기드온의 정치 실험을 눈여겨보아야 합니다. 기드온이 왕 됨을 단호히 거절할 수 있었던 숨은 이유는 그에게 욕망이 없어서도, 능력이 없어서도 아니었습니다. 왕 되신 분은 오직 한 분! 하나님만이 왕 되심을 믿었기 때문이었습니다. 그래서 기드온이 말합니다.

> **여호와께서 너희를 다스리시리라**(삿 8:23b).

이 한마디! 하나님만이 오직 다스리시는 분이라는 이 한마디 고백은 이 지상의 모든 왕들, 대통령들은 원천적으로 통치자가 아니라는 선언이었습니다. 기드온의 정치 실험은 하나님의 주권 앞에서 인간의 모든 것을 내려놓는 것이었습니다. 그래서 기드온은 왕 됨을 거절했습니다. 이것이 사사기 속에 숨어있는 주제입니다.

그러나 이스라엘 민족은 기드온이 포기한 그 자리에 아비멜렉을 선택합니다. 아비멜렉! 그는 기드온의 첩의 아들이었습니다. 아비멜렉은 신전에서 훔친 은 70개로 사람들을 매수하고, 기드온의 친아들 70명을 쳐 죽이고, 세겜 상수리나무 곁에 사람들을 모은 후 스스로 왕이 되었습니다(삿 9:3-6). 스스로 왕이 된 아비멜렉은 계속 동족들을 살해하다가 한 여인이 던진 맷돌에 맞아 두개골이 깨져 죽었습니다. 지상의 왕들처럼 폭군을 연습하다가 하나님의 진노를 받고 죽었습니다. 기드온의 정치 실험이 '하나님 중심의 모형'이었다면, 아비멜렉의 정치 실험은 '지상 왕 중심의 세속적 모형'이었습니다.

긴긴 정치 실험에서 이스라엘 민족은 기드온의 정치 실험을 포기하고 아비멜렉의 정치 실험을 선택하면서 돌이킬 수 없는 수렁으로 빠져 들어가기 시작했습니다. 이 정치 실험은 끝내 이스라엘이 하나님을 버리고 바알신, 바알의 애인 아스다롯, 아람의 신들, 시돈의 신들, 온갖 이방신들을 섬기는 배신으로 표출되었습니다. 그리고 베냐민 지파 하나를 멸종시키는 내전으로까지 확대되었습니다. 세겜 이후의 정치 실험! 하나님께서 열어주신 거대한 축복의 가능성 앞에서 이스라엘은 실패한 민족으로 서서히 그 막을 내리고 있었습니다. 이것이 사사기입니다.

그러나 사사기서는 집요하게 밖으로 드러나지 아니한 숨은 원인 하나를 추적하고 있었습니다. 정치 실험의 실패 그 원인은 "전쟁을 알지 못한 세대"라는 결론입니다(삿 3:1-2). 출애굽을 보지 못한 세대, 심지어 가나안 정복 과정도 경험하지 못한 세대! 제3 세대로 불리는 가나안 세대는 하나님의 역사로부터 끊어져 있었습니다. 역사로부터 끊어졌다는 말은 그들을 있게 한, 그들을 그들 되게 한 하나님의 구원을 버렸다는 말이었습니다. 그들은 여호와를 알지 못하였습니다.

2011년은 6.25 61주년이 되는 해였습니다. 6.25를 온몸으로 처절하게 겪어야 했고, 죽음의 그늘 속을 살아야했던 저로서는 61년을 살았다는 축복만으로도 감사했습니다. 그런데 얼마 전 국가정보원이 초등학생을 대상으로 조사한 통계를 발표하였습니다. 초등학생의 35%가 6.25를 남한이 저지른 북침이라고 믿고 있었습니다. 초등학생 57%는 6.25를 조선시대의 동란으로 알고 있었으며, 중고등학생 38%가 전쟁이 나면 나가서 싸우지 않겠다고 답했습니다.

역사로부터 끊어진 세대! 그런데 이 세대가 민족의 내일을 설계해야 하는 정치 실험의 주역들이라는 데 이 나라의 위험이 도사리고 있습니다. 여기에 오늘 이 민족 역사에 어두움이 드리우고 있습니다. 우리는 한 가지를 물어야 합니다. 누가 이 세대를 '전쟁을 기억하지 못하는 세대'로 만들었는가?

고대 이스라엘은 '쉐마'(가정신앙교육)를 포기한 부모에게 그 책임이 있었다면, 오늘 한국은 '잘 살아보세'라는 환상의 노예가 되어버린 이 땅의 정치인들, 경제인들, 특별히 학교 교사와 젊은 아빠와 엄마들의 직무유기에 그 책임이 있습니다. 오늘 학교가, 가정이 심지어는 교회마저 우리의 자식들을 이 역사로부터 끊어 놓았으며, 그래서 하나님의 구원의 언어로부터 우리 후세들을 단절시켰습니다. 이스라엘 민족은 출애굽의 하나님을 외면하였으며, 여호수아서의 '역사적 기억'을 망각하였으며, 여호수아와 이스라엘 백성이 부른 구원의 역사적 서곡historical prologue을 포기한 민족이 되어버렸습니다.

아직 질문 하나가 남아 있습니다. 무엇이 3세대를 역사로부터, 하나님으로부터 떠나게 했는가? 사사기 기자는 끈질기게 한 가지 이유를 붙잡고 경고하고 있습니다. 눈앞에 펼쳐진 거대한 문명에 취했기 때문이었습니다. 수메르 문명, 지그라트 신전들, 그들이 만들어낸 로맨틱한 신화, 바알과 여신이 성교하는 데서 오는 비 이야기는 사막을 배회하던 가난한 이스라엘에게는 '유토피아Utopia' 그 자체였습니다. 그래서 그들은 여호와를 버리고 바알신을 경배하였습니다. 여기서 이스라엘은 하나님의 백성 되기를 포기하고 있었으며, 정치 실험에서 실패하고 있었습니다. 이것이 사사시대를 살았던 이스라엘의 종착지였습니다.

하나님은 질투하시는 하나님이셨습니다. 그래서 하나님은 진노하셨습니다.

케빈 필립스Kevin Phillips가 부시 부자 대통령을 공개적으로 비판한 가장 큰 이유는 하나님을 빙자한 돈벌이에 혈안이 된 위선을 경고함으로 점차 주도권을 중국에 빼앗기고 있는 미국의 몰락을 일깨우기 위한 것이었습니다. 미국과 함께하셨던 하나님이 미국을 향해 진노하시는 하나님으로 선회하시는 위기를 경고하고 있었습니다. 6.25의 눈물 속에 함께하신 하나님! 전쟁을 알지 못하는 이 세대를 향하여 진노의 채찍을 드실지도 모르는 진노하심 앞에 우리는 두려움으로 고민해야 합니다. 하나님의 정치 실험은 지금 이 땅에서도 계속되고 있기 때문입니다.

하나님의 두 번째 정치 실험

> 총 본문: 사무엘상 1장~15장
> 주제 본문: 사무엘상 8:1-22; 12:1-25

금년 1월 25일 이집트에서 발화되어 폭발한 시민혁명은 리비아, 예멘 그리고 시리아로 지금도 옮겨가고 있습니다. 영원한 아성, 독재의 왕좌들을 하나둘씩 무너뜨리면서 장차 올 정치의 큰 변화를 예고하고 있습니다. 사람들은 이것을 시민혁명이라 부르지만, 저는 이것을 하나님의 정치 실험이라 부릅니다. '신의 아들'로 자신을 신격화하고, 종교라는 틀 속에 숨어 절대 권력과 재물을 축적해온 소위 '제정왕국Ontocracy'이 하나둘씩 역사 저편으로 붕괴되어가고 있는 이 역사 진행을 우리는 인간의 조작으로 보지 않습니다.

그리고 지난 7월 9일 아프리카에서는 또 하나의 정치 실험이 시작되었습니다. 그날은 남수단공화국이 탄생하는 날이었습니다. 세계 193번째 나라가 되던 날! 남수단의 수도 주바는 자유와 독립을 노래하고 춤추는 수만 명으로 들끓었습니다. 피의 학살로 얼룩진 긴 긴 살인행위와 전쟁이 끝나는 날이었기 때문이었습니다. 그러나 환희 그 뒤에는 끝없이 흘린 눈물과 아픔이 잠겨 있었습니다. 그것은 기독교신자들이 흘린 피와 눈물이었습니다. 많은 날 남수단 기독교신자들은 북수단 수니파 무슬림들이 가해온 무자비한 습격과 살인행각으로 수 없이 그리고 비참히 죽어갔기 때문이었습니다. 놀랍게도 북수단 대통령은 이 학살놀이의 원흉이었다고 합니다. 극적인 화해로 북수단은 이슬람 제정정치로, 남수단은 기독교국가로 분리 독립하면서 새 정치 실험이 시작된 것입니다. 우리는 두 수단이 펼치는 앞날의 정치 실험이 어떤 모습일지에 주목합니다. 두 수단은 시민혁명과 맞물려 펼쳐지는 21세기 정치의 실험장이기 때문입니다.

사사시대의 정치 실험이 하나님의 첫 번째 정치 실험이었다면, 우리는 오늘 하나님의 두 번째 정치 실험으로 들어오고 있습니다. 오늘의 정치 실험은 BC 1050년경을 배경으로 합니다. 그리고 사무엘상 1장에서 15장을 오늘의 본문으로 합니다. 그 중에서도 사무엘상 8장은 마지막 사사, 사무엘과 이스라엘의 12지파 장로들 사이에 펼친 정치적 대결을 중심주제로 합니다. 이것을 '라마' 대결이라 부를 수 있습니다. 라마 대결은 한마디로 이스라엘 장로들이 승리하고, 하나님과 사무엘은 판정패 당한 것으로 끝을 맺습니다. 정말 그런 것인가?

겉으로는 판정패 같으나, 구원 역사는 그 뒤에 드러내시는 하나님의 중요한 정치 실험 하나를 증언합니다. 오늘 하나님께서 펼치시는 정치 실험은 세 개의 에피소드가 엮어가는 하나의 신비한 흐름을 타고 진행되고 있었습니다. 우리는 이 세 개의 에피소드가 엮어가는 하나님의 정치 실험에 집중하고자 합니다.

하나님의 정치 실험 그 처음 에피소드는 마지막 사사 사무엘이 끝까지 지켜온 "12지파 인보동맹Twelve Tribe Confederacy"이라는 정치체제에서 시작합니다.

이스라엘 민족은 가나안 땅을 정복하고, 그 땅을 12지파에 나눠 주고, 세겜에서 마지막 언약을 맺었습니다. "나와 내 집은 여호와만 섬기겠다." 이것은 여호수아의 최후 서약이었습니다. "우리도 여호와만 섬기겠습니다." 이렇게 화답한 이스라엘 장로들이 맺은 언약! "세겜 언약"이라 부르는 이 언약으로부터 나온 정치체제! 그것을 구약신학에서는 "12지파 인보동맹"이라 합니다.

12지파 인보동맹은 한마디로 여호와 하나님만이 왕 되심을 고백하는 정치체제였습니다. 여기에 다른 왕은 존재하지 않습니다. 그리고 12지파 동맹은 오직 유일하신 하나님을 왕으로 모시는 형제 지파들 간의 사랑과 협력 그리고 상호보호를 약속한 정치체제였습니다. 절대군주, 절대독재가 판치고 있던 당시 메소포타미아 안에 12지파 인보동맹이라는 최초의 정치체제는 하나의 모험이고 또 위험을 담보한 하나님의 정치 실험이었습니다. 200년 가까이 이 실험은 계속되었습니다.

그런데 마지막 사사, 사무엘의 끝자락에 갑자기 두 번째 에피소드가 등장합니다. 라마에서 쿠데타가 일어난 것입니다. 이스라엘 장로들이 사무엘이 살고 있는 라마에까지 몰려들어 면전에서 도전해 온 것입니다. 장로들이 사무엘을 앞에 놓고 말합니다.

보소서, 당신은 늙고 당신의 아들들은 당신의 행위를 따르지 아니하니 모든 나라와 같이 우리에게 왕을 세워 우리를 다스리게 하소서(삼상 8:5).

사무엘의 사사됨을 정식으로 거부하고 나선 것입니다. 그리고 200년 이상 이스라엘을 지탱해온 12지파 인보동맹을 한순간 무너뜨리는 정치쿠데타였습니다. 그리고 사무엘을 포기한다는 혁명 같은 것이었습니다. 그리고 그 자리에는 이방 나라와 같은 절대군주를 세워 왕정국가를 만들겠다는 통보이기도 했습니다.

하나님의 첫 번째 정치 실험에서 나온 "12지파 동맹"은 여기서 큰 위기에 직면합니다. 12지파 동맹의 폐기는 사무엘의 폐기가 아니라, 하나님의 통치를 거부하는 무신론적 도전이었기 때문입니다. 이는 정치적 배신을 넘어 신앙적 배신을 의미했습니다. 그리고 왕정체제를 만들겠다는 통보는 하나님 없는 나라를 만들겠다는 항거의 표현이었습니다.

이 항거! 이 무신론적 항거 뒤에는 '제3의 원인'이라는 역사의 변수 하나가 그 속에 개입하고 있었습니다. 그것은 블레셋의 갑작스런 등장이었습니다. 이 블레셋은 이스라엘의 존재 자체를 위협해오는 강력한 라이벌이었습니다. 블레셋! 이스라엘의 근간을 흔들고 있는 블레셋! 그리스 남단 바닷가 사람들! 지중해 연안을 따라 남쪽으로 이동해 오면서 레바논 항구는 모조리 불태우고, 팔레스타인에서는 에그론을 시작으로 도시 넷을 점령하고 지금은 이스라엘마저 칼과 창으로 위협해오는 해적집단이었습니다.

문제는 느슨한 12지파 동맹으로는 블레셋을 막을 길이 없다는 데 있었습니다. 이 위기의식은 이스라엘 민족을 깊은 공포로 몰아넣었습니다. 이스라엘은 블레셋 앞에서 어느 순간 멸망할지도 모른다는 불안에 휩싸였습니다. 사무엘을 찾아온 이스라엘 장로들은 이 민족의 위기를 대변하고 있었습니다. 쿠데타로 치솟던 라마 대결! 여기서 이스라엘은 운명을 가르는 전환점에 섰습니다. 사무엘상 8장은 이 운명의 전환점을 증언합니다. 겉으로는 12지파 동맹이냐 왕정체제 냐의 정치적 대결처럼 보입니다. 그러나 그것은 엄밀한 의미에서 정 치적 대결이 아니었습니다.

그것은 하나님 중심이냐, 하나님이 거부된 왕정체제냐의 싸움이 었습니다. 그러기에 사무엘 8장은 신앙의 대결이었으며, 궁극적으 로는 정치신학적 대결이었습니다. 이 사실은 사무엘의 입을 들어 이 스라엘 장로들이 요구하는 왕정체제의 허구성을 엄히 경고하시는 하나님의 개입하심에서 더욱 분명해지고 있습니다(삼상 8:9-18). 왕 은 "너희 아들들을 데려다가" 병사 아니면 왕실 노예로 만들 것이며, "너희 딸들을 데려다가" 궁중요리사로 만들 것임을 경고하셨습니다. 하나님의 백성이 왕실노예로 전락하는 위험성에 대한 하나님의 경 고였습니다. 이것은 정치 이전에 신앙과 신학의 문제였습니다.

그러나 장로들은 하나님의 경고까지 한마디로 거절하였습니다 (삼상 8:19). 그리고 끝까지 왕을 요구하였습니다. 여기서 왕정체제 의 선택은 하나님 포기를 의미했습니다. 이것은 신앙의 포기였습니 다. 그러기에 두 번째 에피소드는 12지파 동맹의 포기와 사무엘의 포기처럼 보이지만, 이스라엘과 장로들은 하나님을 포기하고 있었 습니다. 여기서 하나님과 사무엘은 판정패로 끝나는 듯하였습니다. 그리고 장로들이 승리한 듯이 보입니다.

그러나 하나님은 그의 정치 실험을 포기하시지 않으셨습니다. 이 역사는 하나님의 것이기 때문입니다. 끝난 것 같은 자리에 세 번째 에피소드가 들어오고 있었습니다. 그것은 "여호와께서 사무엘에게 이르시되 그들의 말을 들어 왕을 세우라"(삼상 8:22) 하신 말씀 때문입니다. 끝난 것 같은데, 거기서 다시 시작하는 '단속적 형식'의 방법을 선택하셨습니다. 그러나 "왕을 세우라" 하신 하나님의 말씀은 이방 군주 같은 왕이 아니었습니다. 왕을 세우라 하신 말씀은 장로와 이스라엘 대중이 요구하는 왕이 아니었습니다. 여기에 구원 순례의 신비가 있습니다. 사무엘상 8장 22절의 "왕을 세우라" 하신 왕은 사무엘상 12장 14절에 말씀하시는 왕에서 거꾸로 해석되어야 했습니다. 8장 22절의 왕은 12장 14절의 왕이 아니었습니다.

12장 14절의 왕은 왕이로되 그 왕은 철저히 여호와를 경외하여 그를 섬기며, 그의 목소리를 듣고, 여호와의 명령을 거역하지 아니하는 왕이었습니다. 그러기에 삼상 8장은 삼상 12장에서 거꾸로 해석해야 할 이유가 여기 있습니다. 삼상 12장에서 삼상 8장을 읽고 해석해야 합니다. 하나님은 왕을 허락하셨습니다. 그러나 그 왕은 하나님의 종으로서의 왕이었습니다. 그리고 하나님의 종으로서의 왕이 만들어나갈 새로운 정치체제를 하나님은 실험하시고 계셨습니다. 이런 왕을 '하나님 중심의 왕Theocratic king'이라 합니다. '하나님 중심의 왕'은 당시 기름진 초승달 전 지역을 누비던 '이방의 절대 왕Ontocratic king'에 대한 하나님의 강력한 '역제안counter-proposal'이었습니다.

이 하나님의 정치 실험에 선택된 처음 왕이 사울이었습니다. 사울은 처음부터 세상 왕, 군주가 아니었습니다. 여기에 하나님의 정치 철학이 숨어 있었습니다. 그러기에 사울은 하나님만을 섬겨야 하는 왕이었으며, 하나님의 백성인 이스라엘 민족을 돌보는 왕이어야 했습니다. 그래서 사울은 처음부터 하나님의 정치 실험 안에 있었습니다. 하나님의 구원 역사는 인간의 배신에도 불구하고, 그것들을 하나님의 정치 실험 안에 끌어들이시고 그것들을 들어 새로운 역사를 만들어 가셨습니다. 왕은 왕이로되 하나님을 섬기는 종으로서의 '왕'! 이것이 하나님의 두 번째 정치 실험이었습니다.

400여 년 전 미국 땅에 하나님께서 통치하시는 새 세계창조를 꿈 꾸었던 청교도들은 분명 하나님의 정치 실험 앞에 온몸으로 헌신했던 신앙인들이었습니다. 그들은 굳게 믿었습니다. 권력은 하나님께만 속한 것! 인간의 손에 오는 순간부터 권력은 타락하기에 권력은 '규제check'되고 '균형balance'을 이루어야 한다고 믿었습니다. 삼권 분립이라는 특유한 정치제도가 여기서 태동되었습니다.

그러나 400년이 지난 오늘의 미국! 점차 하나님의 통치하심의 신앙은 사라지고, 삼권분립만이 남는 미국의 앞날은 그리 밝은 것 같지는 않습니다. 오늘도 중동에서 계속되고 있는 시민혁명을 저는 민주주의의 몸부림으로만 보지 않습니다. 그 속에는 하나님의 거룩하신 정치 실험이 계속되고 있다고 보기 때문입니다. 오늘의 한국도 그리고 북한의 불가능한 정치상황도 하나님의 정치 실험 안에 있다고 보아야 할 것입니다.

이 땅의 왕들, 대통령들, 왕은 왕이로되 하나님만을 섬기는 자, 국민을 자기의 노예가 아니라 하나님의 백성으로 섬기는 종, 하나님은 지금도 이 거룩한 정치 실험을 계속하고 계십니다.

사울 그리고 다윗과 벌이신 하나님의 정치 실험

> 총 본문: 사무엘상 16장~31장
>
> 주제 본문: 사무엘상 16:1-13; 24: 1-22

2011년 8월 3일, 수요일 저녁 CNN방송과 BBC방송이 특종 사건 하나를 속보로 온 종일 방송하고 있었습니다. 그것은 이집트 대통령이었던 무바라크Mubarak의 공개재판 장면이었습니다. 카이로의 법정, 창살로 칸을 막은 그 뒤, 야전침대에 누운 채 그는 재판을 받고 있었습니다.

호스니 무바라크Hosni Mubarak! 30년을 지배해온 지구촌 마지막 독재자 중 하나, 그는 2011년 2월 11일에 터진 민주화 데모 18일 만에 철권의 자리에서 물러나고 말았습니다. 이제는 초라한 죄수가 되어 생명을 구걸하는 비굴한 한 인간으로 추락하고 말았습니다.

1928년에 태어난 무바라크. 그는 공군사관학교, 공군장교, 소련 유학을 거쳐 공군 참모총장직에 오르면서 군사지략가로 승승장구 하였습니다. 1975년 부통령이 된 후 무바라크는 아랍세계와 서방세계를 오가며, 소위 '시내 II$_{Sinai II}$'라는 평화협정을 이끌어내는 외교적 능력을 과시하기도 했습니다.

그러나 1979년 3월 26일, 3,000년 이상 원수의 나라 이스라엘과 평화협정을 맺어 일약 세계의 영웅으로 떠올랐든 당시 사다트$_{Sadat}$ 대통령이 자신의 친위대 내 지하드$_{Jihad}$에 의해 공개석상에서 암살되자, 무바라크는 자동적으로 대통령직을 승계하였습니다. 그때부터 2011년 2월까지, 무바라크는 무려 30년 동안 이집트를 통치한 것입니다.

그러나 그의 경제정책의 치적은 잠시, 곧 바로 노동자의 착취로 이어지고 가진 자와 가지지 못한 자의 양극화는 이집트를 극도의 불신사회로 만들어 버렸습니다. 네 번에 걸친 선거에서 압승을 거둔 것은 온갖 썩은 정치와 타락 선거의 산물이었습니다. 야당 인사들을 비밀수용소에 가두고, 언론의 입을 막았으며, 은행, 석유, 수에즈 운하, 공장 모두를 국영화해나갔습니다. 그 속에는 두 가지 목적이 숨어있었다고 합니다. 하나는 부의 축적이었습니다. 드러난 것만도 그의 재산은 40billion dollar(400억 달러)라고 합니다. 다른 하나는 아들 '가멜 무바라크$_{Gamel Mubarak}$'에게 권력을 세습하려는 것이었습니다. 무바라크는 현재 살인죄와 부정부패의 죄목으로 기소되었으며, 심지어 사다트 대통령 암살과의 관련여부도 조사 중인 것으로 알려졌습니다. 권력이 인간의 손에 들어오는 순간부터 권력은 서서히 한 인간과 사회 그리고 한 민족까지도 부패시키는 독버섯이라는 또 하나의 역사적 교훈을 이 세계가 배우고 있습니다. 오늘 저는 무바라크의 운명에서 고대 이스라엘의 처음 왕, 사울의 운명을 그대로 보고 있습니다. 절대 권력의 말로 같은 것입니다.

오늘 이어지는 구원 순례는 사울 그리고 다윗과 벌이셨던 하나님의 정치 실험을 주제로 합니다.

오늘의 본문은 사무엘상 16장에서 31장까지입니다. 여기에 등장하는 이야기들은 어느 궁중에서도 일어날 법한 왕실 암투의 비화들로 엮여져 있습니다. 사울이 왕이었을 때 다윗이 기름 부음을 받은 일 자체가 갈등의 씨앗이었으며, 이어 궁중 악사가 되는 일, 골리앗을 죽이고 영웅이 된 일, 끝내 사울왕의 미움을 받아 도피행각을 벌여야 했던 다윗의 이야기는 왕궁에서 일어나는 추잡한 권력투쟁의 전형 같은 것들이었습니다. 왕이 자기 자리를 노리는 신하를 발견하는 그 순간, 그를 추방하거나 죽이는 것은 당연한 처사였습니다. 그래서 오늘의 이야기는 왕권을 놓고 사울과 다윗이 벌이는 사생결단의 권력투쟁이었습니다. 아니 사울은 아들 요나단에게 왕권을 세습해가는 치밀한 과정에 갑자기 끼어든 다윗을 제거해야 했던 정치보복이기도 했습니다. 그것은 마치 호스니 무바라크Hosni Mubarak가 아들 가멜 무바라크Gamel Mubarak에게 권력을 세습하기 위해 수많은 정적들을 비밀 수용소에 감금해온 것과도 같습니다. 그래서 사무엘상 16장에서 31장까지의 본문은 왕권을 둘러싼 사울과 다윗 사이의 생명을 건 정치적 투쟁사였습니다.

그러나 이 같은 정치적 해석은 성서가 증언하고자 하는 하나님의 비밀을 놓치기 쉬운 잘못을 범할 수 있습니다. 정치적 해석은 자칫 사울은 무조건 악한 왕으로, 다윗은 가장 선한 왕으로 쉽게 이분화하는 위험을 안고 있기 때문입니다. 이것은 대단히 위험한 해석입니다.

오늘 저는 사무엘상 16장에서 31장을 단순한 궁중비화나, 정치적 투쟁의 이야기로 보지 않습니다. 오히려 사울과 다윗을 두고 친히 벌이시는 하나님의 정치 실험이라고 해석합니다. 그러기에 이것은 사울과 다윗이 엮어가는 정치 드라마가 아니었습니다.

여기서 저는 지난 순례의 신학적인 클라이맥스climax 하나를 다시 끄집어내고자 합니다. 절대군주인 왕을 요구하는 이스라엘 장로들 앞에 하나님은 역제안counter proposal 하나를 내놓으셨던 사건을 우리는 기억합니다.

이스라엘의 왕은 왕이로되, 그 왕은 "여호와를 경외하여 그를 섬기며, 그의 목소리를 듣고, 여호와의 명령을 거역치 아니하며 또 너희와 너희를 다스리는 왕"(삼상 12:14)이었습니다. 이 왕은 하나님께서 이 지상에 펼치시고자 하셨던 정치 실험이었습니다. 왕은 왕이로되 절대군주가 아닌, 하나님의 종으로서의 왕이었으며, 왕은 왕이로되 하나님의 백성을 섬기는 종으로의 왕이었습니다. 이스라엘이 요구한 '절대 왕Ontocratic king'에 대한 하나님의 '역제안'은 '하나님 중심의 왕Theocratic king'이었습니다. 왕이라고 다 같은 왕이 아니었습니다. 그래서 이스라엘왕은 처음부터 달라야 했습니다. 이제 하나님은 먼저 사울을 두고 정치 실험에 들어가셨습니다.

성경은 사울이 준수했고, 키는 모든 백성보다 어깨 위만큼 큰 장신이었다고 증언합니다(삼상 9:2). 사울은 무바라크처럼 전쟁에 능한 장수였습니다. 오랫동안 이스라엘을 괴롭혀온 암몬, 에돔, 모압, 아말렉을 제압하고 천하무적 블레셋과도 감히 대결하는 큰 용사였습니다. 성서해석에 따르면 사울은 왕국건립에 대한 강한 정치적 야욕도 없었다고 합니다. 백성에게는 세금도 부과하지 않는 선정을 폈다고 합니다. 후궁을 두지도 않았고, 군대마저 자원제로 운영하는 등 사울은 선정을 베풀었다는 것이 성서학자들의 해석입니다. 이것들은 위대한 왕의 속성일 수 있었습니다. 그러나 문제는 하나님의 정치실험에서는 이 속성들이 사울을 이스라엘 왕으로 선택한 기준이 아니었다는 데 있습니다.

반대로 사울이 이스라엘의 왕으로 선택된 것은 사울이 "하나님의 영에게 크게 감동되었기 때문이라"고 성서는 증언합니다(삼상 11:6). 이것은 하나님의 정치 실험을 이해하는 데 가장 중요한 단서입니다. 하나님은 사람을 외모로 취하지 않기 때문입니다. 그러기에 사울이 왕이 된 것은 처음부터 외모나, 그의 정치적 능력에 있지 않았습니다. 사울이 왕이 된 것은 온전히 하나님의 선택하심과 부르심에서 온 것이었습니다. 그러기에 사울이 왕 된 것은 하나님만을 섬기고, 백성을 섬기는 종으로서의 왕이어야 했습니다. 이것이 하나님의 정치 실험 안에 있는 왕의 존재이유였습니다. 그러나 오늘 성경은 사울의 마지막을 "악령에 매인 자"로, "살인 미수자"로, "이중인격자"로 그리고 "하나님이 버린 자"로 끝을 맺습니다. 민족의 영웅, 무바라크가 한순간 이집트의 배신자로 몰락한 것과 같은 비극적 말로였습니다.

여기서 우리는 한 가지를 물어야 합니다. 하나님의 택하심과 하나님의 버리심 사이의 신비, 그것이 무엇인가? 하나님의 택하심과 버리심 사이! 거기에는 사울이 범한 세 가지 실수가 등장합니다. 그 처음은 "제사권 침범"이었으며, 두 번째는 "노획물 갈취"였고, 세 번째는 "기념비 세움"이었습니다. 그러나 하나님께서 사울을 버리신 이유는 사울이 범한 이 세 가지 실수에 있지 않았습니다. 실수는 용서될 수 있었습니다.

오히려 하나님께서 사울을 버리신 내면의 숨은 이유는 사울의 '교만' 때문이었습니다. 마지막 사사면서 선지자였던 사무엘을 통하여 회개할 수 있는 기회를 여러 차례 주셨음에도 사울은 이런 저런 '변명'으로 책임을 회피하였습니다. 백성을 핑계 삼아 자신의 죄과를 은폐하기에 급급하였습니다. 그래서 라인홀드 니버_{Reinhold Niebuhr} 교수는 이것을 죄라 불렀으며, 죄의 근원은 '교만_{pride}'이라 했습니다.

교만은 하나님 포기를 의미했습니다. 그리고 그 자리에 자기 자신을 하나님으로 만들고 있었습니다. 사울은 하나님 중심의 왕 되기를 포기하고, 스스로 절대군주가 되고 있었습니다.

여기서 모세와 사울의 유비 하나가 가능할 듯합니다. 가나안 땅 입성이 거부된 마지막 삶의 자리에서도 모세는 변명하거나 핑계하지 않았습니다. 모세는 자신의 운명을 주어진 그대로 수용하였습니다. 그리고 저주받은 그 자리에서 모세는 오히려 하나님 앞에 민족을 위한 기도를 드렸습니다. 모세는 왕은 아니었으나, '하나님의 종으로서의 왕_{theocratic king}'의 예시 같은 것이었습니다.

그러나 사울은 하나님이 주시는 경고와 회개의 기회마저 자신의 실수를 변명과 핑계로 은폐하려 하였습니다. 하나님께서 버리시기 전에 사울은 스스로 자기 자신을 버리고 있었습니다. 하나님께서 벌이신 하나님의 정치 실험 앞에서 사울은 실패한 것입니다. 여기서 사울은 끝내 사악한 왕으로서 삶을 마감합니다. 이 사울의 말로 속에서 우리는 하나님을 떠난 지상의 수많은 왕들이나 대통령들의 최후를 보고 있습니다. 하나님의 정치 실험에서 실패한 자들입니다.

그러나 사무엘상 16장에서 31장에 등장하는 또 다른 배역은 다윗이었습니다. 그러나 다윗의 등장은 사무엘의 선택도, 다윗 자신의 데뷔에 의한 것도 아니었습니다. 다윗의 등장은 온전히 하나님의 정치 실험에서 온 것이었습니다. 그러기에 사울 왕과 벌렸던 숨 막히는 정치 시소게임이나 도피행각은 엄밀한 의미에서 권력투쟁에서 온 것이 아니었습니다. 사울을 두고 벌이셨던 하나님의 정치 실험이 이번에는 다윗이라는 소년을 두고 벌이시는 하나님의 또 다른 정치 실험이었기 때문이었습니다.

다윗은 사울처럼 장대하지는 않았습니다. 그러나 "그의 빛이 붉고 눈이 빼어나고 얼굴이 아름다웠다"(삼상 16:12)고 성경은 증언합니다. 그러나 이것이 선택의 기준은 아니었습니다. 사울의 택함과 같이 놀랍게도 다윗의 선택은 "여호와의 영에게 크게 감동된"(삼상 16:13) 신앙 때문이었습니다. 정치 실험에서 하나님은 사울과 다윗에게 동등한 기준과 동등한 기회를 주셨던 것입니다.

그러나 한 가지가 달랐습니다. 다윗은 왕의 길이 아니라 '고난'의 여정을 걸어야 했습니다. 이것은 하나님의 또 다른 정치 실험이었습니다. 하나님의 구원 계획 때문에 아브라함이 고난의 여정을 걸었으며, 요셉이 또한 고난의 길을 걸었습니다. 모세도 이 길을 걸었으며, 우리 주님 예수 그리스도께서도 고난의 길을 걸으셔야 했습니다. 고난은 내가 선택하는 것이 아니라 선택된 자의 길이었습니다. 그러기에 다윗이 당한 고난의 여정은 겉으로는 권력투쟁에서 온 것처럼 보이지만, 그것은 온전히 하나님의 정치 실험에서 온 것이었습니다.

사울의 낯을 피하여 기약 없는 도피의 여정 가운데서도 다윗은 끝까지 한 가지에 충실하였습니다. 이 역사의 모든 진행은 하나님의 경륜하심과 그의 손 안에 있다는 것을 믿고 순종하였습니다. 그리고 다윗은 인간의 손으로 그것을 조작하려 하지 않았습니다. 저는 이것이 신앙이라고 믿습니다. 바로 이 신앙은 자기를 죽이려는 사울을 능히 죽일 수도 있는 자리에서 오히려 그를 살려내는 다윗의 고백에서 드러나고 있었습니다.

> 오늘 여호와께서 굴에서… 왕을 내 손에 넘기신 것을 왕이 아셨을 것이니이다. … 어떤 사람이 나를 권하여 왕을 죽이라 하였으나 내가 왕을 아껴 말하기를 나는 내 손을 들어 내 주를 해하지 아니하리니 그는 여호와의 기름 부음을 받은 자이기 때문이라(삼상 24:10).

자신 앞에 펼쳐지는 이유 없는 고난 앞에서 다윗은 그 향방을 인위적으로 바꾸려하지 않았습니다. 다윗은 고난 그 뒤의 거대한 하나님의 경륜하심을 읽고 또 끝까지 기다렸습니다. 지금 하나님은 사울이 실패한 바로 그 자리에 다윗을 들어 정치 실험을 진행하고 계셨습니다. 하나님을 섬기는 왕, 백성을 섬기는 종으로서의 왕을 실험하고 계셨습니다. 놀랍게도 다윗을 들어 이어가시는 이 하나님의 정치 실험은 장차 오실 메시아의 계보의 시작이었습니다. 그래서 이사야는 이렇게 예언합니다.

> 이새의 줄기에서 한 싹이 나며 그 뿌리에서 한 가지가 나서 결실할 것이요(사 11:1).

이새는 다윗의 아버지였습니다. 그리고 마태복음 1장 1절은 이렇게 시작합니다.

아브라함과 다윗의 자손 예수 그리스도의 계보라.

다윗을 선택하신 것은 이스라엘의 정치체제의 실험이 아니었습니다. 오히려 이 지상에서 하나님을 경외하고 하나님의 백성을 섬기는 새로운 왕정체제 하나를 실험하시는 것이었습니다. 그것은 장차 인류를 구원하실 메시아의 계보로 이끌어가시는 하나님의 거대하신 구원의 계획이었습니다. 사울이 실패한 자리에 하나님은 다윗을 들어 그의 구원의 역사를 이어가시는 이 역사의 신비 안에서 오늘의 이집트와 시리아 아니 한국의 역사적 흐름까지도 보아야 할 것입니다. 적어도 초기의 다윗은 이 비밀을 읽고 또 순종하였습니다.

그루터기를 드시는 하나님

> 총 본문: 사무엘하 1장~24장
>
> 주제 본문: 사무엘하 7:1-29; 12:1-15

『왜 나는 기독교인이 아닌가? *Why I am not a Christian*』라는 책으로 유명한 버트란드 럿셀Bertrand Russell은 영국이 낳은 20세기 철학자요, 평화주의자였습니다. 그가 남긴 많은 책 중에 오늘 저의 관심은『권력 *Power*』이라는 책으로 향하고 있습니다. Russell은 '권력'이란 인간 누구나 가지는 본능이고 또 탐욕이라는 말로 시작합니다. 다만 어떤 이는 대통령을 꿈꾸지만, 어떤 이는 한 가정의 권력으로 만족하는 차이가 있을 뿐이라는 것입니다. 그러기에 인간이 산다는 그 자체가 권력욕lust for power을 찾아 헤매는 과정인 셈입니다.

그런데 권력은 네 가지 유형으로 표출된다고 합니다. 그 처음 유형을 러셀은 '경제력economic power'이라 했습니다. 대한민국이 세계경제 10위권에 진입했다는 말은 경제적 파워가 커졌다는 의미입니다.

오늘 미국과 서방국가의 위기는 결국 경제력을 서서히 중국과 동양에 빼앗기고 있는 데서 오는 징후입니다. 러셀은 권력의 두 번째 유형을 '군사력military power'이라 했습니다. 경제력을 바탕으로 항공모함 3척을 만들겠다는 중국은 앞으로 군사력으로 세계를 지배하겠다는 의미일 것입니다. 권력의 세 번째 유형은 '문화의 힘cultural power'입니다. 오늘 영국과 미국이 '영어'라는 문화적 매체를 가지고 세계를 지배하고 있는 것은 매우 흥미로운 일입니다. 권력의 네 번째 유형을 러셀은 '시민의 힘civil power'이라 했습니다. 보십시오! 수천 년을 죽은 듯이 조용하던 이집트, 리비아, 시리아 그리고 중동 이곳저곳에서 터져 나오는 저 함성! 왕정과 독재는 가고 시민이 주체가 되는 사회실현이 아닌가 싶습니다. 이것이 시민의 힘입니다. 이 네 가지 파워들이 균형을 이루게 되는 날, 그것은 무서운 '사회의 힘social power'으로 나타난다는 것입니다.

그러나 러셀은 여기서 끝나지 않습니다. 네 가지 파워들이 균형을 이루어 사회의 힘이 되었다 할지라도, 파워는 항상 '윤리적 책임' 앞에 서 있다는 것입니다. 모든 파워는 '무엇을 위한 파워냐'라는 엄숙한 윤리적 질문 앞에 서 있다는 것입니다. Russell의 예리함은 여기 있습니다. 파워가 목적을 상실하는 그 순간, 윤리적 책임을 외면하는 그 순간부터, 파워는 사람을 죽이거나, 남의 것을 빼앗는 폭력, '벌거벗은 권력naked power'으로 쉽게 전락한다는 것입니다. 아시아대륙을 침략하고, 수없는 사람들을 죽이고도 사죄는커녕 '독도'를 걸어 시비를 일삼는 일본인들의 파워는 naked power폭력로 전락한 지 오래 되었습니다. 윤리적 책임을 외면한 파워는 'naked power', 폭력일 수밖에 없기 때문입니다.

오늘 구원 순례는 다윗이라는 영웅과 그가 지상에 세웠던 왕국에 잠시 머물고 있습니다. 그런데 그곳 왕궁에는 '천국'과 '지옥'이 공존하고 있었습니다. '홍'과 '망'이 서로 엇갈리면서 정치드라마 한 편을 연출하고 있었습니다.

오늘의 본문, 사무엘하 1장에서 10장은 다윗의 정치드라마 제1막이었습니다. 제1막은 다윗과 다윗이 세운 왕국의 영광을 노래하는 아름다운 서사시와도 같은 것이었습니다. 헤브론에서 유다 왕이 된 이야기(2장), 예루살렘에서 이스라엘의 왕으로 추대된 이야기(5장), 선지자 나단을 통해 받은 하나님의 축복(7장), 어디를 가든지 승리한 승전가(8, 9, 10장) 그리고 모든 백성을 정의와 공의로 다스린 이야기(8:15)는 지상 그 어디에도 없는 한 편의 아름다운 정치드라마였습니다.

특별히 8:15 "다윗이 온 이스라엘을 다스려 다윗이 모든 백성에게 정의와 공의를 행할새"는 하나님께서 이 지상에서 실험하시고자 하시는 '하나님 왕국Theocracy'에 근접한 모형이었습니다. 그러기에 이것은 다윗의 왕국이 아니라 하나님 왕국의 한 모형이었다고 말해야 할 것입니다.

여기서 저는 러셀의 분류법을 따라 다윗이 세운 이 아름다운 왕국을 잠시 여행하고자 합니다.

그 처음은 다윗이 왕이 되는 절차부터 달랐습니다. 다윗은 그 당시 유행하던 궁중반역이나, 쿠데타로 왕위에 오르지 않았습니다. 혁명적 파워를 사용하지도 않았습니다. 그렇다고 군대를 앞세워 왕위에 오른 것도 아니었습니다. 오히려 다윗은 헤브론에서도, 예루살렘에서도 장로와 민중의 추대를 받아 왕위에 올랐습니다. 이것은 설득에 의한 파워였습니다. 러셀은 이것을 시민의 파워라고 불렀으며, 그것은 이미 말없는 민주주의를 구현하고 있었습니다. 그리고 다윗이 세운 왕국에는 하나님께서 아브라함에게 약속하셨던 "땅"이 성취되고 있었습니다. 가는 데마다 승리하여 얻은 이스라엘 영토는 북으로는 메소포타미아, 지금의 터키 남부까지, 남으로는 시내 반도에 인접한 브엘세바, 동쪽으로는 아라비아 그리고 서쪽으로는 지중해 연안과 골치 덩어리 블레셋까지를 모두 손 안에 넣었습니다. 성서적으로 이것은 하나님의 약속의 성취였으며, 정치적으로는 '기름진 초승달'의 중심이 되었으며, 경제적으로는 러셀이 말하는 경제 강국이 되었습니다.

그리고 다윗이 세운 왕국에는 하나님께서 아브라함에게 약속하신 두 번째, '민족'이 성취되고 있었습니다. 다윗은 그의 치세 동안 살생을 철저히 금했습니다. 자신을 해치려던 사울과 그 가문의 후손까지도 품는 사랑의 정치를 펴갔습니다. 그리고 모든 백성을 정의와 공의로 다스렸다고 성경은 증언합니다. 그래서 민심은 다윗에게로 집중되었습니다. 그곳에는 시민의 파워가 살아 있었습니다. 민족이 하나 되는 강력한 통일왕국으로 발돋움하였습니다. 하나님께서 약속하신 '민족'이 성취되고 있었습니다.

그리고 다윗이 세운 왕국에는 하나님께서 아브라함에게 약속하셨던 세 번째까지, '복'(샬롬)이 성취되고 있었습니다. 광활한 땅, 막강한 군사력, 거기에 뛰어난 외교정책은 외세의 침략을 막았고, 사방으로부터 조공을 받는 종주국으로 자리매김하면서 평화(샬롬)를 온 지경에 심어 갔습니다. 하나님의 약속, 세 번째까지 성취되고 있었습니다.

이것은 다윗의 정치드라마 제1막이었습니다. 이 영광 뒤에는 하나님을 향한 다윗의 뜨거운 열정과 기도가 있었습니다. 러셀의 용어로는 권력의 윤리적 책임이 살아있었습니다.

> 주께서 주의 백성 이스라엘을 세우사 영원히 주의 백성으로 삼으셨사오니 여호와여 주께서 그들의 하나님이 되셨나이다(삼하 7:24).

이때 다윗은 그 옛날 모세가 보였던 지도자의 모습이었습니다. 하나님과 하나님의 백성인 이스라엘과의 관계가 하나님과 자신과의 관계보다 우선한다는 신앙의 사람이었습니다.

그러나 다윗의 정치드라마 제2막은 갑자기 지옥과 같은 비극적인 무대로 추락하기 시작했습니다. 사무엘하 12장에서 24장은 그토록 아름답고 고귀하기까지 했던 다윗 왕실이 한순간 살인, 배신, 모반으로 와해되는 지옥으로 추락하고 있었습니다. 지상 모든 왕국이 가는 말로를 다윗 왕국도 예외 없이 따라가는 역사의 비정을 그대로 노출하고 있었습니다. 이것이 성경의 위대함입니다. 은폐하지 않고 있는 그대로를 드러내는 성경의 담대함! 다윗의 이야기는 바로 우리의 이야기일 수 있다는 경고를 담고 있기 때문입니다.

다윗 궁중에는 다윗의 아들 암논이 자기의 이복동생 다말에게 욕을 보였습니다. 근친상간이었습니다(13장). 이번에는 다말의 오라버니, 압살롬이 자기의 이복형인 암논을 암살합니다. 형제살인이었습니다(13:19). 왕실 안에 'naked power'들이 겁탈하고, 살인하는 가장 저속한 파워놀이를 자행하면서 다윗 왕궁을 한순간에 시궁창으로 만들었습니다. 피를 본 압살롬은 끝내 아버지를 모반하고 왕위를 혁명으로 빼앗으려 달려들었습니다. 파워가 윤리를 포기하는 그 순간, 그 파워는 폭력(naked power), 벌거벗은 파워로, 파멸적 파워로 변신하고 있었습니다.

하나님의 도우심으로 겨우겨우 생명을 건진 다윗은 예루살렘으로 돌아왔으나, 민심은 서서히 떠나고 있었습니다. 반역행위가 이곳 저곳을 난타하기 시작했습니다. 다윗을 왕위에 올려놓았던 설득의 파워는 서서히 사라져가고 있었습니다. civil power, 시민의 파워가 사라져 갔다는 의미입니다. 다윗은 설 자리를 잃어가고 있었습니다. 이 지상에 하나님께서 통치하시는 왕국의 모형 하나를 만들어가시던 하나님의 정치 실험이 또 한 번 실패하는 위기에 직면한 것입니다. 여기서 우리는 질문 하나를 던지려고 합니다. 이것은 정치드라마 세 번째 에피소드입니다.

천국에 근접했던 다윗 왕국이 한순간 지옥으로 떨어져버린 비극적 운명! 그것은 무엇 때문인가? 성경은 다윗이 두 가지 실수를 범했다고 증언합니다.

그 하나는 우리아의 아내, 밧세바를 빼앗고, 그것을 은폐하기 위해 우리아를 전쟁터에 내보내 죽게 한 살인 행위였습니다(11장). 실수 두 번째는 통치 말년에 다윗이 군사령관 요압을 명하여 9개월 20일 동안 전 인구를 조사한 일이었습니다(24장). 인구조사 결과 다윗이 동원할 수 있는 남성이 68만 명이었습니다. 그러나 문제는 다윗이 범했다는 두 가지 실수가 당시 군주체제에서는 범죄가 아니었다는 데 있습니다. 더욱이 인구조사는 왕의 절대권한 안에서 몇 번이고 되풀이할 수도 있는 행정조치였습니다.

그런데 이 두 가지가 하나님 앞에서는 용서받을 수 없는 범죄가 된 것입니다. 성경은 그 책임을 물어 밧세바의 몸에서 난 아이를 죽였다고 증언합니다. 그리고 인구조사의 책임을 물어 7만 명이 전염병으로 죽었습니다.

그러나 하나님의 구원사는 이것으로 끝나지 않습니다. 밧세바를 아내로 삼고, 우리아를 죽음으로 몰고 간 다윗의 범죄 뒤에는 더 큰 죄가 숨어있었기 때문이었습니다. 다윗은 하나님의 백성인 밧세바와 우리아를 마음대로 조작할 수 있는 자기소유물로 전락시킨 것이 근원적인 죄였습니다. 그것은 하나님께 대한 불신앙이었습니다. 그 뒤에는 하나님의 나라를 이미 자기의 나라로 만들어가는 다윗의 교만이 깔려 있었기 때문입니다. 다윗마저 권력의 윤리적 책임을 외면하고 있었던 것입니다.

인구조사! 그것은 왕이면 언제라도 할 수 있는 국가적 책무일 수 있었습니다. 그러나 인구조사가 하나님 앞에 범죄가 된 것은 이스라엘의 영토, 땅을 왕실 소유로 만들고, 모든 남성들, 하나님의 백성들을 왕실친위대로 사유화하려는 다윗의 숨은 정치적 목적 때문이었습니다. 땅을 성취했지만, 그것은 하나님의 땅이었으며, 인간은 땅을 지키고 관리하는 청지기로 그쳐야 했습니다. 민족을 성취했지만, 그것은 끝까지 하나님의 백성이어야 했습니다. 평화를 성취했지만, 그 샬롬은 신앙으로 지켜야 하는 하나님 샬롬이어야 했습니다. 군대의 힘으로 만들어가는 평화는 거짓 평화였습니다. 그러나 다윗은 말년에 이 모든 것을 자기의 소유로 삼으려 하였습니다. 이것이 하나님 앞에 죄가 되었습니다. 그 끝은 왕실 타락이었습니다. 다윗 왕마저 실패한 왕이었습니다.

그러나 다윗마저 실패한 그 자리, 모든 것이 끝난 듯한 그 자리에 하나님은 그의 거룩한 구원의 진행을 포기하시지 않으셨습니다. 다윗마저 실패한 정치 실험의 자리에서 하나님은 그루터기 하나를 드셨습니다. 그 그루터기는 다윗이 이룩한 왕국이 아니었습니다. 오히려 무너져가는 왕국 속에 극히 미세한 조각처럼 남아있던 그루터기였습니다. 그것은 모든 것을 포기하고 하나님 앞에 자신을 있는 그대로 내려놓고 자신의 죄를 회개한 다윗의 눈물이었습니다. 사울에게는 없었던 다윗의 회개와 눈물을 하나님은 받으셨습니다. 그리고 용서하셨습니다. 용서받은 죄인! 여기서 다윗은 죽음을 면하였으며, 이스라엘 민족을 다시 손안에 두셨습니다.

하나님의 구원 역사는 지상왕국의 그 어떤 영광도 드시지 않습니다. 오히려 회개하는 한 사람, 참회하는 한 민족을 그루터기로 드셔서 그의 구원을 이어가십니다.

솔로몬의 영광 속에 스며든 파멸의 씨

> 총 본문: 열왕기상 1장~11장
>
> 주제 본문: 열왕기상 8:27-40; 9:1-9; 11:1-13

오늘날 서구 신학자들이 여기저기서 외치는 절규는 임박한 서방 기독교의 몰락을 알리는 경고들입니다. 얼마 전 무명의 신학자 케이스Riley Case 박사는 "서방 기독교의 종언The End of Christianity in the West"이라는 다소 충격적인 글을 내놓았습니다. 2,000년의 찬란한 역사를 살아온 서방 기독교가 "소멸extinction"을 향해 추락하고 있다고 했습니다.

여기에는 오스트리아, 호주, 캐나다, 스위스 그리고 서방 다섯 나라가 속한다고 했습니다. 아직 소멸은 아니지만 영국, 프랑스, 독일은 심각한 '세속화secularization' 도상에 있다고 했습니다. 그리고 미국 기독교는 지금 갈림길에서 방황하고 있다고 했습니다.

여기에 맞장구를 치고 나온 학자는 영국 리버풀 호프Liverpool Hope 대학의 매니온Gerard Mannion 교수였습니다. 유럽의 도시들, 유럽의 대성당들, 유럽의 사제들 모두 노쇠하고 늙어가고 있다고 전제했습니다. 그래서 죽어가는 교회들끼리 합치고, 연합체를 만들어 몸부림하며, 그도 저도 아닌 교회들은 아예 문을 닫아버리고 있다는 것입니다. 요한 바오로John Paul 교황이 일찍이 예언한 교회의 죽음이 문 앞에 다가왔다는 것입니다. 로마가톨릭도 여기서 예외는 아니었습니다.

얼마 전 영국 성공회 덜함Durham 교구 주교였던 라이트N.T. Wright 박사는 돌연 주교직을 사퇴하고 성 앤드류Andrew 대학교수로 떠난 일이 있었습니다. 떠나면서 라이트 주교는 한마디를 남겼습니다.

"나는 교회를 제도나 조직으로 생각하지 않습니다. 나는 교회를 공동체로 생각합니다"(I don't think in terms of institutions. I think in terms of community). 이것이 그의 사퇴 이유였습니다. 그러면서 라이트 교수는 날카로운 비수 하나를 유럽에 던졌습니다. 오늘 유럽의 붕괴 그 뒤에는 200년의 타락한 서구 민주주의가 숨어 있다는 것입니다. 기독교의 이름으로 처참한 전쟁을 일삼아온 유럽, 끝없는 산업화, 공장화, 오염 그리고 지구 구석구석에 빈곤층을 만들어온 경제정책! 이 모든 부패의 근원은 바로 서구 기독교 왕국의 타락으로부터 온 것이라고 비판했습니다.

이렇게 목 놓아 소리치는 서구 기독교 지도자들의 자기비판은 그 속에 공통적인 증언 하나를 담고 있었습니다. 기독교의 이름으로 2,000년 동안 이룩해온 기독교 왕국! 이 왕국은 오고 있는 '새 1000년new millenium' 지구촌의 꿈과 미래가 될 수 없다는 경고였습니다.

오늘 우리는 열왕기상 1장에서 11장 사이에 등장하는 솔로몬 왕국의 화려함, 거대함 그리고 완벽함에 심취되어 있습니다. 성경도 "솔로몬 왕의 재산과 지혜가 세상의 그 어느 왕보다 큰지라"(왕상

10:23)라고 증언하고 있는 것으로 보아 솔로몬 왕국의 끝은 하늘에 닿았던 듯합니다. '천당에 안 가고 분당에 살겠다'는 현대인들이 꿈꾸는 이상향이 바로 솔로몬 왕국이었는지도 모릅니다. 솔로몬이 소유했던 재산부터 보겠습니다.

신변보호를 위해 솔로몬이 소유한 병거Chariot가 4만 대였습니다. 그리고 그 병거를 몰고 전쟁에 나아가 싸우는 마병이 12,000명이었습니다. 궁중 호위대 같은 것이었습니다(왕상 4:26). 솔로몬이 건축하고 소유한 창고성, 일명 '국고성', 말과 병거를 보관하는 '병거성', 마병들이 거하는 '마병성'들이 전국에 흩어져 있었습니다(왕상 9:17-19). 홍해 가까이에는 군함을 정박시키는 큰 군항이 있었으며(왕상 9:26), 솔로몬이 건축한 예루살렘 성전과 그 안의 성물은 모두 정금으로 입혔으며(왕상 6:28), 솔로몬이 마시는 그릇마다 다 정금으로 입혔습니다(왕상 10:21). 솔로몬이 정식으로 결혼한 후궁이 700명이었으며, 첩이 300명, 합 1,000명이었습니다(왕상 11:3). 백제시대의 3,000궁녀보다는 2,000명이 적지만, 왕 하나가 1,000명의 여인과 한 왕궁에서 함께 살았다는 그 자체는 우리의 상상을 능히 초월하는 세계였습니다.

솔로몬의 부귀와 영화는 여기서 끝나지 않았습니다. 세계적인 구약학자 존 브라이트John Bright는 그의 대작 『이스라엘 역사A History of Israel』에서 솔로몬의 업적과 그 방대함을 다음과 같이 그렸습니다.

정치적인 천재성을 타고난 솔로몬! 그는 이복형 아도니야의 정치적 음모를 피흘림 없이 막아내고, 정권 이양을 성공시킨 정치의 귀재였다고 기록하였습니다. 그리고 아도니야를 교묘하게 제거하는 정치적 술수와 수단도 소유했습니다. 탁월한 솔로몬의 외교정책은 바로의 딸과의 정책적인 결혼에서 시작하여 수많은 이방 왕들의 딸들과의 결혼으로 이어갔습니다. 솔로몬은 그것을 국제무역의 물꼬를 트는 기회로 삼았다고 합니다. 열왕기상 10장에 나오는 스바 여왕의 방문은 겉으로는 외교관계 수립을 목적으로 내세웠지만, 그 비밀은 두 나라 사이의 무역거래에 있었다고 합니다.

존 브라이트는 그의 해석을 계속합니다. 그러면서도 솔로몬은 국력을 바탕으로 중요 도시들을 요새화, 군사 기지화해 나갔습니다. 아직도 항전을 외치는 카다피가 만들었다는 '트리폴리Tripoli'의 비밀 지하도는 그 옛날 솔로몬의 요새화, 군사전략을 보는 듯했습니다. 갈릴리의 '하솔', 국제통상의 길목에 있던 '므깃도'는 유명한 솔로몬의 요새들이었습니다.

그리고 솔로몬은 그의 아버지 다윗도 감히 꿈꾸지 못한 예루살렘 성전을 7년에 걸쳐 건축하는 기염을 토하기도 하였습니다. 예루살렘 성전! 그것은 솔로몬 신화의 상징이었으며, 세계 역사의 한 굵은 축을 이루어 왔으며, 장차 임할 메시아 왕국의 거점으로 지금도 점쳐지고 있습니다. 그리고 솔로몬은 성전 옆에 거대한 왕궁을 13년에 걸쳐 건축했습니다. 그러기에 그의 건축 20년은 그의 통치 40년의 절반을 차지했습니다.

솔로몬의 업적은 그것으로 끝나지 않았습니다. 하나님께로부터 받은 '지혜'를 가지고 그는 '문학의 꽃'을 피웠으며 그것은 잠언과 전도서로 남겨졌습니다. 그리고 그는 음악을 드높였으며, 그것은 성전에서 부르는 몇 개의 시편으로 지금까지 남아있습니다. 그러기에 솔로몬은 지상 그 어느 나라 왕보다 높임을 받았으며, 그의 부귀영화는 하늘을 찌를 듯 높았습니다.

그러나 솔로몬의 영광 속에는 이미 그 속에 어두운 그림자, 멸망으로 가는 씨앗이 움트고 있었습니다. 그런데 오늘 한국교회는 애써 이 어두움을 못 본 척하거나 외면하려는, 그래서 신앙의 맹인들이 되어버렸습니다.

존 브라이트는 말합니다. 솔로몬의 업적 뒤에는 백성들의 피와 땀을 강요하는 억압정치가 이미 민족의 불만과 분열을 가중시키고 있었다는 것입니다. 토지개혁은 세금을 거두어들이기 위한 정책이었습니다. 거대한 왕궁과 귀족 그리고 방대한 군대를 위해 거두어들인 식량으로 인해 백성들은 굶어야 했으며, 20년의 건축은 백성들은 노예로 전락시켰으며, 부자와 가난한 자의 분열은 결국 민족분열의 조짐으로까지 확산되고 있었습니다. 열왕기상 11장에 나오는 여로보암의 반역 이야기는 솔로몬 왕국의 영광 속에 깊숙이 스며들었던 부패에 대한 항거였습니다.

그러나 하나님의 구원 역사와 함께 순례하는 우리는 여기서 끝나지 않습니다. 솔로몬 왕국의 영광 속에 스며든 파멸의 씨는 억압정치, 경제적 착취, 사회분열이라는 외적 요인들보다 훨씬 더 깊은 곳에 숨어 있었기 때문입니다.

그것은 솔로몬의 불신앙이었습니다. 그토록 나라를 튼튼히 세우고, 성전을 웅장하게 건축하고, 하나님 앞에 봉헌하고, 그토록 아름답고 경건한 봉헌기도를 드린 솔로몬이 어째서 불신앙이었느냐를 물을 수 있습니다. 오늘 저는 이 질문을 안고 솔로몬의 기도, 그토록 간절하고도 경건했던 기도의 내용부터 보고자 합니다. 솔로몬이 성전 건축을 다 마친 후 하나님 앞에 봉헌하는 장엄한 기도 그 서두입니다.

여호와께서 캄캄한 데 계시겠다 말씀하셨사오나 내가 참으로 주를 위하여 계실 성전을 건축하였사오니 주께서 영원히 계실 처소로소이다(왕상 8:12-13).

얼핏 보기에 이 기도는 하나님을 위한, 하나님이 거하실 전을 거룩히 성별하는 경건한 봉헌의 기도라고 볼 수 있습니다. 그러나 솔로몬은 지금 하나님 앞에서 가장 무서운 죄를 범하고 있었습니다. 솔로몬은 자기가 지은 공간 안에 하나님을 묶어두고 자신의 왕국과 왕실의 보호신으로 하나님을 공간화하려는 죄를 범하고 있었기 때문입니다.

이 우주와 인간을 창조하신 창조주 하나님! 이 역사를 통치하시는 주되신 하나님, 이스라엘을 해방하신 하나님, 광야 40년을 동행하시면서 약속의 땅으로 인도하신 역사의 하나님을 솔로몬은 자기가 만든 공간 안에 묶어두고, 자기와 왕국을 위해 축복이나 해주는 이방신과 같은 신으로 격하시키고 있었습니다. 그러기에 이 기도는 가장 경건한 기도 같으나 이 기도는 하나님의 주되심을 사실상 부정하는 무서운 죄였습니다. 신학적으로 표현하면, 솔로몬은 역사의 하나님을 왕궁의 보호신으로 끌어내리고 있었습니다. 하나님을 이용하여 자신의 왕국을 세우고, 자기는 그 속에서 왕 노릇을 하려 했습니다. 이것이 불신앙입니다. 솔로몬의 불신앙은 가장 거룩한 것 같은 그의 탄원의 기도 속에 더 극명하게 드러나고 있었습니다.

주의 종과 주의 백성 이스라엘이 이 곳을 향하여 기도할 때에 주는 그 간구함을 들으시되…(왕상 8:30).

이 성전에서 주께 기도하며 간구하거든…(왕상 8:33).

이 곳을 향하여 기도하며 주의 이름을 찬양하고 그들의 죄에서 떠나거든…
(왕상 8:35).

이렇게 되풀이되는 솔로몬의 기도는 8장 53절까지 계속되었습니다. 여기서 솔로몬은 성전의 신격화, 공간의 신성화를 계속 노래하고 있었습니다. 하나님 앞에 기도하는 것 같으나, 솔로몬은 하나님을 빙자하여 지금 자기가 만든 성전을 거룩한 공간으로 성역화하고 있었습니다.

솔로몬의 기도를 자세히 들어 보십시오. 솔로몬의 기도 그 어디에도 아버지 다윗이 드렸던 여호와 하나님을 두려워하는 회개는 없었으며, "내 뜻대로 마옵시고 아버지의 뜻이 이루어지이다"를 기도한 우리 주님의 기도도 없었습니다. 존 브라이트는 말합니다. 솔로몬은 철저하게 하나님의 이름으로 자기 국가를 거룩하게 만들려는 큰 유혹에 빠졌다고 비판합니다.

이것이 솔로몬의 불신앙이었으며, 바로 이 불신앙이 그가 그토록 사랑한 영광을 좀먹기 시작한 파멸의 씨였습니다. 침묵을 지키시던 하나님께서 바로 이 솔로몬의 오만한 불신앙의 기도를 두고 하나님께서 대답하셨습니다.

만일 너희나 너희 자손이 아주 돌아서서 나를 따르지 아니하며, 내가 너희 앞
에 둔 나의 계명과 법도를 지키지 아니하고 가서 다른 신을 섬겨 그것을 경배
하면, 내가 이스라엘을 내가 그들에게 준 땅에서 끊어 버릴 것이요, 내가 내
이름을 위하여 내가 거룩하게 구별한 이 성전이라도 내 앞에서 던져버리리

니…**(왕상** 9:6-7).

하나님은 솔로몬의 궁중종교를 거부하셨습니다. 그리고 그 속의
교만을 경고하시고 또 심판하시고 계셨습니다. 성전은 하나님께서
거하시는 전이 아니었습니다. 그 어느 공간도 하나님을 묶어둘 수는
없었습니다(참조: 행 7:47-50). 이것이 오늘 세계교회와 특히 성전
신화에 깊숙이 물들어 있는 한국교회에 가하시는 하나님의 경고입
니다. 한마디로 성전이 신앙은 아니었습니다. 신앙은 하나님 앞에
복종하는 것이었습니다. 그것으로 족합니다.

솔로몬은 이 신앙의 신비 그 기본조차 보지 못하고 있었습니다.
그는 하나님을 자기 왕국을 위해 마음대로 조작할 수 있는 대상으로
전락시키고 있을 뿐이었습니다. 이것이 무서운 불신앙이었습니다.
그러기에 솔로몬은 말년까지 하나님을 만나지 못하는 비운으로 삶
을 마감합니다. 하나님은 그를 버렸다고 성경은 증언합니다. 결국 민
족은 분열로 이어지고, 솔로몬의 영광은 들의 백합화만도 못한 허무
로 끝을 맺습니다.

지금 전 세계는 한국교회를 21세기를 비출 태양이라고 믿고, 그
미래를 한국교회에서 찾으려하고 있습니다. 그러나 성전신화에 매
달리고, 축복신앙에 심취되어 있는 오늘의 우리가 과연 새 1,000년
세계교회의 미래일 수 있을까?

오늘 스데반이 우리에게 묻습니다. 오늘 한국교회는 과연 하나님
과 하나님 나라를 존재 이유로 했던 광야교회인가 그리고 초대지하
교회로 향하고 있는 것인가를 묻고 있습니다(참조: 행 7:38). 그리고
우리는 솔로몬의 성전과 영광 그 속에 스며들었던 파멸의 씨를 읽을

수 있어야 합니다. 바로 그 파멸의 씨가 오늘의 우리를 수렁으로 몰고 가고 있는지를 보아야 합니다. 하나님을 빙자한 왕국화의 꿈을 거룩한 경건으로 위장한 신앙 같은 것입니다. 그리고 우리는 경고하시는 주님의 음성을 경청해야 합니다.

내가 거룩하게 구별한 이 성전이라도 내 앞에서 던져버리리니…(왕상 9:7).

서방 기독교를 향하신 하나님의 엄위하신 경고가 지금 한국교회를 향하고 있습니다. 두렵고 떨리는 마음으로 이 음성 앞에 우리 모두 서 있습니다.

불 후에 세미한 소리

총 본문: 열왕기상 12장~22장
주제 본문: 열왕기상 18 :16-40; 19 :1-18

산타 크루즈California, Santa Cruz에 성서교회Bible Church라는 교회가 있었습니다. 담임목사는 '구도자 예배' 창시자 중 하나인 댄 킴볼Dan Kimball 목사였습니다. 이 교회 어느 주일 저녁 예배, 여기에는 200여 젊은이들이 킴볼 목사와 함께 둥근 원을 만들고, 손에 손잡고, 춤 반, 노래 반, 간증 반으로 축제적인 예배를 드리고 있었습니다. 이때 갑자기 한 젊은이가 목사 옆에 끼어들었습니다. 그리고 마이크를 들고 젊은이들 앞에서 말을 시작했습니다.

여러분! 나는 Sky입니다. 그러나 나는 기독교인이 아닙니다.
(Hello, my name is Sky and I am not a Christian.)

이렇게 시작한 Sky의 말은 점점 거칠어졌습니다. "나는 기독교를 불신합니다. 기독교인들을 증오합니다. 당신들은 편협하고, 남을 정죄하고, 자신의 옳음만을 내세우는 위선자들입니다." 한순간 예배 분위기는 깨지고, 젊은이들은 하나둘씩 떠나갔습니다. 이 일이 있은 지 2년이 지난 어느 주일 저녁 예배, 같은 장소에서 같은 젊은이들이 예배를 드리고 있었습니다. 그런데 거기에 Sky가 다시 나타났습니다. 분위기는 한순간 냉각되었습니다. 이때 Sky가 다시 마이크를 들고 말을 시작했습니다.

"I love Jesus"(나는 예수를 사랑합니다). 이렇게 말문을 연 Sky 는 "내 삶 모두를 드려 예수님을 섬기고자 합니다." 그는 하나님을 향해 신앙을 고백하고 있었습니다. 그리고 그 자리에서 Sky는 세례를 받았습니다. 그 옆에는 불신앙의 부모들, 직장 신앙인 친구들이 눈물로 Sky의 세례를 지켜보았으며, 200여 젊은이들은 이 기적의 신비를 말없이, 그러나 영혼으로 받아들이고 있었습니다. 이야기는 한 실화입니다. 그런데 이 이야기는 그 안에 수수께끼 하나를 담고 있었습니다.

무엇이 그토록 냉혹한 '반기독교인anti-Christian' Sky를 하나님의 사람으로 바꾸었는가? 이 젊은이의 행적을 직접 목격한 킴볼 목사는 증언합니다. "십자가 상징을 치우고, 촛대를 없애고, 성경봉독도 찬송도 모두 없앤 바로 그 자리, 소위 'seeker's sensitive'라 부르는 구도자 예배가 Sky를 변화시키지 못했다"고 했습니다. Sky는 요란한 소리에서 하나님을 보지 못했다고 했습니다.

오히려 작은 성경공부 모임에서 직장동료들이 하나님의 거룩한 구원의 흐름을 온 영혼으로 순례하며, 삶을 열어 하나님을 만나며,

하나님의 세계를 품어가는 그들의 헌신 속에 조용히 임재하시는 하나님을 보았다고 증언하였습니다. 조용한 기도 속에 다가오는 주님의 음성과 만나는 그 순간, 이 젊은이는 하나님께 붙잡히기 시작했다고 고백하였습니다. Sky라는 젊은이! 그는 요란한 바람, 지진, 불, 이런 것들이 다 지나간 후에 오는 세미한 소리! 하나님의 소리를 들었던 것입니다.

오늘 구원 순례는 여기서 시작합니다. 바람과 지진 그리고 불이 다 지나간 후 다가오시는 하나님 이야기입니다. 열왕기상 18장과 19장은 엘리야라는 대예언자의 드라마 같은 신앙 여정을 가장 적나라하게 증언하고 있습니다. 저는 이 여정에서 엘리야가 내뱉은 네 개의 강렬한 언어와 그 언어가 엮어낸 네 개의 에피소드episode에 집중하고자 합니다.

첫 번째 에피소드는 바알 선지자 450명과 홀로 벌인 갈멜산 대결을 무대로 합니다. 여호와냐, 바알이냐를 선택해야 하는 삶과 죽음의 갈림길에서 엘리야는 생명을 걸고 민족의 회개를 외쳤습니다.

너희가 어느 때까지 둘 사이에서 머뭇머뭇 하려느냐? 여호와가 만일 하나님이면 그를 따르고, 바알이 만일 하나님이면 그를 따를지니라(왕상 18:21).

이 발언으로 엘리야는 홀로 바알 선지자, 아세라 선지자 850명과 싸워야 하는 그도 유명한 '갈멜산 대결'로 이어졌습니다. 이 대결에서 여호와의 불은 엘리야를 승리로 이끌었고, 그날 저녁 850명을 기손 시내에서 모조리 죽임으로, 갈멜산 대결은 엘리야의 일대 승리로 막을 내렸습니다. 그리하여 엘리야의 신앙 여정은 화려한 승리라는 영광의 '챕터_{chapter}'에서 시작합니다.

그런데 갑자기 두 번째 에피소드의 무대가 바뀌면서 엘리야의 신앙 여정은 극한 상황에 직면하였습니다. 무대는 유대 땅 남쪽, 브엘세바라는 사막지대, 로뎀나무 밑이었습니다. 갈멜산으로부터는 적어도 4~5일을 도망쳐 내려온 곳이었습니다. 엘리야는 로뎀나무 밑에 숨어 두 번째 소리, 제2성(聲)을 내뱉었습니다.

여호와여 넉넉하오니 지금 내 생명을 거두시옵소서!(왕상 19:4).

엘리야는 지금 삶을 포기하고 죽기를 간구하고 있었습니다. 민족의 영웅이 한순간 가장 초라한 패배자로 전락했습니다.

갈멜산의 제1성이 죽음을 담보한 당당한 예언이었다면, 로뎀나무 밑의 제2성은 죽음을 부르는 패배자의 장송곡이었습니다. 한나라를 호령했던 갈멜산 영웅이 한순간에 죽기를 간구하는 낙오자가 된 것입니다. 여기서 우리는 엘리야의 신앙 여정 앞에 질문 하나를 던져야 합니다.

그 무엇이 신앙의 영웅을 이토록 비참한 패배자로 전락시켰는가? 그 일차적 원인은 아합 왕의 부인 이세벨이 가한 죽음의 위협이었습니다. 바알신 숭배자 이세벨은 비참하게 죽어간 850명의 죽음을 엘리야를 죽임으로써 그 한을 풀려했습니다. 그래서 엘리야의 생명을 추적하고 나섰습니다. 생명의 위협을 받는 그 순간, 엘리야는 영광의 땅 갈멜산을 떠나 이제 죽음의 땅 사막으로 도망쳐온 것입니다. 그리고 죽기를 간구하고 있었습니다. 영광의 순간들이 깨지고, 실패의 올무에 사로잡히는 바로 그 순간들! 이를 견디어내지 못한 이 땅의 몇몇 기독교인 연예인들! 그리고 우리들! 그래서 죽기를 간구하는 수렁에로 빠져들어가는 것과 같은 것이었습니다.

여기 로뎀나무는 영광과 죽음 그 사이를 갈라놓는 저주의 자리였습니다. 로뎀나무가 오늘 우리의 삶의 자리인지도 모릅니다. 그러나 우리는 여기서 한 가지 중요한 질문 하나를 물어야 합니다. 엘리야를 죽음으로까지 몰고 간 그 원인이 이세벨의 위협 그것 하나 때문인가? 물론 그것은 일차적인 원인이었습니다.

그러나 저는 이세벨의 위협 그 뒤에 숨어있는 내면의 문제 하나를 보고자 합니다. 그것은 엘리야의 신앙문제였습니다. 엘리야에게서 갈멜산의 영광을 자기 앞에 다가온 위기를 극복해내는 내면의 영적 에너지로 끌어당기지 못한 불신앙을 보게 됩니다. 어제의 영광을 오늘을 이겨내는 신앙의 힘으로 끌어당기지 못한 데에서 오는 단절이 자기포기로 표현되었습니다. 오늘 한국교회와 우리 모두가 직면한 위기는 로뎀나무가 아닙니다. 안티들의 비판도 아닙니다. 신자 수가 줄 것이라는 통계적인 위협도 아닙니다. 오히려 오늘의 한국교회의 위기는 70년대, 80년대의 교회 성장이라는 갈멜산 영광을 오늘과 내일의 이 역사로 변화시키는 내면의 에너지로 끌어당기지 못한 불신앙에 있다고 보아야 할 것입니다. 오늘 우리는, 한국교회는 쉽게 흥분하고 감동하지만, 위기 앞에서는 죽기를 간구하는 엘리야로 쉽게 전락합니다. 그래서 우리는 모두 영적 피곤함에 빠져들었습니다.

그러나 하나님의 구원은 여기서 끝나지 않았습니다. 엘리야는 로뎀나무에서 모든 역사를 끝내려 하였지만, 하나님은 엘리야가 포기한 바로 그 자리를 새로운 구원의 시작으로 삼으셨습니다. 이것이 세 번째 에피소드입니다.

하나님의 도우심으로 기력을 회복한 엘리야는 더 남쪽 호렙산으로 도망쳐 내려갔습니다. 그리고 그곳에서 제3성, 세 번째 소리를 토해냈습니다.

오직 나만 남았거늘(왕상 19:10).

이것은 엘리야가 토해낸 마지막 항거, 제3성이었습니다. 하나님께서 생명을 살렸더니, 엘리야는 항거를 시작한 것입니다. 민족 모두가 하나님을 배신한 그때에도, 자신만은 하나님을 배반하지도, 떠나지도 아니한 나를 왜 버리시는가라는 항변이었습니다. 엘리야는 아직도 자신 안에 영광과 실패 사이의 연결 끈이 끊어져 있다는 사실을 보지 못하고 있었습니다. 그것은 마치 이유 없는 고난 속에서도 끝까지 신앙을 지켰다고 자만한 욥이 자기의 의를 들어 하나님 앞에 항거한 것과 같은 항변이었습니다.

그런데 여기서 놀라운 일이 일어나고 있었습니다. 엘리야의 강력하고도 처절한 항변에도 하나님은 계속 침묵하셨습니다. "나만 홀로 남았거늘"을 계속 뇌까리는 엘리야의 항변에도 하나님은 아무 말씀도 하지 않으셨습니다. 이제 우리는 엘리야의 신앙 여정 끝자락에까지 왔습니다. 네 번째 에피소드입니다.

그런데 그때 기이한 일이 일어나고 있었습니다. '죽기를 간구하고', '나 홀로'를 내세워 항변하던 엘리야가 말을 그쳤습니다. 말을 그친 그 순간, 바로 그 순간부터 하나님은 크신 일을 시작하고 계셨습니다. 인간이 말을 그치는 그 순간, 그 빈 공간 속에 하나님은 행동을 시작하셨습니다. 이것을 요사이 신학에서는 '하나님을 위한 공간space for God'이라 합니다.

엘리야가 말을 그친 그 순간, '하나님을 위한 공간'에서, 여호와 하나님께서 지나가고 계셨습니다. 여호와께서 지나가시는데, 크고 강한 바람이 일어나서 산은 갈라지고 바위가 부서졌습니다(19:11). 그리고 지진이 일어났으며, 불이 그 뒤를 이었습니다. 그 소리는 온 천지를 뒤흔들었습니다. 아이티 지진, 일본 대지진, 스페인과 이탈리아를 공포로 몰고 가는 지진과 같은 것이었습니다. 이때 깜짝 놀란 엘리야는 바람과 지진 그리고 불을 보면서 그곳에 하나님이 계신가를 열심히 지켜보았습니다. 천지개벽의 소리가 하나님의 임재의 자리인 줄 알았습니다. 그러나 하나님은 바람과 지진 그리고 불 속에 계시지 않았습니다. 그것들은 하나님께서 지나가시는 사인sign에 지나지 않았습니다.

긴긴 엘리야의 신앙 여정은 19장 12절에서 절정에 이르렀습니다.

지진 후에 불이 있으나 불 가운데에도 여호와께서 계시지 아니하더니 불 후에 세미한 소리가 있는지라.

엘리야가 말하는 동안에 하나님은 말씀하시지 않으셨습니다. 그러나 엘리야가 말을 멈추는 그 순간, 하나님은 세미한 소리로 다가오셨습니다. 그 세미한 소리는 하나님의 음성이었습니다. 바로 이때 엘리야는 경청하기 시작했습니다. 신앙은 말하는 것이 아니었습니다. 신앙은 로뎀나무 그리고 호렙산까지 찾아오시는 세미한 하나님의 음성을 경청하는 것이었습니다. 이 순간은 엘리야가 처음으로 하나님을 뵙는 회개와 회심의 순간이었습니다. 여기서 하나님은 엘리야를 다시 세우셨습니다. 그리고 역사 안으로 다시 보내셨습니다. 하나님의 구원을 이어가게 하신 것입니다. 갈멜산의 영광, 로뎀나무 밑의 절규, 호렙산에서의 항변에 침묵하시던 하나님은 엘리야를 들어 아직 바알에게 절하지 아니한 7,000명을 들어 구원을 이어가시는 하나님의 역사에로 다시 보내시는 구원의 여정이었습니다(참조: 롬 11:1-5). 이 7,000명을 '남은자$_{ramnent}$'라 합니다.

한국교회는 이제 허공에 띄우는 헛된 말들을 그칠 때에 왔습니다. 그리고 우리는 바람, 지진, 불 속에서 하나님을 찾는 일을 중단해야 합니다. 그리고 그것들이 다 지나간 후! 불 후에 다가오는 세미한 소리를 경청하는 자리에로 와야 할 것입니다. 요란한 소리 그 뒤에, 우리의 아픔 속에, 이웃의 눈물 속에, 굶어 죽어가는 지구촌 구석에 그리고 영혼 깊은 곳에 세미한 소리로 말씀하시는 하나님의 음성을 경청해야 할 것입니다. 바로 그때 하나님은 우리를 들어 역사 안으로 보내실 것입니다. 지진, 바람, 불 후에 세미한 소리로 오시는 하나님의 음성! 그 음성은 여러분 한 분 한 분을 영원한 부활의 생명 안으로 품으시는 하나님의 음성입니다. 그리고 여러분 하나하나를 다시 역사 속으로 보내시는 하나님의 음성입니다.

타락의 씨와 타락의 끈

> 총 본문: 열왕기하 1장~25장, 시편 46편
>
> 주제 본문: 열왕기하 17:1-23; 25:1-30

　　지난 주일은 공교롭게도 9월 11일(2011년), 9.11대참사 10주년을 추모하는 미국의 슬픈 날이었습니다. 하와이 진주만 피격 다음으로 미국이 경험한 최악의 피격 사건! 세계무역센터 쌍둥이 빌딩이 한 순간에 무너져 나간 그 날 그리고 3,000여 명의 무고한 생명이 죽어나간 비운의 날 9월 11일, 그날은 미국 역사상 가장 비극적인 날이었습니다.

　　'그라운드 제로Ground Zero'라 불리는 그 빈터에는 부시 전 대통령 내외와 오바마 대통령 내외가 참석하고 있었습니다. 아침 8시 47분, 오바마 대통령은 전 국민 앞에 추모연설을 시작했습니다. 그런데 그것은 연설이 아니었습니다. 오바마 대통령은 연설 대신 시편 46편 열한 절을 한 절씩 또박또박 읽어 내려갔습니다.

하나님은 우리의 피난처시요, 힘이시니 환난 중에 만날 큰 도움이시라….

이렇게 시작한 그는 다소 떨리는 목소리로, 그러나 간절한 기도로 이어갔습니다.

땅이 변하든지, 산이 흔들려 바다 가운데 빠지든지…(시편 46:2).

이 거대한 산과 땅은 바로 뉴욕이었으며, 그 산은 크게 흔들렸습니다. 그리고 세계가 놀랐습니다. 그러나 오바마 대통령은 그 다음 힘을 주어 시편을 낭독해 내려갔습니다.

하나님이 그 성 중에 계시매 성이 흔들리지 아니할 것이라. 새벽에 하나님이 도우시리로다(시편 46:5).

만군의 여호와께서 우리와 함께 계시니, 야곱의 하나님은 우리의 피난처시로다(시편 46:7).

하나님만이 역사의 주 되심에 대한 그의 신앙고백이며 동시에 전 세계 앞에 내놓는 예언자적 선언이었습니다. 그리고 오바마는 미국인을 향해 마지막 신앙의 권고를 조용히 그러나 강력한 메시지로 전하고 있었습니다.

너희는 가만히 있어 내가 하나님 됨을 알지어다(시편 46:10).

"너희는 가만히 있어 하나님의 행하심을 보라"라는 말로 깊은 신앙의 여운을 남겼습니다. 그는 가장 정치적인 자리에서 가장 신앙적이었습니다.

오늘의 구원 순례는 북왕국, '이스라엘'이 맥없이 쓰러져나간 멸망의 날(BC 722)을 그 무대로 합니다. 그리고 남왕국, '유다'마저 끝내 멸절된 비운의 날(BC 597~587)을 무대로 합니다.

북쪽은 앗수르의 손에, 남쪽은 바벨론의 손에 그 뿌리까지 빼앗겼습니다. 그런데 문제는 하나님으로부터 선택받은 민족! 비록 둘로 갈라진 비운의 역사를 살아야 했지만, 이렇게 힘없이 그것도 이방인들의 손에 무참히 무너질 줄은 상상도 예상도 하지 못했습니다. 사랑하시기에 심판하시는 하나님의 역설적 비밀을 깨달을 수도 또 받아들일 수도 없었습니다.

어디서부터 잘못된 것일까? 겉으로는 남북 왕궁 안에서 꼬리를 물고 이어진 배신과 살인 그리고 온갖 타락이 그 일차적 원인이었습니다. 그러나 저는 그보다 더 깊은 곳에 근원적인 원인 하나가 숨어 있었음을 보고 있습니다. 그것은 영광 속에 움트기 시작한 타락의 씨였습니다. 그리고 그 타락의 씨를 끊지 못하고, 타락의 끈을 타고 반복되어 온 악순환에서 비롯되었습니다.

영광 속의 타락! 그것은 놀랍게도 솔로몬 왕국에서 시작되었습니다. 솔로몬 왕국! 시카고대학 한스 몰겐타워Hans Morgenthau 교수가 나열한 국가론의 완벽한 모형이었던 솔로몬 왕국! 이 솔로몬 왕국은 한때이 지상 최고의 제국이었습니다. 솔로몬 왕국에는 광대한 '땅'이 있었습니다. 방대한 양의 무역과 '외교'가 있었습니다. 막강한 '군대'가 나라와 왕궁을 지키고 있었습니다. '선택된 민족'이라는 자긍심은 높은 민족의 '사기'로 분출되고 있었습니다. 솔로몬 왕국은 완벽한 이상향의 국가였으며, 조상 아브라함에게 약속되었던 '땅', '민족', '복'이 완전한 모습으로 성취되고 구현된 국가였습니다. 솔로몬 왕국은 "Landed People", 땅을 차지한 민족의 표상이기도 했습니다.

그런데 솔로몬의 후예 '북왕국', 이스라엘이 200년 만에 맥없이 앗수르에 의해 초토화되었습니다(BC 722). 그리고 앗수르에 의해 '인종청소ethnic cleansing'까지 당하고 말았습니다. 이때 솔로몬의 직계손 '남왕국' 유다는 겨우 살아남았습니다. 그러나 135년 뒤 유다마저 동방의 괴물, 바벨론에 의해 멸망했습니다. 왕과 엘리트 1만 명은 포로가 되어 바벨론으로 유배를 당했습니다. '땅 있는 백성Landed people'에서 한순간 다시 '땅 잃은 백성Landless people'으로 전락한 것입니다.

여러분은 '땅 없는 민족'의 비애를 아십니까? 속국이 되고 노예가 된다는 아픔이 어떤 것인지를 아십니까? 저는 조금은 알고 있습니다. 선택된 백성 이스라엘은 지금 '땅', '민족', '복' 모두를 빼앗긴 채 1만 명 정도만이 바벨론의 유프라테스 강가에서 슬피 우는 유배 종족으로 추락하였습니다.

"우리가 바벨론의 여러 강변 거기에 앉아서 시온을 기억하며 울었도다"(시 137:1)를 슬피 노래한 유대인들은 "땅"을 빼앗기고, "민족"은 흩어지고, "평화-복"은 노예로 전락한 유대 민족의 애절한 통곡이었습니다.

여기서 우리는 신학적 질문 하나를 물어야 합니다. 무엇이 이 선택된 민족을 뿌리마저 무너진 파멸로 몰아갔던가?

그것은 하나님의 심판 이전에 놀랍게도 솔로몬의 왕궁 속에 움트기 시작한 타락의 씨를 끊지 못한 데서 비롯되고 있었습니다. 솔로몬 왕의 횡포에 반대하고, 그의 아들 르호보암 왕에 대해 쿠데타를 일으킨 사람은 북쪽의 여로보암이었습니다. 그리고 북쪽 10지파를 묶어 북왕국, 이스라엘 나라를 세웠습니다. 바로 그때 새 왕국을 열어가는 여로보암은 솔로몬의 영광 속에 스며든 타락의 씨를 과감히 끊어야 했습니다.

솔로몬의 과도한 건축은 백성들의 가난을 가져 왔습니다. 왕실의 온갖 타락은 백성들의 원성을 불러일으켰습니다. 그리고 솔로몬은 끝내 하나님마저 버렸습니다. 이 총체적인 타락을 눈으로 직접 목격했던 여로보암은 그 타락을 자기 자신 앞에서는 과감히 끊어야 했습니다. 쿠데타에 성공하고 집권하는 그 순간 여로보암은 이 타락의 씨부터 끊어야 했습니다.

그러나 여로보암은 이 타락의 씨를 끊지 않았습니다. 자신이 그토록 저항했던 악을 이번에는 더 나쁜 방법으로 되풀이하고 나섰습니다. '금송아지' 둘을 만들고, 그것에 절하는 행위로 이어 갔습니다(왕상 12:28). '금송아지'는 시내산 기슭에서 범했던 이스라엘 민족의 배신적 행위를 재연하는 하나님 앞에서의 가장 큰 죄악이었습니다. 북왕국은 시작부터 잘못되어 있었습니다. 타락의 씨를 끊지 못한 북왕국은 타락의 '끈'을 타고 왕실과 민족을 계속 부패의 수렁으로 몰아갔습니다. 한 번 뿌려진 '씨'는 타락의 '끈'을 타고 계속 이어온 것입니다. 열왕기하 13장 2절은 이렇게 증언합니다. "여호와 보시기에 악을 행하여 이스라엘에게 범죄 하게 한 느밧의 아들 여로보암의 죄를 따라가고 거기서 떠나지 아니하였으므로!" 이 한 절의 말씀은 "씨"와 "끈" 사이의 끊이지 않는 고리가 민족을 멸망시키는 원인임을 말해주고 있습니다.

그러기에 오늘 본문에 등장하는 수많은 북왕국 왕들을 탓하기 전에! 북왕국의 멸망은 솔로몬의 타락의 씨를 처음에 끊지 못한 채 타락의 끈을 타고 내려온 '씨'와 '끈' 사이의 고리에 그 원인이 있었다고 보아야 할 것입니다. 이 타락의 '씨'는 남왕국의 흐름을 타고도 내려왔습니다.

다윗 왕의 직계였던 남왕국 왕들! 그 누군가가 자기들의 선조 솔로몬의 타락의 씨를 어느 순간에 끊어야 했습니다. 씨를 끊지 못하는 한, 그 씨는 타락의 '끈'을 타고 이어질 수밖에 없었습니다. 히스기야와 요시야 같은 선한 왕조차도 이 거센 타락의 끈을 타고 내려오는 타락의 씨를 완전히 끊지는 못했습니다. 타락의 '씨'와 타락의 '끈'을 이어가는 고리! 그 많은 예언자들의 절규도 이 고리를 끊지는 못했습니다.

북왕국은 결국 BC 722년 앗수르에게, 남왕국은 운명적으로 BC 597, 587년 바벨론의 침략을 받고 멸망하였습니다. 그러나 그것은 엄밀한 의미에서 자멸이었습니다. 타락의 억센 '끈'을 타고 민족 전체를 썩혀온 타락의 '씨'를 끊지 못했기 때문에 온 자멸이었습니다.

오늘 이 민족을 우려하는 가장 큰 이유는 세계 10위를 자랑하는 경제적 풍요 속에 깊숙이 자리 잡고 있는 이 땅의 온갖 타락과 부패의 '씨' 때문입니다. 온갖 아름다운 미사여구로 국민을 희롱하는 여·야 정치인들의 타락의 '씨'가 좀처럼 끊어지지 않고, 교묘한 방법으로 타락의 '끈'을 타고 지금도 이 사회를 부패시키고 있기 때문입니다. 이 고리가 오늘의 이 땅을 어둡게 하고 있습니다.

지난 9월 11일 뉴욕의 한복판 Ground Zero에서 미국과 전 세계를 향해 '연설' 대신 시편 46편을 정중하게 그러나 떨리는 소리로 읽어낸 오바마는 실은 자신의 정치생명까지를 거는 모험을 했습니다. 교회와 국가는 분리된다는 헌법 조항을 위반하는 행위일 수도 있었기 때문이었습니다. 그러나 세계와 미국을 향해 시편을 읽어 내려가는 오바마에게서 저는 한 가지를 읽을 수 있었습니다. 타락의 '끈'을 타고 계속 흘러오는 미국의 타락의 '씨'를 과감히 끊어보려는 그의 신앙적 모험으로 보였기 때문입니다. 미국을 지키는 힘은 더 이상 자본주의가 아니라는 선언이었습니다. 군사력을 앞세운 '미국제국주의Pax Americana'도 아니라는 선언으로 들려왔습니다. 미국을 미국 되게 하시는 분은 오직 여호와 하나님이시라는 예언의 소리로 다가왔습니다.

하나님의 구원을 순례하는 오늘! 북왕국 이스라엘과 남왕국 유다의 비극적인 종말을 지켜보면서 오늘 우리는 두 쪽으로 갈라진 북한 땅과 대한민국을 생각해봅니다. 통일을 이야기하기 전에! 국민을 빙자하여, 위장된 좌우 이데올로기로 포장하면서 그 속에 권력욕을 향해 질주하는 이 땅의 정치 지도자들의 타락의 끈을 타고 흐르는 타락의 씨부터 끊을 수 있어야 할 것입니다. 그리고 한국교회는 우리 자신부터 이 타락의 끈을 끊어야 하는 예언자의 자리로 부름을 받았습니다.

욥이 말을 그친 그 순간

총 본문: 욥기 1장~42장

주제 본문: 욥기 2:7-10; 4:1-9; 8:1-6; 19:1-6; 34:35-35:7; 38:1-4

욥기를 쓴 저자가 누구인가? 언제 쓰였는가? 그리고 어디서 쓰여졌는가? 이 물음은 지금도 구약 학계를 뜨겁게 달구는 논쟁거리라고 합니다. 다만 욥기의 저자는 이스라엘 성현이었으나, 정작 욥기의 주인공인 욥은 이스라엘 사람이 아닌, 셈족의 에돔인이었으며, 그가 살았던 땅은 예루살렘이 아닌, 팔레스타인 남쪽 사막 끝자락 어느 지점이었을 것으로 추정할 뿐입니다. 그러나 욥기는 지혜문학 중의 최고이며, 수천 년 동안 가장 위대한 작품으로 칭송을 받아 온 예술이라는 데는 모두가 동의하고 있습니다.

마르틴 루터Martin Luther는 욥기야말로 성경 중의 가장 장엄한 작품이라고 불렀으며, 빅토르 위고Victor Hugo는 최고의 문학작품이라고 부르기도 했습니다. 그리고 많은 이들은 욥기 저자를 구약의 '셰익스피어$_{Shakespeare}$'라고 부르기도 합니다. 그러나 욥기는 욥이라는 한 인간의 삶을 들어 인간이면 누구나가 직면하는 삶의 질문을 있는 그대로 드러내 놓은 삶의 이야기입니다.

인간은 왜 고난을 받는가? 죄 없이 인간이 고난을 받는 것은 저주인가? 운명인가? 아니면 그 속에 신비적인 의미가 담겨 있는가? 여기서 욥은 여러분일 수 있으며, 나일 수 있기에 욥기는 바로 나의 이야기이며, 우리의 이야기일 수 있습니다.

오늘 구원 순례는 여기서 시작하고자 합니다.

욥기는 다섯 막으로 엮어진 하나의 거대한 드라마입니다. 욥기에는 '서막$_{prologue}$'이 있고, 제1막, 제2막, 제3막으로 나뉘는 에피소드들이 하나의 리듬을 이루고 있으며, 끝으로 처절한 영적 투쟁이 펼쳐가는 '종막$_{epilogue}$'이 있습니다.

'서막'의 무대는 '우스'라는 지역이었습니다. '우스'는 팔레스타인 남쪽, 에돔 지역, 또는 사막 끝자락 혹은 지금의 요르단 페트라$_{Petra}$ 그 어느 지점으로 지목되고 있습니다. 분명한 것은 욥기의 무대는 이스라엘 땅이 아니었습니다.

욥기의 주인공, 욥은 셈족의 후예로만 알려졌으며, 오래전 족장 시대에 살았던 한 성현, 하나님을 경외하는 신앙인으로만 알려져 있습니다. 서막은 이 의로운 욥이 아무런 이유 없이 고난에 직면하는 삶의 신비, 삶의 역설에서 시작합니다. 여호와와 사탄 사이의 모종의 합의에 의한 것으로 되어있으나, 인간 욥에게 다가온 시련은 분명 이유 없는 고난이었습니다. 이유 없이 자식들이 한순간에 모두 죽어나가고, 그 많던 재산들, 양떼들, 약대들, 소와 나귀들이 한순간에 다 죽어나간 그 순간, 욥은 갑부로부터 거지로 전락합니다. 거기에 심한 피부병까지 욥을 괴롭힙니다.

서막은 물음 하나를 무대에 올려놓습니다. 인간은 왜 고난을 겪어야 하는가? 의롭게 살려는 사람일수록 고통은 왜 가중되는 것인가? 욥의 이유 없는 고난은 오늘 죄 없이 끝도 없이 굶어 죽어가는 이 지구촌 구석구석의 어린이들의 삶 속에서 되살아나고 있습니다.

1975년 폴 포트Paul Pot라는 공산주의자가 캄보디아를 장악하면서 이유 없이 들로 끌고나가 처참히 살해한 300만 명의 죽음 속에 욥의 이유 없는 고난의 질문은 되살아나고 있었습니다. 10년 전 뉴욕한 복판, 알카에다의 공격으로 무너져간 빌딩 안의 3,000명의 죽음 속에 또 다시 욥의 이유 없는 고난의 질문은 되살아나고 있었습니다. 믿음으로 살고, 이웃을 사랑하며, 거짓 증거하지 아니하며, 정의롭게 살려고 하면 할수록 이 세상에서는 따돌림 받고, 소외되며, 온갖 불이익을 당해야 하는 여러분의 크고 작은 고통 속에 욥의 질문은 오늘 되살아나고 있습니다.

그래서 이 비극적인 질문, 이유 없는 고난 앞에서 비극의 주인공, 욥은 여기서 제1성을 토해냈습니다. 그것은 누구를 탓하는 저주가 아니었습니다. 오히려 자기의 생일을 저주하기 시작합니다.

내가 난 날이 멸망하였더라면…(욥 3:3)

그 날이 캄캄하였더라면…(욥 3:4)

그 밤이 캄캄한 어둠에 잡혔더라면…(욥 3:6)

어찌하여 내가 태에서 죽어 나오지 아니하였던가?

내가 숨지지 아니하였던가?(욥 3:11).

그러나 여기서 욥은 이유 없는 고난 때문에 하나님을 저주하지 않았습니다. 오히려 자기를 포기하고 있었습니다. 그래서 우리는 욥을 믿음의 사람이라 했습니다.

그러나 무대가 제1막으로 바뀌면서 욥은 더욱 심각한 삶의 갈등으로 빠져들어가기 시작했습니다. 자기 앞에 다가온 이유 없는 고난 때문에 자살로까지 갈 수 있었던 저주 앞에 두 개의 도전이 들이닥쳤기 때문이었습니다. 이 도전은 지루하고도 긴긴 논쟁으로 나타났습니다. 그러나 바로 이 논쟁은 욥의 자살을 막아내고, 욥을 삶과 신앙의 신비를 풀어가는 투쟁의 자리로 끌어들였습니다.

바로 그 처음 도전은 뜻밖에 아내로부터 온 도전이었습니다. 남편이 당하는 이유 없는 고난 앞에서 아내는 의당 함께 아파하고 위로하며 그 눈물을 공유해야 하는 당위성에도 불구하고, 욥의 아내는 욥의 가슴 속에 비수를 꽂는 욕설로 도전해온 것입니다.

그의 아내가 그에게 이르되 당신이 그래도 자기의 온전함을 굳게 지키느냐?
하나님을 욕하고 죽으라(욥 2:9).

당신처럼 의로운 사람을 저주하는 신은 신이 아니거나 거짓 신이라는 것입니다. 그런 하나님은 차라리 저주하고 죽으라는 것이었습니다. 욥의 아내는 지금 '무신론적 허무주의atheistic nihilism'라는 역사의 무서운 한 흐름을 대변하고 있었습니다. 이 땅의 이유 없는 비극을 방치하거나 방관하는 신은 신이 아니기에 그 죽음을 선포하라는 말입니다. 신의 죽음을 선언한 니체와 20세기 신학자 토마스 알타이저Thomas Altizer를 통해 욥의 아내가 내세운 '무신론적 허무주의'는 되살아나고 있었습니다.

독일 나치스들에게 처참히 생매장되어 눈앞에서 죽어가는 부모와 친척을 목격하고 있던 유대인 철학자 마코비츠는 3,000년 전의 출애굽의 "하나님은 지금 어디계신가?"를 절규했다고 합니다. 이유 없는 고난 앞에 침묵하는 하나님보다는 차라리 혁명으로 썩어진 체제를 뒤집는 공산주의로 가리라고 선언하고 공산주의자가 되었습니다. 무신론적 허무주의는 지금 이 땅 구석구석에 스며들어, 때로는 '안티 기독교'라는 이름으로, 때로는 대중매체를 이용하여, 때로는 숨어서 "이 역사의 비극을 외면하는 신은 욕하고 죽어라!"를 외치고 있습니다. 이때 욥은 수세에 몰렸고, 오늘의 기독교는 이 도전 앞에 할 말을 잃고 있습니다.

그런데 아내의 도전보다 더 심각한 도전이 욥에게 닥쳤습니다. 친구들이라는 엘리바스, 빌닷, 소발이 욥을 위로하러 온 것입니다. 욥을 본 순간 그 비참한 모습에 놀란 친구들은 통곡하고 7일 동안 욥과 함께 있으면서 말 한마디 하지 않았습니다. 그리고 그들은 그대로 돌아갔더라면 좋았을 뻔 했습니다. 그러나 7일이 지난 후 친구 셋은 죽어가는 욥을 상대로 긴긴 논리로 저주를 퍼붓기 시작했습니다. 3대 1의 열세에 몰린 욥을 향해 친구 셋은 각기 다른 '톤'으로, 그러나 한 가지 저주를 계속 되풀이하고 있었습니다.

"생각해 보라. 죄 없이 망한 자가 누구인가?"(4:7). 엘리바스의 말이었습니다.

"네 자녀들이 주께 죄를 지었으므로…"(8:4). 빌닷의 말이었습니다.

"네 손에 죄악이 있거든 멀리 버리라"(11:14). 소발의 논조였습니다.

숨겨둔 네 죄가, 아니면 네 자식의 죄가 너를 지금 죽음으로 몰고 가고 있다는 저주였습니다. 죄와 벌의 뗄 수 없는 인과관계가 욥이 죽어가는 숨은 이유라는 주장이었습니다. 이것을 '도덕주의적 허무주의moralistic nihilism'라 합니다. 잘못을 범한 죄과가 저주와 죽음을 초래했다는 것입니다.

인도네시아와 일본의 쓰나미를 하나님을 믿지 않는 죄에서 온 것이라고 정죄한 한국 목사들의 저주 뒤에는 이 도덕주의적 허무주의가 깔려 있었습니다. 비극의 원인은 내가 아니라 항상 너에게, 네 속에 숨겨놓은 죄 때문이라는 논리입니다. 오늘 이 민족의 위기는 정치계, 경제계, 종교계, 아니 심지어 젊은 세대에게까지 깊숙이 물들인 '네 탓', "나는 옳고 너는 무조건 잘못된 것"으로 저주하는, 이 도덕주의적 허무주의라는 위선에 있다고 보입니다.

여기서 욥은 꼭 같은 도덕주의적 허무주의로 응수해 나갔습니다. "나도 너희같이 생각이 있어 너희만 못하지 아니하니 그 같은 일을 누가 알지 못하겠느냐?"(12:3). 그러나 욥은 여기서도 하나님만은 저주하지 않았습니다. 긴긴 논쟁 속에서도 욥은 신앙만은 굳게 지켰습니다. 결국 아내와의 논쟁, 친구들과의 논쟁은 승부를 가리지 못한 채 제1막은 그 커튼을 내리고 말았습니다.

이제 욥기는 제2막을 소개합니다. 그런데 제2막은 욥이 홀로 벌인 긴긴 영적 투쟁을 그 에피소드로 하고 있습니다. 긴긴 욥의 영적 투쟁은 자신에게 이유 없는 고난이 닥친 그 순간부터 그리고 아내가 자신을 저주하는 고통의 터널을 지나면서 그리고 친구들과의 긴긴 논쟁을 거치면서, 그 속에서 그 누구도 이해하지 못하는 자기 자신과의 영적 싸움으로 이어갔습니다.

욥이 통과한 영적인 투쟁은 세 단계를 거쳤습니다. 1단계는 이유 없는 고난을 운명으로 받아들인 단계였습니다. "모태에서 알몸으로 나왔은즉 또한 알몸이 그리로 돌아가올지라"(1:21). 운명주의처럼 보이는 이 독백 뒤에는 하나님을 향한 믿음만은 포기하지 아니하는 욥의 신앙이 자리잡고 있었습니다.

그런데 문제는 2단계로 넘어서면서부터였습니다. 아내와 친구들의 도전에 저항하면서 오히려 욥은 서서히 자기 자신의 의와 지혜를 드러내기 시작한 것입니다. 논쟁이 가열될수록 욥은 자신의 의와 신앙이 정당하다는 자신감에 사로잡히기 시작한 것입니다. 그러면서도 욥은 단 한 번도 하나님을 저주하거나 욕하지 않습니다. 어찌 보면 욥은 인간이 갈 수 있는 가장 높은 신앙의 경지에까지 간 것입니다.

그리고 세 번째 단계에 돌입합니다. 친구들의 논리를 다 잠재우고 난 후였습니다. 실은 신앙의 투쟁에서 승리한 끝이었습니다. 그런데 이번에는 끝내 침묵하시는 하나님 앞에 욥이 하나님을 붙잡고 담판을 걸었습니다. 욥은 하나님과의 담판을 자기 자신이 벌여온 영적 투쟁의 마지막 승부라고 생각했습니다.

주는 나를 부르소서. 내가 대답하리이다… 나의 죄악이 얼마나 많으니이까?
나의 허물과 죄를 내게 알게 하옵소서(욥 13:22-23).

고난 가운데서도 단 한 번도 하나님을 저주하지 아니한 신앙을 이제 자신의 의와 공로로 삼아 하나님을 협박하기 시작한 것입니다.

욥은 지금 넘어서는 안 되는 선을 넘어가고 있었습니다. 우리는 이것을 '종교적 허무주의religious nihilism'라 합니다. 우리가 성취한 종교적 업적을 가지고 하나님과 흥정에 들어갔다는 말입니다. 지금 욥은 '종교적 허무주의'에 빠져, 자기가 세운 신앙의 의를 가지고 하나님과 협상하고 있었던 것입니다. 지금 우리도 바로 이 수렁에 쉽게 빠져들고 있습니다. 우리가 이룩한 신앙의 업적을 들고 지금 하나님과 거래를 꿈꾸고 있습니다. 넘어서는 안 되는 선을 넘어서고 있습니다. 욥은 자기가 지켜온 신앙과 의를 가지고 지금 하나님의 의와 구원을 맞바꾸려는 무서운 교만, 종교적 교만을 범하고 있었습니다. "거룩을 빙자한 위선"이었습니다.

바로 이때였습니다. 뒤늦게 찾아온 젊은 친구 엘리후가 등장합니다. 이것이 제3막입니다.

여기서 엘리후는 다른 세 친구들이 보지 못한 종교적 위선, 거룩을 빙자한 욥의 위선을 보았습니다. 종교적 신앙을 가지고 하나님과 흥정하려는 욥의 내면, 숨어있는 교만을 본 것입니다. 그래서 엘리후가 욥을 향해 입을 열었습니다.

> 욥이 말하기를 '내가 의로우나 하나님이 내 의를 부인하셨고, 내가 정당함에도 거짓말쟁이라 하였고, 나는 허물이 없으나 화살로 상처를 입었노라' 하니, 어떤 사람이 욥과 같으랴. 욥이 비방하기를 물마시듯 하며 악한 일을 하는 자들과 한패가 되어 악인과 함께 다니면서 이르기를 '사람이 하나님을 기뻐하나 무익하다' 하는구나(욥 34:5-9).

지금 엘리후는 철저히 종교적 허무주의에 빠진 욥을 경고하고 있습니다.

그대는 하늘을 우러러보라. 그대보다 높이 뜬 구름을 바라보라···. 그대가 의로운들 하나님께 무엇을 드리겠으며, 그가 그대의 손에서 무엇을 받으시겠느냐?(욥 35:5, 7).

성경을 잘 보십시오. 이때 깜짝 놀란 욥은 그때서야 말을 그쳤습니다. 하나님 앞에 네 의가 무슨 의미가 있으며, 그것이 얼마나 위선적이냐를 경고하는 엘리후의 말에서 욥은 할 말을 잃었습니다. 자신의 의로 하나님과 쟁론하던 욥이 비로소 자신을 비우기 시작한 것입니다.

욥이 말을 그치는 그 순간! 그 순간부터 종막이 시작되었습니다. 욥이 쟁론을 그친 바로 그때, 하나님은 긴긴 침묵을 깨시고 욥에게 다가오신 것입니다. 하나님은 인간이 계속 말하는 동안에는 오시지 않습니다. 오히려 인간이 말을 그치는 그 순간, 하나님께서는 인간에게 다가오시고 계셨습니다. 이것을 하나님의 자기계시라 합니다. 폭풍우는 하나님께서 찾아오시는 계시의 통로일 뿐입니다.

욥을 찾아오신 하나님! 그러나 하나님은 네가 고통을 잘 참아냈다고 칭찬하시지 않으셨습니다. 거꾸로 하나님은 욥에게 계속 질문을 던지셨습니다.

내가 땅의 기초를 놓을 때에 네가 어디 있었느냐?(욥 38:4).

네가 바다의 샘에 들어갔었느냐?(욥 38:16).

네가 하늘의 궤도를 아느냐?(욥 38:33).

이 질문은 질문이 아니라 하나님의 대답이었습니다. 이 우주와 역사 그리고 인간 하나하나, 너 욥까지 창조하신 분은 하나님! 지금도 이 우주와 역사의 운행을 친히 섭리하시고 통치하시는 분은 하나님 자신이심을 보여주시기 위함이었습니다. 너는 하나님 안에 있는 티끌, 하나님의 생명 안에서만 호흡하는 나약한 피조물임을 드러내시기 위함이었습니다. 그러기에 이유 없는 고난은 하나님께서 자신을 알리시는 계시의 통로였습니다.

이때에 비로소 욥이 처음으로 회개합니다. 욥의 회개는 하나님을 눈으로 뵌 후에 일어난 자기포기였습니다. 귀로만 듣던 종교가 깨지고, 눈으로 대면하는 만남의 신앙으로 바뀌었습니다. 그리고 욥이 받은 마지막 축복은 고난을 이겨낸 보상이 아니었습니다. 그것은 하나님께서 주시는 값없는 은혜의 선물이었습니다.

누구에게나 찾아오는 이유 없는 고난! 그것은 하나님의 저주가 아닙니다. 이 우주와 역사, 우리의 생명과 죽음까지도 하나님 안에 있다는 신앙의 신비를 열어 가시는 사랑과 계시의 통로입니다. 여기에 기독교 신앙의 신비와 기쁨이 있습니다.

찬양, 탄식 그리고 감사로 드리는 노래

총 본문: 시편 1편~150편

주제 본문: 시편 95; 44; 136

2011년 10월 9일 오후 2시, 서울 정동제일교회 벧엘예배당(한국 개신교의 유일한 문화재)은 700여 명의 교인들로 초만원을 이루었습니다. 창립 126년을 맞이한 정동교회가 125년사를 하나님 앞에 봉헌하는 예배를 드리고 있었습니다. 16대 담임목사(1975~1979)로 짧게 목회한 바 있는 저는 그날 설교자로 초청되어 예배에 참여하였으며, "21세기 정동교회, 젊은이는 환상을, 늙은이는 꿈을 꾸는 교회"라는 제목을 걸고 말씀을 증언하는 영광을 가진 바 있었습니다. 그런데 그날의 예배는 유독 저에게 두 가지 큰 충격과 기쁨을 주었습니다.

하나는 "정동교회 125년사"였습니다. 준비 기간 약 8년, 집필 2년의 각고를 거쳐 하나의 예술로 태어난 이 역사서는 방대한 사료와 역사적 서술은 물론, 125년의 긴긴 수난과 저항, 박해와 환희 그리고 신앙을 감내해온 정동인들의 삶과 신앙의 여정을 적나라하게 담아낸 증언이었기 때문이었습니다. 저는 이 역사를 현대판 시편이라고 보았습니다. 그 속에는 정동인들의 찬양, 탄식 그리고 감사의 음률이 흐르고 있었기 때문이었습니다.

그리고 제게는 두 번째 충격이 다가왔습니다. 이 역사적인 기념예배를 젊은이들이 주관하고 있었습니다. 그리고 거기에는 수십 년을 살아온 늙은이들이 함께 어울려 미래를 꿈꾸고 있었습니다. 사회로부터 기도, 찬양, 성경봉독 그리고 다짐에 이르기까지 예배는 젊은이들의 언어와 몸짓으로 진행되었습니다. 거기에는 적어도 어떤 종교적 가식이나 과장된 그 무엇도 없었습니다. 있는 그대로의 신앙고백과 젊은이들의 다짐은 미래를 약속하는 감동으로까지 다가왔습니다. 그런데 이 예배 이후, 한 가지가 저를 계속 감싸고 있었습니다. 젊은이들이 주관한 기념 예배, 그것은 무엇을 의미하는 것일까?

125년의 신앙의 유산을, 다가오는 100년을 신앙창조로 이어가라는 말 없는 위임 같은 것이었습니다. 정동교회를 21세기의 신앙의 거점으로 다시 이어가라는 '조용한 명령' 같은 것이었습니다. 이미 그곳에서 젊은이들은 환상을 보며, 늙은이들은 꿈을 꾸는 신앙적 사건이 일어나고 있었습니다.

저는 오늘 여기서부터 오늘의 본문, 시편을 풀어보고자 합니다. 시편은 인간이 하나님 앞에 드릴 수 있는 가장 높은 표현들을 그 속에 담고 있습니다. 거기에는 하나님을 찬양하는 최고의 언어들이 있고, 처절한 아픔과 눈물을 쏟아놓는 탄식이 있으며, 그러면서도 은혜를 감사하는 노래가 있습니다. 그래서 시편을 이스라엘 민족의 찬송가라 합니다.

그러나 시편을 언제, 누가, 어디서 썼는지는 알 수가 없습니다. 많은 시편을 다윗에게 귀속시키고 있지만, 다윗이 150편을 다 썼다고 보는 사람은 없습니다.

그러나 한 가지는 분명합니다. 시편은 다윗 때로부터 바벨론 포로 이후기까지 500여 년 동안, 긴긴 세월 이스라엘 민족이 겪은 온갖 비극 속에서 진행된 하나님의 구원을 목격한 수많은 신앙인들이 남긴 증언과 신앙고백들이었습니다. 그리고 시편은 주전 515년 다시 재건한 예루살렘 제2 성전 봉헌예배를 위해 서기관들이 흩어져 있던 노래와 찬양 그리고 기도를 오늘의 시편으로 편집한 것입니다. 여기까지는 성서학자들이 동의하고 있는 듯합니다.

이 거대한 찬송가! 이스라엘이 부른 노래! 이 시편 속에는 크게 네 가지로 나뉘는 신앙의 주제들이 흐르고 있다고 앤더슨B. Anderson 교수는 해석합니다.

시편의 첫 번째 주제는 "지혜자들의 노래"입니다. "복 있는 사람은… 오직 여호와의 율법을 즐거워하여 그 율법을 주야로 묵상"하는 사람(1:1-2) 그리고 시편 중에 가장 긴 119편도 "여호와의 율법을 따라 행하는 자들은 복이 있음이여"(119:1)라는 주제를 176절까지 계속 반복하고 있습니다. 율법은 곧 하나님의 말씀이었습니다. 그 말씀을 묵상하는 것이 곧 복의 근원이었습니다. '복'은 물질의 축복이 아니라, 말씀을 묵상하는 것이라는 데서 시편 신학은 출발하고 있었습니다.

그러나 시편에는 '찬양의 노래'라는 두 번째 주제가 흐르고 있습니다. 시편 95편은 찬양시의 대표작으로 알려져 있습니다.

> 우리가 감사함으로 그 앞에 나아가며, 시를 지어 즐거이 그를 노래하자(시 95:2).
>
> 땅의 깊은 곳이 그의 손 안에 있으며 산들의 높은 곳도 그의 것이로다(시 95:4).
>
> 바다도 그의 것이라. 그가 만드셨고 육지도 그의 손이 지으셨도다(시 95:5).
>
> 오라 우리가 굽혀 경배하며 우리를 지으신 여호와 앞에 무릎을 꿇자(시 95:6).

우주를 창조하시고, 그 운행을 손 안에 두시고 지금도 이 역사를 통치하시는 창조주 하나님! 예배는 이 창조주 하나님을 높이고 찬양하기 위함이었습니다. 신학에서는 이것을 '글로리아 데이Gloria Dei' ― 하나님만이 영광 받으실 분으로 묘사합니다.

그런데 시편에는 세 번째 주제가 등장합니다. 그것은 복을 노래하던 지혜자들의 노래, 창조주 하나님을 높이던 찬양시와는 근본적으로 톤을 달리하는 '탄식의 노래'였습니다. 탄식의 노래! 그것은 사랑하는 자기 백성을 한순간에 내치신 하나님을 향한 항변의 노래들이었습니다.

> 우리가 종일 하나님을 자랑하였나이다. 우리는 하나님의 이름에 영원히 감사하리이다(시 44:8).
>
> 그러나 이제는 주께서 우리를 버려 욕을 당하게 하시고 우리 군대와 함께 나아가지 아니하시나이다(시 44:9).

이렇게 시작하는 탄식은 시편의 3분의 1을 넘어 애곡으로까지 이어지고 있습니다.

> 주께서 우리로 하여금 이웃에게 욕을 당하게 하시니 그들이 우리를 둘러싸고 조소하고 조롱하나이다(시 44:13).

탄식은 하나님이 자기들을 버리시고 저주하셨다고 포기한 그 순간, 그들은 거침없이 하나님 앞에 항의하는 솔직함을 드러냈습니다. 그러기에 탄식은 얼핏 하나님에 대한 배신으로 비추어지기도 합니다.

그런데 놀랍게도 이 탄식은 하나님 앞에 토해내는 탄원임에도 불구하고, 그 탄식은 하나님 부정이 아니었습니다. '하나님의 일식eclipse of God', 하나님께서 잠시 얼굴을 가리시고 어둠이 깃들게 한순간에 대한 탄원이었습니다. 이것은 유대인 철학자, 마르틴 부버Martin Buber의 해석입니다.

그럼에도 시편에는 네 번째 주제가 등장합니다. 앤더슨 교수는 이것을 '감사의 노래'라 했습니다. 그런데 이 감사의 노래는 '지혜자의 노래', '찬양의 노래' 그리고 '탄식의 노래'까지도 품고 완성하는 최후의 노래였다는 데 그 신비함이 있습니다. 그 어떤 조건에도 감사하는 신앙의 역설 같은 것입니다. 시편 136편이 시편의 클라이맥스로 불리는 이유가 여기 있습니다.

> 여호와께 감사하라. 그는 선하시며 그 인자하심이 영원함이로다(시 136:1).

이렇게 시작하는 감사의 노래는 "하늘을 지으신 이에게 감사하라"(136:5)라는 창조신앙의 고백으로 다시 이어지고 있으며, 그 창조신앙의 고백은 놀랍게도 하나님의 구원을 노래하는 구원의 감사로 이어지고 있었습니다.

애굽의 장자를 치신 이에게 감사하라(시 136:10).

구원의 감사는 역사적 사건들 하나하나를 기억하는 회고에서 더욱 심화되어 갔습니다.

홍해를 가르신 이에게 감사하라…(시 136:13).
그의 백성을 인도하여 광야를 통과하게 하신 이에게 감사하라…(시 136:16).
우리를 비천한 가운데에서도 기억해 주신 이에게 감사하라(시 136:23).

이 감사의 노래는 40편, 92편, 116편, 118편, 138편에서도 더욱 심화되었습니다.

여기서 저는 한 가지 물음을 던지고자 합니다. 네 개의 주제로 분류되는 시편 그 뒤에 숨어 있는 역설을 향해 물음 하나를 던지고자 합니다.

하나님을 찬양하던 이스라엘이 어떻게 한순간 하나님을 항의하는 민족으로 바뀔 수 있었으며, 하나님을 향해 탄식하던 민족이 어떻게 한순간 '감사하는' 민족으로 바뀔 수 있었는가? 무엇이 탄식을 한순간 감사로 바꾸어 놓을 수 있었는가?

저는 시편 속에 쉽게 눈에 띄지 않는 역사적 사건 하나에 주목하고자 합니다. 이 역사적 사건은 시편의 신비를 풀어가는 중요한 실마리라고 보기 때문입니다. 이 역사적 사건은 탄식의 노래 137편 속에 담겨 있습니다.

그도 유명한 시편 137편! "우리가 바벨론의 여러 강변 거기에 앉아서 시온을 기억하며 울었도다"(137:1)로 시작하는 이 유명한 노래! 우리는 지난날 이 노래를 유배민들의 슬픈 애가, 탄식의 노래로만 해석해왔습니다. 그리고 그들이 흘린 눈물에만 초점을 두고, 그네들의 애절한 심정을 함께 노래하는 감상주의에 빠져왔습니다. 이것을 '비역사성'의 신앙 또는 '탈역사성'의 영성이라 합니다.

그러나 시편 137편은 시편의 온갖 '미스테리'를 풀어가는 유일한 역사성을 지닌 기록이라는 사실에 주목합니다. 시편 137편, 그 하나만이 유독 시간과 장소를 알려주는 유일한 실마리이기 때문입니다. 바벨론 강가! 그곳은 유프라테스 강가 그 어느 한 곳이었습니다. 그리고 그곳은 탄식의 자리였습니다. 주전 587년 예루살렘과 성전이 초토화된 이후 포로가 되어 끌려온 일만여 명이 임시로 정착한 바벨론의 그 어느 한 지점이 분명합니다. 그리고 "우리를 사로잡은 자"라는 137편 3절의 표현은 예루살렘을 파괴하고 이스라엘을 포로로 끌고 온 느브갓네살과 바벨론 사람들이 분명합니다.

나라 잃고(민족), 땅을 잃었으며(땅), 하나님(복의 근원)마저 잃어버린 영적 흑암을 헤매는 유배자들! 그들은 지금 바벨론 사람들의 조롱과 멸시 속에 노래를 강요받고 있었습니다. 이때 유배자 중에는 적지 않은 사람들이 야훼 하나님을 버리고 배교하기 시작했다고 합니다. 예루살렘보다 웅장한 바벨론 문명, 예루살렘 성전보다 거대한 지구라트 신전 앞에 놀란 유대인들 중에는 야훼 하나님을 떠나는 배교자들이 늘어나면서 유대 민족은 민족적 정체성의 일대위기에 직면하였습니다.

그러나 거기에는 야훼 신앙을 끝까지 지켜낸 남은 자들이 있었습니다. 노래를 강요하는 바벨론 앞에서 남은 자들이 고백했습니다. "우리가 이방 땅에서 어찌 여호와의 노래를 부를까?"(137:4). 끝까지 바벨론의 유혹을 거부한 사람들이었습니다. 이 남은 자들은 이미 유배자가 되어 자신들과 함께 있던 예언자, 에스겔의 집에 모여 함께 기도하고 가르침을 받았습니다. 바로 여기서 회당이 시작되었습니다.

> 여호와여 예루살렘이 멸망하던 날을 기억하시고 에돔 자손을 치소서…. 멸망할 딸 바벨론아, 네가 우리에게 행한 대로 네게 갚는 자가 복이 있으리로다(시 137:7, 8).

한 학설에 따르면 바로 이 에스겔의 집에서 많은 시편의 노래들이 쓰였을 것이라고 합니다. 만일 이 학설을 받아들인다면, 탄식할 수밖에 없는 유배 속에서 남은 자들은 오히려 창조주 하나님을 찬양하고 오늘을 감사하고 있었던 것이었습니다.

이것이 신앙의 역설입니다. 탄식하면서 하나님을 노래한다는 것! 이 역설이 가능한 것은 그들은 시온을 기억하며 울고 있었기 때문이었습니다. 그들이 그 옛날 이스라엘을 애굽의 노예로부터 해방하신 출애굽의 하나님을 기억하고 있었기 때문이었습니다. 그러기에 그들은 오늘의 탄식 속에서 하나님을 감사할 수 있었습니다.

주전 538년 드디어 하나님은 페르시아의 고레스Cyrus를 들어 바벨론을 꺾으시고, 포로 되었던 남은 자들을 예루살렘으로 돌려보내셨습니다. 그리고 주전 515년 제2 예루살렘 성전이 완공되고 봉헌하는 날! 젊은이, 늙은이가 함께 하나님 앞에 예배드리는 그 순간! 70여 년 만에 드리는 감격적인 예배에서 그들은 시편을 노래하였습니다 (시편 136편).

여호와께 감사하라… 달과 별들로 밤을 주관하게 하신 이에게 감사하라… 홍해를 가르신 이에게 감사하라.

그들은 지금 시편을 노래하면서 우주를 창조하신 하나님, 이스라엘을 만민을 비출 빛으로 선택하신 하나님, 고난 속에서 이스라엘을 기억하신 하나님을 높이 노래하고 있었습니다. 그것은 찬양시로, 때로는 탄식으로, 마지막으로는 감사의 기도를 드리고 있었습니다. 동시에 시편의 노래는 바벨론의 온갖 유혹과 시련을 견디어낸 유배민들의 신앙순례를 기억하고 재연하는 젊은이들의 역사적 기억이었습니다.

2011년 10월 9일, 정동제일교회는 이 거룩한 역설을 조심스레 실험하고 있었습니다.

"우리가 바벨론의 여러 강변 거기에 앉아서 시온을 기억하며 울었도다." 탄식의 자리에서 찬양과 감사의 노래를 부를 수 있었습니다. 이것이 시편입니다.

여호와를 경외하는 것이

> 총 본문: 잠언 1장 1절~31장 31절
> 주제 본문: 잠언 1:1-9; 2:6-9; 3:5-10; 30:5-9

지난 20세기, 세계 역사의 흐름 속에 조용한, 그러나 강력한 영향력을 심어온 두 사람이 있었습니다. 그 한 사람은 21세기까지를 주름잡고 있는 물리학자, 스티븐 호킹Stephen Hawking 박사입니다.

1942년 영국에서 태어난 호킹은 옥스퍼드와 케임브리지 대학을 거쳐 세계적인 물리학자로 등극한 석학입니다. 케임브리지 대학 교수직에서 은퇴한 후, '뉴론 병Neurone Disease'이라는 '신경단위경화증'으로 전신이 마비되었음에도 호킹은 지금도 활발한 연구와 저서활동을 계속하고 있는 대학자이기도 합니다. 그의 최근 저서 *The Grand Design*위대한 설계는 전 세계에 큰 충격과 함께 신랄한 찬반을 불러일으켰다고 합니다. 저는 그의 이론을 논할 위치에 있지는 않습니다. 그러나 '*Euroka*유로카'라는 잡지에 호킹은 그의 이론을 다음과 같은 말로 요약하여 게재하였습니다.

중력이라는 법칙 때문에 우주는 스스로 창조되었으며 또 창조를 계속할 것이다.

'스폰테이니어스 크리에이션Spontaneous creation.' 자생적 창조! 이것이 호킹의 '키워드key word'인 듯합니다. 그 다음 말은 더 충격적이었습니다. "그러기에 하나님께 간청하여 빛을 비추게 한 후, 이 우주를 운행하도록 할 필요는 없다. 우주는 스스로 창조되고 있기 때문이다." 그는 말을 이었습니다. "만일 하나님이 존재한다면, 그 하나님은 사람이 만나서 말을 건넬 수 있는 인격적인 하나님은 아니다. 오히려 과학의 법칙이 하나님이다." 여기서 호킹은 기독교가 수천 년 동안 고백하고 또 믿어온 창조주 하나님, 말씀하시는 하나님을 정면으로 거부하고 있었습니다.

문제는 호킹의 무신론적 과학주의가 21세기 젊은 세대들의 삶과 사상을 지배할 것이라는 데 있습니다. 그러나 다른 한편 세계를 조용히 감동시킨 20세기의 거인 하나가 있었습니다.

그는 1905년에서 1961년까지 56세를 짧게 살다간 유엔 사무총장, 다그 함마르셸드Dag Hammerskjold였습니다. 스웨덴 총리의 막내아들로 태어나 웁살라 대학과 스톡홀롬 대학을 거치면서 경제학 박사가 된 그는 나이 31세에 스웨덴 중앙은행장, 44세에 외무부장관, 48세에 세속적 교황이라 부르는 유엔 사무총장에 선출되는 정치·경제·외교의 천재였습니다. 세계 평화를 향한 그의 헌신은 하루 4시간만 잠을 자는 열정으로 표현되었다고 합니다.

1961년 9월 아프리카의 분쟁을 중재하기 위해 가던 도중 비행기가 추락하면서 함마르셸드는 수행원 15명과 함께 아프리카 한 산악지대에서 순직하고 말았습니다. 콩고는 그날, 1961년 9월 19일을 민족적인 애도의 날로 선포하였으며, 노벨평화상은 죽음 뒤에 그에게 수여되었습니다. 그러나 함마르셸드가 진작 세상에 충격을 준 것은 오히려 그의 죽음 그 다음이었습니다. *Markings*마킹스라는 이름의 작은 책이 출판되면서부터였습니다. 그런데 이 작은 책은 그가 몇 년에 걸쳐 쓴 짧은 일기의 모음이었으며, 그의 유일한 유고이고도 했습니다. 그가 남긴 유고는 이렇게 시작합니다.

내 일기는 나 자신과 하나님과의 씨름을 담은 내 인생 백서입니다.

하나님과의 씨름, 자기 자신과의 씨름을 '삶의 백서'라고 표현한 그의 일기는 한마디로 그의 영혼이 절규한 신앙의 고백이었습니다. 이 책의 서문을 쓴 미국의 시인 아우덴W. H. Auden은 이렇게 썼습니다. "함마르셸드의 일기는 그가 가장 성공한 바로 그때, 이 세상 것이 아닌 것과의 치열한 싸움의 기록이었다. 그것은 일기가 아니라 그의 영혼으로 기록한 신앙고백"이라고 표현했습니다. 가장 성공한 그 순간에 찾아든 영적인 고독과 좌절 그리고 자살충동! 바로 그때 함마르셸드는 자신을 숨기지 아니하고 오히려 자신을 십자가 앞에 내려놓는 회심의 길을 선택했다고 했습니다. "하나님의 영광을 위하여, 모든 인간의 선을 위하여 함마르셸드는 자신을 도구로 내놓는 십자가의 길을 걸었다"고 아우덴은 결론지었습니다.

스티븐 호킹은 세계 최고의 과학자이고, 다그 함마르셸드는 세계 최고의 정치가였습니다. 이 두 사람은 인간의 지식이 도달할 수 있는 최고의 자리에까지 올랐습니다. 그러나 호킹은 그 지식 때문에 하나님을 부정하는, 적어도 기독교 신앙이 믿고 고백하는 창조주 하나님을 부정하는 무신론자가 되었습니다. 반대로 함마르셸드는 자신의 정치적 지혜와 지식이 높아지면 높아질수록 그 속에 임재하시는 하나님 앞에 모든 것을 내려놓는 신앙인으로 삶을 마쳤습니다. 이제 21세기는 스티븐 호킹을 선택하느냐, 아니면 댁 함마르셸드의 순례의 길을 선택하느냐의 갈림길에 서 있는 듯합니다.

바로 이 갈림길에 서 있는 인류에게 오늘 잠언은 오늘 무엇을 말하는가?

오늘 구원 순례의 본문은 잠언입니다. 지혜문학의 또 하나의 꽃으로 알려진 '잠언'과 함께하고 있습니다. 욥기가 신앙의 순례를 증언하는 지혜서였다면, 시편은 바벨론 포로의 처절한 자리에서 고백한 이스라엘 민족의 탄식, 그러면서도 하나님을 찬양하고 감사의 예배를 드린 노래들이었습니다. 그러나 잠언은 오랜 세월 이어온 이스라엘의 지혜들을 하나로 묶은 지혜서입니다. 그런데 이 잠언을 누가 언제 썼는지는 확실치가 않습니다.

다만 솔로몬이 "잠언 3,000가지를 말하였고, 그의 노래는 1,005편이며"라고 기록된 열왕기상 4장 32절의 증언으로 미루어 잠언의 많은 부분이 솔로몬의 것이라는 데는 동의하고 있습니다. 그러나 잠언은 시편과 마찬가지로 솔로몬 이후 그리고 바벨론 포로기를 거쳐 예루살렘으로 돌아온 후 에스라 시대에 흩어졌던 잠언들을 하나의 책으로 묶어낸 것으로 보고 있습니다. 다만 한 가지는 분명합니다. 잠언은 예언운동이 끝난 이후에 등장한 유대주의와 때를 같이하고 있습니다. 그리고 잠언 1장에서 29장까지는 솔로몬의 잠언과 솔로몬과 관계된 잠언들이며, 30장은 아굴의 잠언, 31장 르무엘의 어머니의 잠언은 에돔 사람들의 잠언으로 알려져 있습니다. 그러기에 잠언은 이스라엘 지혜와 이방 나라 지혜가 함께 섞여 있습니다.

그리고 잠언 속에 흐르는 주제도 한 가지가 아니었습니다. '부모 공경의 주제', '근면의 주제', '겸손의 주제', '말조심의 주제', '사회정의 주제', '관용의 주제'들로 구성되어 있어서 잠언에는 통일성이 없는 것이 그 특징이기도 합니다. 그렇다면 잠언은 오늘 우리에게 무엇인가? 무엇을 말하는 것인가?

잠언은 오늘 두 가지 증언으로 우리에게 다가오고 있는 듯합니다. 그 하나는 왜 이스라엘 성현들은 이방 지혜까지를 잠언 속에 받아들였는가라는 질문에서 시작합니다. 예를 들어 "Teachings of Amen-em-opet아멘엠오페트 왕의 교훈"이라는 고대 이집트의 이야기는 지금까지도 네 개의 파피루스에 보전되어 오는 유명한 이야기로 알려져 있습니다.

애굽의 12대 왕 '아멘엠오페트'에게는 세소스트리스 1세라는 아들이 있었습니다. 아멘엠오페트가 왕이 된 지 20년이 되던 해, 아들은 성급한 마음에서 아버지를 암살하고 왕이 되려 하였으나, 아버지가 그 계획을 사전에 알게 됩니다. 그러나 아버지는 보복 대신 과감하게 왕의 자리에서 물러납니다. 왕은 죽기 직전, 자신을 배신했던 아들 왕을 앞에 놓고 마지막 충고를 남깁니다. 그 교훈서가 무려 30장으로 되어 있습니다.

그중의 두 줄을 인용합니다.

아들아, 형제를 믿지 말고 친구를 믿지 말라. 악한 날에는 아무도
소용없느니라.

가련한 자의 것을 훔치지 않도록 조심하여라. 그리고 네가 선한 왕
이 되려면 부자유한 사람들을 넘어뜨리지 말라.

이 유명한 이집트의 지혜의 이야기가 잠언 22장 17절에서 24장
22절까지의 잠언과 밀접한 연관성을 가진다는 것이 성서학의 해석
입니다.

　잠언은 말합니다.

약한 자를 그가 약하다고 탈취하지 말며, 곤고한 자를 성문에서 압제하지 말
라(잠 22:22).

노를 품는 자와 사귀지 말며, 울분한 자와 동행하지 말지니(잠 22:24).

네 원수가 넘어질 때 즐거워하지 말며, 그가 엎드러질 때에 마음에 기뻐하지
말라(잠 24:17).

여기서 중요한 질문 하나를 던지려고 합니다. 이스라엘 성현들은
무슨 이유로 이방의 지혜들을 과감히 받아들였는가? 그것들을 과감
히 자기들의 언어로 바꾸어 잠언 속에 삽입시켰는가? 이방 지혜가
가지는 아름다움 때문이었던가? 이방 지혜가 주는 교훈 때문이었던
가? 그것들은 부분적인 이유일 수 있습니다. 그러나 이스라엘 성현
들이 이방 지혜까지를 끌어들인 가장 중요한 이유는 모든 지혜는 하
나님께서 인간에게 주시는 창조의 선물이라고 믿었기 때문이었습니

다. 이것은 앤더슨Bernhard Anderson 교수의 해석입니다.

그러기에 이방 지혜를 받아들인 이유는 윤리적인 동기나, 문화적인 동기가 아니었습니다. 오히려 신앙적인 동기였습니다. 지혜는 하나님의 창조의 선물이라는 신앙에서였습니다. 여기서 잠언은 거룩과 세속의 한계를 무너뜨리기 시작합니다. 교회는 거룩하고, 세상은 무조건 세속이라고 선을 그어온 우리의 신앙이 여기서 깨지기 시작합니다. 지혜는 하나님께서 인간에게 주시는 창조의 선물이기 때문에 모두가 거룩한 것입니다. 여기서 우리는 한 가지 교훈에 귀를 기울여야 합니다.

오늘 세계를 주름잡는 삼성의 IT기술에서 시작하여 오늘의 학교 교육이 주고받는 모든 지식들 그리고 아직 그루터기로 남아있는 이 땅의 도덕, 윤리 그리고 효마저 하나님께서 인간에게 주시는 창조의 선물로 받아들이는 그 순간, 우리 신앙은 새로운 선교의 지평을 열어갈 수 있기 때문입니다. 이것이 잠언이 주는 오늘의 첫 증언입니다.

그러나 잠언은 여기서 끝나지 않습니다. 잠언에는 또 다른 놀라운 세계가 증언되고 있습니다. 지혜는 하나님의 소중한 창조의 선물이면서도, 잠언은 지혜를 영원한 진리라고 보지 않습니다. 지혜는 선물이지만, 지혜는 진리 그 자체는 아니라고 보기 때문입니다. 지혜가 아무리 아름다운 교훈이라 하더라도, 지혜 그 속의 인간은 누구나 악할 수 있기 때문입니다. 의인이 따로 있고 악인이 따로 있는 것이 아닙니다. 인간은 누구나 의인일 수도, 악인일 수도 있기 때문입니다. 그러기에 잠언은 지혜를 말하고, 의를 노래하며, 행복을 권장하지만, 잠언 저변에는 이것들을 성취할 수 있는 사람은 하나도 없음을 탄식하고 있습니다.

인간은 지혜를 그리워하고, 정의를 사랑하며, 정직을 구가하지만, 그 누구도 거기에 도달할 수 없는 한계에서 잠언은 마지막 인간이 가야 할 길을 호소하고 있었습니다. 그것은 "여호와를 경외하는 일"(1:7)이었습니다.

"여호와는 지혜를 주시는 분"(2:6)이기 때문입니다.

"지식과 명철은 그의 입에서 오는 것"(2:6)이기 때문입니다.

"여호와께서는 지혜로 땅에 터를 놓으셨으며 명철로 하늘을 견고히 세우셨고… 그의 지식으로 깊은 바다를 갈라지게 하신…"(3:19, 20) 창조주이시기 때문이었습니다.

잠언은 지혜를 찬양하면서도 그 지혜는 하나님께로부터 오는 선물 그 이상이 아님을 분명히 하고 있습니다. 여호와만이 지혜의 근원이십니다. 여기에 잠언의 멋이 있습니다. 이 세상의 모든 지혜를 하나님의 선물로 소중히 받아들이면서도, 지혜를 가지고 하나님과 맞서려는 인간의 교만을 경고하고 있기 때문입니다. 솔로몬이 스티븐 호킹보다 지혜가 모자라서 '여호와를 경외하는 것이 지식의 근본이어늘'이라는 고백을 토해야 했던가? 인간 이성이 발견했다는 우주중력의 원리, 호킹이 말하는 그 과학의 원리는 누가 만들었는가? 이 물음 앞에 호킹은 답해야 할 것입니다. 과학의 지식이 소중하지만, 그 지식으로 하나님을 농락하는 일은 용납될 수 없는 인간 교만임에 틀림없습니다. 잠언은 이것을 엄히 경고하고 있는 것입니다.

세속적 교황으로까지 비유된 유엔 사무총장이었던 다그 함마르셸드! 그가 가장 성공한 바로 그 순간에 스며드는 영적인 고독이 자살충동으로 까지 이어진 그 자리! 그러나 함마르셸드는 호킹과는 달리 모든 것을 하나님 앞에 내려놓을 수 있었습니다. 함마르셸드는 이 역사의 주인이 누구인지를 분명히 알고 또 믿고 있었기 때문이었습니다. 여호와를 경외하는 신앙이 모든 것의 근원임을 그는 알았기 때문이었습니다. 그래서 우리는 다그 함마르셸드를 비로소 '크리스챤 폴리티시안Christian politician'이라 부릅니다. 그는 적어도 하나님을 이용하여 권력화를 꿈꾸지 않았기 때문입니다. 하나님 앞에 모든 것을 포기함으로 영원한 유업을 받은 신앙인이었습니다.

프린스톤Princeton 대학교에는 하비슨H. Harbison이라는 세계적인 역사학자가 있었습니다. '왜 나는 기독교 역사가인가?'라는 질문 앞에서 그는 이렇게 답하였습니다.

내가 기독교 역사가가 된 것은 역사를 잘 알고 또 잘 가르쳐서가 아니다. 지식이 많아서도 아니다. 내가 기독교 역사가라는 단 한 가지 이유는 이 역사를 친히 창조하시고 지금도 그 운행을 섭리하시는 하나님의 역사이기에, 두렵고 떨리는 가슴으로 그분의 역사를 대하고 있을 뿐이기 때문이다.

여호와를 경외하는 학자의 멋진 고백입니다.

우리는 앞으로 여호와를 경외하는 의사, 교수, 과학자, 정치인, 가정주부 그리고 목회자의 출현을 소망해봅니다. 1955년 다그 함마르셸드는 한참 국제정치가로 명성을 날리고 있던 어느 날 이렇게 기도했습니다.

하나님! 저를 은혜 받는 자리에 두시오니 감사드립니다. 주님의 음성을 경청하도록, 주님의 뜻을 깨달을 수 있도록 저를 받아주시니 감사드립니다.

그는 잠언을 온몸으로 살고 있었습니다. 여호와를 경외하는 것이
지식의 근본이어늘….

절망의 그늘

총 본문: 전도서 1장 1절~12장 14절

주제 본문: 전도서 1:1-18; 2:1-14; 8:14-17; 11:9-12:2

독일의 저명한 신학자, 헬무트 틸리케H. Thielicke는 그가 쓴 책 제목을 '허무주의Nihilism'라고 붙여 세상에 내놓은 일이 있었습니다. 그런데 이 책에는 비극적인 한 여인의 이야기가 담겨 있습니다. 이 비극의 여인은 당시 38살의 젊은 엄마였습니다. 이 젊은 엄마는 네 번에 걸쳐 자살을 시도했지만, 모두 실패하고 다시 살아났습니다. 문제의 시작은 자신의 부주의로 인해 한 살 된 자기의 아기가 염산을 마시고 엄마가 보는 앞에서 피를 토하며 죽어간 사건이 도화선이 되었습니다. 이후 이 여인은 극심한 우울증을 앓아야 했습니다. 그런데 이상한 일이 벌어지고 있었습니다. 아기가 죽은 이후 이 엄마는 아기의 죽음에 대해 단 한 번도 이야기하지 않았다고 합니다. 더 나아가 이 엄마는 아기의 죽음에 대한 죄의식도, 절망도, 슬픔도 표현한 일이 없었다고 합니다. 이 여인은 얼 나간 사람처럼 아무런 감정도 보이지 않았습니다. 그러니까 2년 전, 아기가 비극적인 죽음을 죽는 그 순간, 이 엄마는 죽은 아기를 가슴에 안았지만, 그것은 절망의 그늘을 헤매고 있는 것처럼 보이기 위한 거짓 절망이었다고 합니다. 이것을 틸리케 교수는 위장된 절망이라 했습니다. 그런데 왜 이 여인은 네 번씩이나 자살을 시도했을까?

충격적인 사실은 이 여인의 자살은 죽은 아기 때문도 아니고, 자신의 죄의식 때문도 아니었다는 데 있습니다. 이 여인의 자살시도는 자신 안에 강력한 파도처럼 밀려드는 '공허emptiness' 그리고 '허무nihil'에 대한 역반응이었다는 것입니다. 견딜 길 없는 허무와 공허로부터 도피하기 위해 이 여인은 자살을 선택하고 있었습니다. 의학은 이 여인의 병명을 '정신분열schizophrenia'이라고 결론지었습니다.

문제는 오늘 우리는 이 불운의 여인을 비난하거나 조롱할 수 없는 '정신분열증schizophrenia' 시대에 살고 있다는 것입니다. 인기를 먹고 사는 연예인들, 풍요를 만끽하고 있는 젊은 세대들, 아니 그 어느 때보다도 축복을 누리는 우리 모두의 삶 한구석은 밀려드는 '공허', '허무'를 가눌 길 없어 어떤 이는 자살로, 어떤 이는 위장술로 위장하며 살아가고 있기 때문입니다. 이 여인은 '허무'와의 대결을 포기하고, 공허로부터 도망치고 있는 우리 모두의 자화상인지도 모릅니다.

오늘 여기서부터 허무주의의 찬가라 불리는 전도서를 풀어가고자 합니다.

지혜문학의 끝자락, 가장 어두운 전도서! 처음부터 끝까지 '헛되고 헛되도다'를 외치는 비관주의의 극치, 전도서! 그런데 이 전도서는 주전 250년경에 편집된 것으로 보아 당시 강력한 '이원론dualism'에

물든 희랍사상의 영향을 받은 것이 분명합니다. 특히 염세주의 철학으로 알려진 '스토아주의Stoicism' 사상이 크게 작용한 것이 분명합니다. 그런데 문제는 '헛되고 헛되도다'를 계속 노래하는 허무주의가 어떻게 그리고 왜 성경 속에 들어올 수 있었느냐에 있습니다.

그러나 전도서에는 놀랍게도 두 개의 큰 주제가 그 중심에 흐르고 있었습니다. 이 두개의 주제에 주목하고자 합니다. 그 처음 주제는 인생, 삶 그리고 이 땅의 모든 것을 분토처럼 저주하는 '허무주의nihil-ism' 주제입니다. 전도서는 허무 그 자체를 노래하고, 허무가 인생의 해결인양 강요하고 있기 때문입니다. "전도자가 이르되 헛되고 헛되며, 헛되고 헛되니 모든 것이 헛되도다"(1:2)로 시작하는 전도자는 허무 그 자체를 찬양하는 염세주의 스토익주의자임에 틀림없어 보입니다.

> 눈은 보아도 족함이 없고, 귀는 들어도 가득차지 아니하도다(전 1:8).
>
> 내가 해 아래서 행하는 모든 일을 보았노라. 보라 모두 다 헛되어 바람을 잡으려는 것이로다(전 1:14).
>
> … 내 손으로 한 모든 일과 내가 수고한 모든 것이 다 헛되어 바람을 잡는 것이며, 해 아래서 무익한 것이로다(전 2:11).

인간이 생명을 걸고 쌓아온 지식과 지혜, 화려한 경력과 학위, 축적된 재산과 업적! 이 모두가 종국에는 '무nothingness'라는 절규입니다. 심지어 전도자는 "여러 해를 사는 것도 헛되도다"(11:8)라고도 했습니다. 그러니까 장수하는 것도, 병원도, 의사도, 의료보험도 무익한 것입니다. 9988234를 노래하며 100세를 꿈꾸는 오늘 세대에 일격을 가하는 풍월입니다. 그래서 전도서 1장에서 시작하는 "헛되도다"는 12장에까지 전도자는 "헛되고 헛되도다. 모든 것이 헛되도다"(12:8)로 끝을 맺습니다. 그러기에 전도서는 한 지혜자가 세상을 저주하기 위해 내뱉은 허무주의 서사시라고 결론내릴 수 있습니다. 이것이 전도서에 흐르는 처음 주제입니다.

그러나 전도자는 정신병자도 아니고 허무주의자도 더더욱 아니었습니다. 전도자는 이 세상 그 누구보다도 모든 인간 내면에 자리 잡고 있는 죄의 허상을 예리한 눈으로 포착하고 있던 한 실존주의 신학자였습니다. "헛되고 헛되도다"는 지금 네 속에 깊이 자리 잡고 있는 '허무nothing'를 예리한 눈으로 직시하라는 충고로 다가오고 있습니다. "헛되고 헛되니"는 네 속의 허무로부터 도망치지 말라는 경고입니다. 허무를 그 무엇으로도 위장하지 말라는 권고입니다. 네 속의 허무와 과감히 대면하라는 예언으로 압도하고 있습니다.

전도자는 고발자입니다. 인간의 비극은 이 허무로부터 도망치고 있기 때문이며, 허무를 무엇으로 위장해 보려는 온갖 위선 때문임을 고발하고 있기 때문입니다. 그것은 '돈'일 수도, '권력'일 수도, '명예'일 수도, 심지어는 '종교'일 수도 있기 때문입니다.

틸리케 교수는 이것을 '위장된 허무주의'라 했습니다. 자기 실수로 죽은 자기 아기의 죽음은 인간이 경험하는 처절한 허무였습니다. 그러나 이 허무 앞에서 젊은 엄마는 차라리 통곡으로, 눈물로, 그 아기의 죽음을 절규해야 했습니다. 그리고 하나님 앞에 항의도 해야 했습니다. 그러나 여인은 이 허무를 받아들이지 아니하고, 허무로부터 도망치고 있었습니다. 그것은 자살로 나타났으며, 자살로 허무를 극복하려 했습니다. 이 여인은 위장된 허무주의의 표본이었습니다.

세계 제2차 대전 당시, 독일 나치스와 일본의 가미가제, 그들은 한결같이 '애국주의'라는 이름으로 전쟁이라는 '허무'를 마치 '거룩하고', '정의로운' 것처럼 위장한 후 젊은이들을 순교자로 둔갑시켜 죽음으로 몰아간 행위야말로 위장된 허무주의의 최악상이었습니다. 일본은 오늘까지 위장된 허무주의 신화 속에 노예가 되어 있습니다.

오늘 위장된 허무주의는 종교 속에도, 특히 교회에까지 깊숙이 파고들었다고 틸리케는 경고했습니다. '거룩한 음성'으로, '멋진 몸짓'으로, '값싼 축복'으로 신자들을 흥분시키고 있는 부흥강사들과 종교지도자들도 종교를 가지고 허무를 위장하고 허무로부터 도피시키고 있다고 경고했습니다.

얼마 전 한 부흥강사가 미주지역 한 부흥집회에서 '1,000만 원은 내야 병 고치지'라는 말로 회중을 우롱하고, '안수 받으면 작은 키 커진다'는 식으로 출석을 독려했다는 기사가 인터넷 매체를 도배질한 일이 있었습니다. 종교를 빙자한 위장된 허무주의의 한 전형이었습니다.

지금 전도서는 인간 내면의 허무를 위장하지 말라고 소리치고 있습니다. 허무를 있는 그대로 대면하라고 토하고 있습니다. 허무는 인간의 존재 그 자체라는 말입니다. 전도자는 우리가 외면하며 살아온 이 소박한 진리를 '헛되고 헛되도다'라는 비극적 '톤'으로 일깨우고 있었습니다. 그러기에 "헛되고 헛되도다"는 인생을 부정하는 비관론적 허무주의가 아니었습니다. 그것은 인간 한계에 대한 거룩하고 솔직한 고백이었습니다.

이제 우리는 전도서의 두 번째 큰 흐름의 주제와 만나고자 합니다. 그러나 두 번째 주제는 첫 번째 주제가 끝나는 바로 그 시점에서 시작되고 있었습니다. 전도자가 '허무'를 대면하는 그 순간 그리고 허무를 고백하는 그 순간, 전도자는 하나님의 신비를 보기 시작했다고 했습니다. 그때 전도자는 비로소 하나님 앞에 솔직할 수 있었습니다.

인간이 한계를 받아들이는 그 순간, 바로 그 절망의 그늘에서 전도자는 비로소 하나님을 보기 시작한 것입니다. 허무 그 뒤에는 이 우주를 창조하시고 그 시간의 흐름을 친히 주관하시는 하나님의 경륜하심과 그 신비를 보기 시작했다고 고백합니다. 그래서 전도서는 잠언과 그 초점을 달리합니다. 잠언은 지혜를 하나님의 창조의 선물로 보지만, 전도서는 인간이 지혜를 부정하는 그 순간에야 비로소 하나님의 신비를 읽을 수 있다고 외치기 때문입니다. 절망의 그늘을 거치는 때에만 하나님의 신비를 보기 때문입니다.

그러기에 전도자는 고백합니다.

날 때가 있고 죽을 때가 있으며…(전 3:2).

울 때가 있고 웃을 때가 있으며…(전 3:4).

사랑할 때가 있고 미워할 때가 있으며…(전 3:8).

이 고백은 운명주의를 노래하는 서사시가 아니었습니다. 인간이 경험하는 시간은 시작과 끝이 있지만, 그래서 그 시간은 허무한 것 같지만, 그 시간은 하나님의 창조하심과 경륜하심 안에서 진행되는 거룩한 때와 시간임을 드러내고 있었습니다. 전도자는 외쳤습니다.

하나님이 모든 것을 지으시되 때를 따라 아름답게 하셨고 또 사람들에게는 영원을 사모하는 마음을 주셨느니라(전 3:11).

우리가 사는 이 시간은 하나님의 때와 시간 안에 있는 거룩한 시간이라는 고백이었습니다. 모든 것은 헛되지만, 그 뒤에는 "하나님께서 행하시는 모든 것은 영원히 있을 것이라. 그 위에 더할 수도 없고 그것에서 덜할 수도 없나니…"(3:14).

이 역사는 헛되지만, 그것이 하나님 안에 있기에 그것은 거룩한 역사라는 고백이었습니다. 우리의 삶은 헛되지만, 이 삶이 하나님의 생명 안에 있기에 인간은 생명을 호흡할 수 있다는 고백이었습니다. 틸리케는 이것을 '고백적 허무주의'라고 불렀습니다.

고백적 허무주의! 전도자는 한 가지 분명한 목적을 가지고 그의 글을 이어가고 있었습니다. "너는 청년의 때에 너의 창조주를 기억하라"(12:1)라는 신앙의 충고를 남기기 위해서였습니다.

곤고한 날이 이르기 전에, 아무 낙이 없다고 할 해들이 가깝기 전에, 해와 빛과 달과 별들이 어둡기 전에, 비 뒤에 구름이 다시 일어나기 전에 그리하라(전 12:1-2).

이것은 인간 내면에 스며든 허무를 무한의 욕망, 정치 이데올로기로 위장하는 정치 지도자들, 오늘의 한국인 모두에게 일격을 가하는 전도자의 애정 어린 경고입니다.

곤곤한 날이 오기 전에 여호와를 기억하라. 전도자는 인생의 끝자락, 풍요와 낙을 다 즐기고 난 후에 찾아온 허무! 그러나 전도자는 허무로부터 도망하지 아니하고 오히려 허무 그 자체를 받아들이는 순간, 하나님의 세계를 보기 시작한 전도자의 신앙과 고백! 이 고백이 오늘 우리 모두의 신앙고백이기를 소망해봅니다.

여호와의 불은 시온에 있고

> 총 본문: 이사야 1장 1절~39장 8절
> 주제 본문: 이사야 6:1-13; 7:1-14; 11:1-9; 31:1-9; 37:14-20

미국 유학시절 시카고에서 경험한 작은 우스개 이야기입니다. 1964년 저는 학위과정을 마치고 시카고 한인교회 목사로 부임하게 되었습니다. 그러나 유학생 신세였던 터라 저축한 돈이 없어서 1년을 차 없이 목회를 해야 했습니다. 1년 후 겨우겨우 $1,700을 마련한 어느 날 저녁, 교우였던 Mr. C의 안내를 따라 중고차 시장을 휘더듬었습니다. 그러자 $2,300짜리 중고차 하나를 발견하고 Mr. C가 흥정에 들어갔습니다.

Mr.C: $2,300이 너무 비쌉니다.

딜러: 얼마면 사겠소?

Mr.C: $1,500이면 사겠소.

딜러: Are you crazy? 당신 미쳤소?

그 순간 Mr. C는 돌아가자고 눈짓을 보내왔습니다. 발길을 돌려 나오는 그 순간 "Hey, Hey! come back. $2,000이면 사겠소?"라는 소리가 들려왔습니다. 뒤로 돌아서서 Mr. C가 하는 말, "$1,600이면 사겠소." 딜러 왈, "No Way. 어림없는 소리 마시오." 우리는 다시 발길을 돌렸습니다. 딜러가 또다시 소리 질렀습니다. "마지막 흥정이요. $1,800이면 사겠소?" Mr. C 왈, "나도 마지막이요. $1,700이면 삽니다." 딜러 왈, "Ok. $1,700이다." 7분 사이에 무려 $600을 깎은 것입니다. 그리고 계약서를 쓰고 있었습니다. 이때

딜러: "Where are you guys from? 어디서 왔느냐?"

Mr.C: "우리는 한국에서 왔다."

딜러: "지독한 Korean Jew(코리안 유대인)들이군."

Mr.C: "너는 어디서 왔느냐?"

딜러: "I am a Jew. 나는 진짜 유대인이다."

짠돌이 Korean Jews들이 진짜 Jew를 이기고 있었습니다.

팔레스타인의 짠돌이 유대인과 동양의 짠돌이 한국인은 세 개의 공통점을 가지고 있다고 합니다. 첫째, 두 민족은 숱한 외세의 침략과 고난 속에서도 살아남은 저력을 가지고 있다고 합니다. 둘째, 세계에 흩어져 사는 디아스포라Diaspora 민족임에도 불구하고 '민족적 정체성'의 끈을 끝까지 붙잡고 살아가는 민족들이라고 합니다. 셋째, 두 민족 모두 본성적으로 "종교적"이라는 특성을 가지고 있습니다. 그러나 이 세 가지 중에서도 첫 번째 공통점은 두 민족 핏속에 흐르는 강력한 에너지라고 합니다. 삶과 죽음 사이를 수없이 넘나드는 정

치적 위기 앞에서도 민족의 운명을 끝까지 지켜낸 두 민족이었기 때문입니다.

오늘 구원 순례는 솔로몬의 영광과 타락을 정점으로 시작된 분열의 비극적 역사가 200년 동안 계속 되던 끝자락을 그 무대로 합니다. 그 중심에는 '여로보암병'으로 불리는 '금송아지 숭배'가 타락의 씨가 되어 '모반', '살인', '착취'라는 끈을 타고 민족 전체를 죽음의 수렁으로 몰아넣었습니다. 그토록 애절하게 흘린 엘리야, 엘리사, 아모스, 호세아의 눈물과 호소마저 무익한 것이었습니다. 이미 북왕국 이스라엘은 돌아올 수 없는 죽음의 다리를 넘어가고 있었습니다. 남쪽 나라 유다 왕국, 다윗의 핏줄은 겨우 이어갔으나 하나님 배신과 민족적 부패는 남쪽 하늘을 썩은 냄새로 뒤덮었습니다. 바로 그때 웃시아 왕의 손자, 아하스가 왕이 되었습니다.

이때 이사야는 본격적인 예언을 시작합니다. 그리고 50년 동안 예언을 계속합니다. 그러나 이사야가 토해낸 예언의 톤tone은 온통 심판과 저주 일색이었습니다. '여호와의 날', '예루살렘 멸망', '북왕국 멸망', '바벨론 멸망', '앗수르 멸망', '블레셋 멸망', '모압의 멸망'의 비극적 언어들은 그 누구의 응답도 끌어내지 못했습니다. 그리고는 가끔 이상한 꿈 이야기를 늘어놓았습니다. '남은 자가 돌아오는 이야기', '한 아기가 탄생한다는 이야기' 그리고 '평화의 나라'가 오고 있다는 이야기는 미친 자의 넋두리로 버림을 받았습니다. 그래서 제1이사야로 불리는 이사야서 1장에서 39장을 읽어내는 일은 쉽지가 않습니다. 그러나 이사야의 비극적 예언 그 뒤에는 거대한 파워 하나가 숨어서 모든 역사를 송두리째 흔들고 있었습니다.

그러기에 이사야의 기이한 예언! 앞뒤가 어긋나는 이사야의 예언은 당시 '기름진 초승달'(지금의 터키, 이라크, 시리아, 팔레스타인, 이집트)을 뿌리째 흔들고 나선 거대한 권력에 대한 저항이고 몸부림이었다는 점에서 풀어야 합니다. 제1이사야는 이 거대한 정치역학에서 읽어야 하기 때문입니다. 이 거대한 권력은 '앗수르Assyria' 제국이었습니다. 심판과 은혜를 번갈아 외치는 이사야의 예언은 무자비하게 흔들어대는 앗수르의 칼, 그 칼끝에서 밀려오는 거대한 파멸의 위험 앞에 홀로 저항하는 광야의 소리였습니다.

괴물 앗수르 제국! 그들은 누구인가? 지금의 터키 동쪽 그리고 이라크 북쪽에 등장한 거대한 나라, 살만에셀, 디글랏, 빌레셀, 사르곤이라는 악명 높은 왕들, 그들은 기름진 초승달 전역으로부터 무차별 조공을 거두어 드리고, 영토를 강제로 흡수하며, 무자비한 종족 청소를 일삼는 폭력집단이었습니다.

드디어 어느 날 앗수르가 시리아와 북왕국 이스라엘을 압박해오기 시작한 것입니다. 죽음의 위협 앞에서 오랜 세월 서로 원수였던 시리아와 북왕국 이스라엘이 앗수르에 맞서기 위해 동맹을 맺습니다. 이것이 유명한 '아람(시리아)-에브라임(북왕국) 동맹Aram-Ephraim Coalition'이었습니다. 그리고 이 동맹에 남왕국 유다를 끌어들이려고 남쪽을 침략해 왔습니다. 이 장면을 목격한 이사야는 이렇게 증언합니다.

웃시야의 손자… 아하스왕 때에 아람의 르신 왕과… 이스라엘의 베가 왕이 올라와서 예루살렘을 쳤으나 능히 이기지 못하니라(사 7:1).

문제는 이때였습니다. 남쪽 유다 왕 아하스는 시리아와 북쪽 이스라엘이 맺은 동맹을 거부하는 데까지는 옳았습니다. 그리고 그들의 침략에 강하게 저항했습니다. 그 다음 아하스는 앗수르에 구원을 요청합니다. 이때 절호의 기회를 잡은 앗수르는 단칼로 시리아와 북왕국을 쳐서 멸망시켰습니다. 그날이 바로 주전 722년 북왕국, 이스라엘이 멸망한 최후의 날이 되었습니다. 이 틈새에 남쪽 유다는 겨우 살아남았습니다. 그러나 그때부터 남쪽 유다는 앗수르의 속국이 되고 말았습니다. 바로 이때 이사야는 생명을 걸고 아하스 왕을 향하여 앗수르를 믿지 말 것을 경고합니다. 그러나 아하스는 이사야를 무시합니다. 이때부터 3년 동안 이사야는 몸을 벗고 맨발로 예루살렘 거리를 돌아다닙니다(사 20:2-3).

오늘의 대한민국은 지금 어디에 서 있습니까? IT로 세계를 주도하는 나라, 세계 경제의 중심에까지 근접한 나라, 그러나 이 나라의 미래는 오랫동안 세계 슈퍼 파워들의 파워 게임의 각축장으로 변모하고 있는 동북아시아, 그 한복판에 서 있는 외로운 섬나라입니다. 오늘 이 땅은 2,700년 전 남왕국 유다를 쏙 빼닮은 형국으로 치닫고 있습니다. 지금 K-Pop이 잘 나간다고… 한류 붐이 불고 있다고… 아시아 야구에서 승리했다고… 스케이트 여왕이 한국인이라고… 말춤이 세계를 지배한다고… 마치 1등 국민이 된 양 자만하는 이 땅의 한국인들! 지금 이 땅을 둘러싸고 벌어지는 냉혹한 국제정치의 파워 게임 앞에 눈을 돌려야 하는 때가 아니겠습니까?

동북아의 '종주국'이라는 우월의식을 가진 중국의 오만, 일본을 제치고 세계 경제 2위로 올라선 중국, EU를 좌지우지하는 중국, 그들은 수백 년 내정간섭, 영토침략의 욕망을 숨긴 채, 북한을 돕는 척하면서도 동북아의 주도권을 쥐고 주변국가, 특별히 한국과 베트남을 착취하려는 중국, 이는 분명 잠재적인 앗수르임에 틀림없습니다.

1905년 러일전쟁에서 패배한 러시아, 일본의 조선 지배권은 빼앗겼지만, 1945년 이후 북한의 종주국이 되면서 여전히 동북아시아의 침략을 꿈꾸는 또 다른 앗수르로 보아야 할 것입니다. 가장 가까우면서도 가장 먼 나라 일본, 지리적 접근 때문에 교류가 많았던 나라, 그러나 일본은 을묘왜변, 임진왜란, 강제합병과 착취, 민족성 말살 등 고대 앗수르의 수법을 그대로 사용하는 침략 근성의 나라입니다. 오늘 한국은 침략을 노리는 앗수르와 바벨론 그리고 애굽의 탈을 쓴 나라들로 욱여쌈을 당하고 있는 샌드위치 민족입니다.

바로 이 샌드위치에 이사야가 서 있었습니다. 오늘 한국교회가 이 샌드위치에 서 있습니다. 가장 처절한 정치적인 자리에 외로이 서 있던 이사야, 그러나 이사야는 이 거대한 슈퍼 파워들이 벌이는 위험한 정치게임의 틈을 뚫고 날 선 정치적 발언을 토해내기 시작합니다.

지상의 나라는 그 어떤 나라든 믿지 말라는 경고부터 시작합니다. 시리아와 북왕국이 쳐들어왔다 해서 앗수르를 의지하지 말라는 경고였습니다. 앗수르는 너를 구원할 자가 아니라는 경고였습니다. 지상의 모든 나라는 여호와의 심판 아래 있다는 경고였습니다.

여호와의 목소리에 앗수르가 낙담할 것이며 주께서는 막대기로 치실 것이라
(사 30:31).

그렇다고 애굽이 너를 구원하지 못한다는 또 다른 경고를 토하고 있었습니다.

도움을 구하러 애굽으로 내려가는 자들은 화 있을진저⋯ (사 31:1).

지상의 그 어떤 나라도 믿지 말라는 경고였습니다. 이사야는 오늘 사면으로 욱여쌈을 받고 있는 한국을 향해 말합니다. 중국으로도, 러시아로도, 일본으로도, 심지어 미국으로도, 더더욱 북한으로도 그 어느 나라도 의존하거나 믿지 말라는 경고로 다가옵니다. 이것이 이사야의 첫 번째 예언이었습니다.

그러나 이사야는 목 놓아 외쳤습니다. 두 번째 예언으로 옮겨가고 있었습니다.

여호와의 불은 시온에 있고 여호와의 풀무는 예루살렘에 있느니라(사 31:9).

이제 지상의 정치가 끝나는 자리에 하나님의 정치가 시작된다는 신호를 보내기 시작합니다. 여호와의 불이 시온에 있다는 말은 하나님의 통치하심만이, 하나님의 임재하심만이, 하나님의 보호하심만이 유다와 예루살렘을 지켜낼 수 있다는 선언이었습니다. 인간 정치를 넘어 통치하시는 하나님의 정치의 시작입니다. 여호와의 불이 시온과 예루살렘을 지키시는 한, 시온은 지상의 나라들이 감히 넘볼 수 없는 하나님의 도성이 된다는 선언이었습니다.

결국 앗수르왕 산헤립은 남왕국 유다마저 침공하고, 왕의 신하 랍사게가 하나님을 모독하는 위협 앞에서 히스기야 왕은 이때 하나님 앞에 엎드렸습니다. 가장 위험한 정치적 순간에 하나님의 통치하심을 간구하는 기도를 드렸다는 이 역설이 왜 그리 아름답게 다가오는 것일까?

우리 하나님 여호와여 이제 우리를 그의 손에서 구원하사 천하만국이 주만이

여호와이신 줄을 알게 하옵소서(사 37:20).

서울에 여호와의 불이 임하기를 간구하는 대통령, 지도자들 그리고 한국교회를 다시 생각해봅니다.

그러나 이사야의 예언은 놀라운 하나의 역설로 끝을 맺습니다. 이것은 이사야의 세 번째 예언이었습니다. 하나님은 '아기의 모습'으로 역사에 개입하신다는 예언이었습니다. 하나님의 정치는 지상의 권력들을 치십니다. 그러나 시온을 불로 지키시는 하나님은 모든 사람을 끌어안으시는 평화의 왕으로 오십니다. 이사야는 이 약속을 보고 있었습니다. 그는 노래했습니다.

> … 한 아기가 우리에게 났고… 그의 어깨에는 정사를 메었고 그의 이름은 기묘자라, 모사라, 전능하신 하나님이라… 평강의 왕이라… 영원히 정의와 공의로 그것을 보존하실 것이라…(사 9:6-7).

이 아기는 임마누엘, 하나님이 함께하시는 임재였습니다. 하나님의 정치는 이 땅에 진정한 하늘의 공의와 정의가 실현되는 평화의 왕국을 세우는 데 있었습니다. 이사야는 놀랍게도 700년 뒤에 오시는 메시아의 임마누엘을, 평화의 왕을 지금 죽어가는 유다 땅에서 예고하고 있었습니다. 오늘 죽음의 자리는 하나님의 약속의 자리라는 예고였습니다. 오늘 이 땅에 이사야는 무엇입니까?

여호와의 불이 서울을 지키지 아니하시면, 파수꾼의 수고가 헛된 것임을 경고하고 있습니다. 사면으로 욱여쌈을 당하여도 하나님을 의지하는 신앙이 진정 이 땅에 살아있는 한, 여호와의 불은 서울을 지키실 것입니다. 이것이 하나님의 정치적 약속입니다.

그러나 하나님의 정치는 여기서 끝나지 않습니다. 하나님의 거룩하신 구원의 뜻을 공의와 사랑 그리고 평화로 이 땅에 구현하는 그날, 하나님은 이 민족을 들어 지구촌을 비출 하나님 나라 그루터기로 들어 쓰실 것입니다. 여호와의 불이 서울을 지키시는 하나님의 통치하심, 그 통치하심이 하나님의 공의와 사랑 그리고 평화를 구현하는 그날, 우리는 이렇게 노래할 수 있을 것입니다.

여호와의 말씀이 예루살렘에서부터 나올 것이라…. 무리가 그들의 칼을 쳐서 보습을 만들고 그들의 창을 쳐서 낫을 만들 것이며 이 나라와 저 나라가 다시는 칼을 들고 서로 치지 아니하며 다시는 전쟁을 연습하지 아니하리라(사 2:3-4).

이것이 이사야의 세 번째 예언이었습니다.

정치적으로 가장 민감한 오늘, 여호와의 '불'만이 서울과 이 나라를 지키시는 하나님의 정치적 약속을 간구하는 민족이기를 소망해 봅니다. 더 나아가 이 땅이 하나님의 평화를 구현하는 그루터기로 변화되는 그날, 하나님은 이 그루터기를 들어 쓰실 것입니다.

우리는 무엇을 거짓 예언이라 하는가?

> 총 본문: 예레미야 1장 1절~26장 24절
> 주제 본문: 예레미야 7:1-11; 14:11-18; 23:1-8; 23:23-33

요사이 기독교를 풍자하는 두 개의 은유가 유행하고 있습니다. 그 하나는 교회에 안 나가는 신자를 '가나안 성도_{안 나가}'라고 부릅니다. 그러나 다른 하나는 '노마드 신자'라 합니다. Normad_{유목민, 유랑자}에서 따온 노마드 신자는 '교회를 유랑하는 이들', '교회를 정해서 다니기는 하지만 등록은 하지 않은 기독교인', '예배만 드리고 교제는 하지 않는 사람', '가끔은 교회 앞까지 가서 근처 분위기 좋은 카페에 들어가 커피 한 잔 시켜놓고 실시간 중계를 통해 설교를 듣는 신자'들을 지칭한다고 합니다.

한 초등학교 교사이며 '노마드 신자'인 L선생은 한 고백의 글에서 다음과 같은 문장을 남겼습니다.

… 이제는 마음먹고 잘 다니겠다는 생각으로 등록을 했다. 내성적인 성향의 나로서는 교회에 등록하는 과정이 정말 싫었다. 신앙경력과 신상을 적었고 오래 기다려 사진을 찍었다. 다음 주 새 교인을 소개하는 시간에 내 얼굴이 대형화면에 펼쳐졌을 때 그리고 일어서서 축복을 받아야 했을 때는 정말 숨어버리고 싶었다. … 그 후 나는 다른 교회로 가기로 했다. … 그러나 내가 결정적으로 그 교회 (또 다른 교회)를 떠나게 된 것은 어느 날, 신앙 부흥회를 하고 나서였다.

'목회자에게 충성하라. 교회는 무조건 커야 한다. 그래야 세상 사람들이 깔보지 않고, 목사도 기가 산다. … 자식 잘 되게 하려면 내일 올 때 헌금봉투에 말씀 쓰고 할 수 있는 만큼 많이 헌금해라.' … 꽉 찬 예배당에 있던 모든 사람들은 아멘을 했고, 나는 절망했다. 그리고 누구에게도 내 절망을 말하지 않고 나는 교회를 떠났다.

문제는 이런 '노마드 신자'는 계속 늘어갈 것이라고 합니다. 왜 일까? 노마드 신자를 탓하기 전에 오늘 한국기독교는 스스로 거짓 축복과 거짓 예언에 사로잡혀 있다는 자각과 회개에서부터 풀어가야 하는 것은 아닐까?

유럽 속의 고독한 나라는 체코Czech입니다. 지금은 EU와 OECD의 당당한 회원국이지만, 지난 세기만 해도 체코는 독일 나치스와 소련 연방의 무자비한 침략, 압제 그리고 살상을 처절하게 경험한 비극적인 민족이었습니다. 그리도 유명한 '프라하의 봄'은 민족적 저항을 상징하는 사건으로 지금도 기억되고 있습니다.

그러나 600여 년 전의 체코는 '양손의 칼'을 든 로마가톨릭 교황의 지배 아래 있었습니다. 양손의 칼은 교회와 국가를 모두 손 안에 넣고 통치했다는 의미입니다. 그러나 이 거대한 기독교 왕국 안에서는 '성직매매', '면죄부'가 성행하면서 당시 로마교황청은 거대한 '부'를 축적하고 있었습니다.

이때 체코의 수도, 프라하 안에 자리한 프라하대학교에는 얀 후스John Huss라는 보헤미안Bohemian 출신의 사제가 총장직을 수행하고 있었습니다. 그는 독실한 가톨릭 사제이며, 학자이고 또 행정가였습니다. 1406년 어느 날 후스는 당시 영국을 뒤흔들고 있던 옥스퍼드 대학교수, 평신도 신학자 존 위크리프John WyCliff의 '교회론'을 접했습니다. 그 글은 교황의 면죄부가 거짓임을 폭로하고 있었으며, 성경으로 돌아갈 것을 호소하고 있었습니다.

여기서 후스는 처음으로 로마가톨릭교회의 거짓을, 거짓 예언을 보기 시작합니다. 그리고 어느 날 대학채플에서 후스는 로마교회의 위선과 거짓을 고발합니다. "하나님의 이름으로 교황이 검을 쓰는 것은 위선이라고…." 후스는 지금 생명을 걸고 거짓 예언에 항거하고 있었습니다. 기록에 따르면, 후스의 설교에 감명을 받은 추종자 3명이 교황칙서를 불태우고, 면죄부를 사기라고 비판하는 사건이 일어났습니다. 그들은 즉각 체포되고, 목이 잘려 처형되었습니다. 후스는 즉각 출교되고 체포된 후, 종교재판에 넘겨졌습니다. '콘스탄스의 회Constance Council' 재판에서 주교 3명은 변론의 기회조차 거부한 채 후스를 심문하고, 73일 동안 감옥에 가두고 쇠고랑으로 발을 묶고 굶겼습니다. 1415년 최종 심문에서 로디Lodi 주교는 후스를 이단으로 규정하고 사형을 선언했습니다.

그 즉시 사제 옷을 벗기고, 이단자라는 글이 새긴 검은 종이모자로 얼굴을 가리고 무릎을 꿇게 하는 순간, 후스는 손을 높이 들고 기도했습니다.

저들을 용서하옵소서. 하나님은 이 모든 일의 증인이십니다.

1415년 7월 6일, 후스는 화염 속에 처형되고, 시체 가루는 라인강에 뿌려졌습니다. 그때 그의 나이 46세였습니다. 후스가 처형되자 보헤미아와 모라비아의 기사들과 귀족들은 반기를 들고 일어나 로마가톨릭교회에 저항하는 전쟁을 일으켰습니다. 이것이 유명한 '후스전쟁'이었습니다. 후스는 갔지만, 그의 순교는 체코의 얼을 창조하는 신앙의 씨가 되었으며, 후스파Hussite 교회와 모라비아Moravian 교회를 통한 복음적 신앙을 지금도 이어가는 그루터기가 되었습니다.

하나님을 빙자한 거대한 기독교왕국! 그것은 하나님 나라를 가로막는 거짓 종교, 거짓 평화 그리고 거짓 예언이었기에 후스는 생명을 걸고 거짓을 고발하는 참 예언의 증언이었습니다. 그러나 그것은 고독한 투쟁이었습니다.

예레미야 1장에서 26장까지의 에피소드는 예루살렘 길거리에서 홀로 외치며 눈물로 살았던 한 비운의 예언자, 예레미야의 이야기입니다. 그의 예언에는 '주제'도 없고, '시간의 흐름'도 없으며 때로는 '시적poetic'으로, 또 때로는 '산문prose'으로 표현되어 중심을 잡기 어려운 예언입니다.

그러나 그의 예언 그 뒤에는 마지막 멸망을 향해가는 조국, 남왕국 유다의 운명 속에 작은 불꽃을 되짚어보려는 강렬한 민족주의가 흐르고 있었습니다. 지금 유다는 앗수르, 애굽 그리고 동방의 신흥제국 바벨론이 벌이는 숨 가쁜 정치 게임 안에 욱여쌈을 당하고 있었으며, 그 운명은 벼랑 끝으로 몰림을 받고 있었습니다. 예레미야는 순간순간 나라의 멸망을 보고 있었습니다.

그런데 놀랍게도 예레미야는 예리한 눈과 정치적 감각을 가지고 '수퍼 파워'들이 펼치는 정치 게임의 역학을 예리하게 읽기 시작하였습니다. 상상도 할 수 없었던 영원한 제국 앗수르가 궁중 난, 장군들의 배신으로 서서히 무너져가는 역사의 신비한 흐름을 보기 시작합니다. 그 틈새에 신 바벨론이 앗수르를 공격하면서 서서히 바뀌는 기묘한 장치 판도를 읽기 시작했습니다.

바로 이때 기회를 얻은 유다 왕 요시야는 잃어버렸던 땅을 회복하는 데 성공합니다. 그러나 므깃도 전투에서 요시야는 애굽 왕에게 패배하고 죽임을 당하는 비운을 맞습니다. 요시아 왕의 시체가 예루살렘에 도착하는 그 날 통곡소리는 유다와 예루살렘 하늘을 뒤덮었습니다. 유다는 또 한 번 애굽의 속국으로 전락하고 있었습니다.

절대 절명의 민족적 위기를 위기로 보는 사람은 아무도 없었습니다. 언제나 위기란 위기를 위기로 보지 않으려는 눈가림 안에 존재합니다. 그러나 예레미야는 이 위기를 정확히 읽고 있었습니다. 이것을 예언자의 '눈'이라 해도 좋습니다.

바로 이 때였습니다. 이 위기를 자신의 왕권 유지의 기회로 삼으려는 요시야 왕의 아들 여호야김이 등장하면서, 그의 매국노적 행위가 예레미야를 괴롭히기 시작했습니다. 애굽 앞에서는 온갖 아부를, 자기 민족에게는 무거운 세금과 중노동을 강요하면서까지 왕위를 지키려는 여호야김 왕의 거짓 평화가 예레미야를 괴롭히기 시작한 것입니다. 그래서 예레미야는 생명을 걸고 외쳤습니다.

네가 백향목을 많이 사용하여 왕이 될 수 있겠느냐?(렘 22:15).

네 두 눈과 마음은 탐욕과 무죄한 피를 흘림과 압박과 포악을 행하려 할 뿐이
니라(렘 22:17).

왕을 향한 이 예언은 죽음을 가져올 수도 있는 극한 발언이었습니다. 그러나 민족이 멸절해가는 마지막 길목에서 왕이 자신의 탐욕만을 즐기려는 위선은 끝까지 막아야만 했습니다. 왕의 위장된 평화는 민족 멸망으로 맞닿아 있었기 때문이었습니다.

그러나 민족의 숨을 조이는 초강대국들의 정치게임 앞에서 다른 한구석에서는 하나님의 평화를 빙자한 종교 시스템을 만들고, 그것을 신비화하고, 거기서 헌금을 뜯어내는 거짓 선지자들이 있었습니다. 이들 선지자와 제사장들은 자신들의 길은 바르게 아니하고, 이웃들 사이의 정의는 행하지 아니하며, 무죄한 자의 피를 흘리게 하면서도 "여호와의 전"이라고, '여호와의 전'(7:4)이라는 말로 성전 문만 들락거리게 하면서 헌물과 헌금만을 거두어들이는 속물들이었습니다.

민족의 운명이 끝자락으로 치닫는 멸망의 어구에서, 민족을 위한 하나님 앞에서의 기도는 그친 지 오래되었습니다. 민족이 죽든지 말든지 나 하나만의 권력 유지와 영화부귀를 누리고자 하는 정치권력과 종교 지도자들의 속성은 예나 지금이나 동일하다는 점에서 예레미야는 지금도 서울 한 거리에서 눈물을 흘리고 있는지도 모릅니다.

거짓 평화와 참 평화! 거짓 예언과 참 예언! 이 둘을 갈라놓는 기준은 무엇일까? 우리는 무엇을 거짓 예언이라 하는가?

하나님께서 임재하시는 공간! 그 공간이 거부된 그 어떤 것도 그것은 거짓 평화, 거짓 예언입니다. 그것은 정치적 약속일 수 있으며,

종교 시스템일 수도 있고, 설교일 수 있으며, 신학과 목회일 수도 있고, 교회 건축물과 교회 프로그램일 수도 있습니다. 아무리 화려하고 요란한 것이라 해도, 그 속에 하나님의 임재의 공간이 거부된 그곳은 무엇이든 거짓일 수밖에 없기 때문입니다.

얀 후스의 순교 그 자체는 중요하지 않습니다. 후스의 순교를 높이는 것은 또 하나의 거짓을 만들어내는 오류일 수 있습니다. 후스의 순교는 예레미야의 후속이었습니다. 하나님의 임재를 위장한(사실은 거부한) 당시 로마가톨릭교회의 거짓 평화와 거짓 예언(거짓 시스템)에 대하여 '아니오'를 외쳤던 참 평화와 참 예언의 증언이었습니다.

예레미야의 예언은 망해가는 민족적 운명 앞에서 하나님을 빙자한 권력 의지(하나님의 통치하심을 거부한), 예루살렘 성전을 장사의 소굴로 만든(하나님의 임재의 공간을 거부한) 종교지도자들의 거짓 평화와 거짓 예언에 대하여 '아니오'를 외쳐야 했던 참 예언, 참 평화의 증언이었습니다. 그것으로 족합니다.

오늘 하나님의 임재를 사실상 거부한 채 교회당을 "여호와의 전"이라고, "여호와의 전"이라 신비화하고, 그곳에서 헌금을 거두어들이는 잘못된 종교 시스템은 하나님의 진노를 피할 길이 없기 때문입니다. 교회는 하나님의 임재를 경험하는 통로(종말론적 통로)이고 증언 그 이상이 아니기 때문입니다.

우리는 무엇을 거짓 예언이라고 합니까?

하나님의 이름을 빙자한, 아니 하나님 임재의 공간을 거부한 모든 것! 정치권력, 종교왕국, 심지어 우리 하나하나의 신앙과 가정까지도 거짓 평화, 거짓 예언일 수 있습니다. 오늘도 예레미야가 눈물로 참 평화를 외치는 이유가 여기에 있습니다.

하나님이 남겨 두시는 그루터기

> 총 본문: 예레미야 27장 1절~52장 34절
> 주제 본문: 예레미야 27:1-12; 29:1-14; 30:1-3; 30:18-22; 51:34-43

2012년 새해! 흑룡의 해인 임진년은 용이 트림을 하는 해라 해서 기운이 차고 또 넘치는 해라고 합니다. 그러나 다른 한편 2012년은 지구가 멸망한다는 불길한 예언들이 쏟아져 나오는 해이기도 합니다. 그것도 12월 21일 밤 9시 21분이면 지구가 소멸된다는 예언이 지구촌을 흔들고 있습니다. 불길한 예감으로 인터넷을 검색하다 만난 글 하나를 짧게 요약해보겠습니다.

과거의 종말론은 기독교 광신자들의 '휴거론'이나, 예언을 근거로 했다면, 최근의 종말론은 고대 마야문명을 내세우는 것이 특색이다. 400년 전 대예언가, 노스트라다무스가 예언한 지구멸망도 1999년이 아니라 2012년이라는 것! 어느 문명보다 수학과 천문학의 발달로 정확한 '달력calendar'를 가지고 있던 고대 마야족은 6개의 태양을 믿었다고 한다. 그런데 6번째 태양이 없어지는 날이 2012년 12월 21일이고, 7번째 태양이 떠오르지 않아 지구는 멸망한다는 것이다. 이것은 5128년을 주기로 소멸되고 재생된다는 달력에 근거하고 있다.

2001년 9월 11일 미국대참사를 정확히 예언했던 '웹 보트web. Bot'라는 컴퓨터 프로그램도 2012년을 지구 종말의 해로 지목하고 있습니다. 지구의 자기력 파괴, 자외선, 온난화, 태풍, 핵이 그 원인이라는 것! 그래서 요사이 종말론 인터넷 카페에는 동호회 회원이 무려 5만 명을 넘어섰으며, 백두대간인 충북 단양과 전북 무주가 한국의 노아방주라는 소문이 퍼지면서 이곳 산속으로 피난하는 사람들이 늘고 있습니다. 그리고 "집 사는 일도, 인생 설계도 중단하라. 그동안 하고 싶었던 일을 꼭 하라"라는 유행어가 돌고 있다고 합니다. 그러나 과학자와 미래학자는 이 예언들이 경고하는 급격한 변화에는 동의하지만, 지구는 그리 쉽게 멸망하지는 않는다고 합니다.
칼 크루젠니히Karl Kruszelnichi는 이렇게 말했습니다.

달력의 주기가 끝에 오면, 그 주기는 다음 주기로 자연스레 넘어간다. 12월 31일은 세계의 종말이 아니라 그 다음해 1월 1일로 넘어간다. 마야달력의 기호 1.3.0.0.0.0은 0.0.0.0.1로 이어지는 것이다.

이것들은 시한부 종말론 기사를 요약한 글이었습니다. 태양의 순환을 기호화하고, 그것으로 지구의 수명을 계산하는 마야식 예언은 하나의 경고일 수는 있어도, 그것은 하나의 신화 내지는 가설에 불과하다는 결론이었습니다. 그러나 오늘 성경은 시한부 종말론과는 전혀 다른 종말론을 증언하고 있습니다. 신학은 이를 '역사종말론'이라 합니다.

BC 600년 전, 지금으로부터 2,600년 전, 예루살렘 길거리 한복판에 서서 이 도성과 이 민족의 종말을 외치는 외로운 소리가 있었습니다.

> 내가 그들을 네 가지로 벌하리니 곧 죽이는 칼과 찢는 개와 삼켜 멸하는 공중의 새와 땅의 짐승으로 할 것이며… 내가 그들을 세계 여러 민족 가운데에 흩으리라(렘 15:3-4).
>
> 내가 칼과 기근과 전염병을 그들 가운데 보내… 내가… 준 땅에서 멸절하기까지 이르게 하리라(렘 24:10).

이 엄청난 경고는 한 입술을 통해 무려 40년 동안 계속되었습니다. 그러나 이 소리에 귀를 기울인 사람은 없었습니다. 그나마 남아 있는 유대 땅 므낫세 왕이 듣지 않았고, 선왕 요시야는 전사함으로 기회를 놓쳤으며, 여호야김 왕은 자신의 탐욕 때문에 그리고 거짓 선지자들은 자신들의 기득권 때문에 임박한 종말을 애써 외면하였습니다. 그러나 결국 남왕국 유다와 예루살렘은 그 마지막 운명에 직면합니다. BC 597년 영원한 도성, 예루살렘은 바벨론 왕 느부갓네살의 손에 포위되고, 3개월 뒤 성은 초토화되었습니다. 그 사이 여호야김 왕은 이유 없이 죽고, 18세의 여호야긴이 왕이 됩니다. 그러나 바벨론을 저항하기에는 아무것도 남지 않았습니다.

느부갓네살 왕은 유대 왕, 귀족, 장인, 군대장관 모두 1만 명과 노획한 성전기물을 모조리 바벨론으로 끌고 갔습니다. 그중에는 에스겔도 포함되어 있었습니다. 이것을 1차 멸망이라 합니다. 여기서 시한부 종말론과 성경이 말하는 역사종말론은 한 가지 공통점을 지닙니다. 역사는 끝이 있다고… 인간의 문명은 종말이 있다고… 이 세상에 영원한 것은 아무것도 없다고. … 바로 이 비참한 파멸의 현장을 목격한 이는 길거리의 예언자, 예레미야였습니다.

예레미야는 아직 남아 있는 마지막 불꽃을 집기 위해 죽음을 무릅쓰고 예루살렘에 머물렀습니다. 그러나 예루살렘의 작은 불꽃은 다시 제2차 멸망으로 이어지면서 끝내 소멸되고 말았습니다. 느부갓네살이 꼭두각시로 세웠던 요시야의 막내아들, 당시 21살의 시드기야가 바벨론을 배신하면서 유다는 두 번째 멸망으로 빠져들었습니다.

BC 587년 느부갓네살은 대군을 이끌고 들어와 그나마 남아 있던 예루살렘성과 성전을 모조리 불사르고, 도망치는 시드기야 왕을 붙잡아 보는 앞에서 아들들을 죽이고, 시드기야의 눈알을 빼 소경으로 만든 후 바벨론으로 끌고가 죽을 때까지 옥에 가두어 두었습니다. 그리고 예레미야는 그토록 싫어하던 애굽으로 끌려가 그 곳에서 눈물의 생을 마쳤습니다. 영원한 다윗의 도성, 예루살렘이 쓰러져 잿더미가 된 뒷모습을 예레미야애가 기자는 이렇게 애곡하였습니다.

슬프다 어찌 그리 금이 빛을 잃고, 순금이 변질하였으며, 성소의 돌들이 거리 어귀마다 쏟아졌는고…(애 4:1).

젖먹이가 목말라서 혀가 입천장에 붙음이여, 어린아이들이 떡을 구하나 떼어 줄 사람이 없도다(애 4:4).

2012년 12월 21일 지구의 멸망을 예고한 '시한부 종말론'과 2,600년 전 유다와 예루살렘의 멸망을 경고했던 예레미야의 '종말론' 사이에 오늘 이 지구촌이 끼어 있습니다. 그러나 이 두 종말론 사이에는 건널 수 없는 차별성 하나가 숨어 있습니다. 하나는 극히 '파괴적'이고, 다른 하나는 '생명 살리기' 종말론입니다.

'시한부 종말론'은 종말의 시간을 정해 놓고 멸망을 예언하는 것이 특징입니다. 고대 마야의 예언, 400년 전의 노스트라다무스의 예언, 여호와증인의 예언, 1950년대의 박태선의 예언 그리고 몇 년 전 한국을 뒤흔들었던 '휴거'는 한결같이 '종말의 시간'을 정해 놓고 지구와 인류멸망을 예언하였습니다. 그러기에 시한부 종말론은 인간이 정한 시간과 그 시간을 주기화한 달력으로 하나님의 창조와 그 신비적 운행을 마구 재단하고 또 종말을 인위적으로 끌어내는 근본적인 오류에 빠져 있습니다.

그러나 예레미야로 대변되는 '역사종말론'은 인간이 정한 시간과 달력으로 하나님의 역사 진행을 마음대로 재단하거나 난도질하지 않았습니다. 거꾸로 '역사종말론'은 오늘을, 우리가 사는 이 역사적 현실을, 금방 멸망할 것 같은 역사의 현장까지도 오고 있는 하나님의 통치하심에서, 심판과 은혜로 다가오시는 하나님의 구원의 빛에서 해석하고 또 증언하는 예언이었습니다. 그러기에 역사종말론은 우리의 삶과 역사 그리고 위기까지도 하나님의 통치하심과 경륜하심에서 출발합니다. 인간과 역사를 향하신 하나님의 뜻을 분별하고 또 증언하는 예언이었습니다.

그래서 예레미야는 시한부 종말론자가 아니었습니다. 그는 어두워가는 예루살렘 한복판에 서서 하나님의 오심을 보고 있었습니다.

그리고 외쳤습니다. 회개하고 하나님께로 돌아오라고… 그는 역사를 심판하시지만 다시 싸매시는 하나님의 구원을 보고 있었습니다. 그래서 예레미야를 불러 역사종말론자라 합니다.

그러나 예레미야는 여전히 수수께끼 하나를 남겨두고 있습니다. 그는 친바벨론자pro-Babylonian였는가? 그래서 그는 반애굽주의자anti-Egyptian로 몰렸는가? 성경을 보면 그는 분명 친바벨론자였습니다.

> 이제 내가 이 모든 땅을 내 종 바벨론의 왕 느부갓네살의 손에 주고 또 들짐승들을 그에게 주어서 섬기게 하였나니(렘 27:6).

유다를 멸망시킨 바벨론 왕 느부갓네살을 하나님의 종으로까지 표현한 예레미야는 맞아 죽어도 할 말이 없는 매국노였습니다. 그리고 유다 시드기야 왕에게는 "네가 만일 바벨론의 왕의 고관들에게 항복하면 네 생명이 살겠고 이 성이 불사름을 당하지 아니하겠고 너와 네 가족이 살려니와"(렘 38:17)라고 한 이 예언은 분명 친바벨론자임에 틀림없었습니다. 그리고 예레미야는 바벨론으로 끌려간 유다인 포로들에게 보낸 편지가 더욱 예레미야를 매국노로까지 몰고 갔습니다.

> 너희는 집을 짓고 거기에 살며, 텃밭을 만들고 그 열매를 먹으라. 아내를 맞이하여 자녀를 낳으며… 너희는 거기에서 번성하고 줄어들지 아니하게 하라. 너희는… 성읍의 평안을 구하고 그를 위하여 여호와께 기도하라. 그 성읍이 평안함으로 너희도 평안할 것임이라(렘 29장).

이 편지는 자칫 이방 땅에서 '영원히 포로로 살라'는 저주의 편지
일 수도 있었습니다. 그래서 예레미야는 포로가 된 동족, 유대인들의
증오의 대상이 되었습니다. 그러나 성경은 역설적으로 예레미야를
반바벨론자Anti-Babylonian로 증언합니다.

> 너희는 나라들 가운데 전파하라. 공포하라 깃발을 세우라 숨김이 없이 공포하
> 여 이르라 바벨론이 함락되고…(렘 50:2).

바벨론을 예찬하는 듯하면서도 바벨론이 어느 날 멸망할 것이라
는 예언이었습니다. 이것이 예레미야를 쉽게 풀 수 없는 미스테리입
니다. 친바벨론과 반바벨론 사이를 수 없이 오고간 예레미야의 정체
는 무엇이었던가?

우리는 이 물음과 함께 이제 예레미야의 긴긴 예언 그 종착점에
다가서고 있습니다. 한마디로 예레미야는 '친pro'도 '반anti'도 아니었
습니다. 오히려 그는 이 모든 역사 진행, 인간이 헤아릴 수 없는 이
역사를 오고 있는 하나님의 통치하심과 약속에서 보고 있었습니다.

> 여호와의 말씀이니라. 보라 내가 백성 이스라엘과 유다의 포로를 돌아가게 할
> 날이 오리니 내가 그들을 그 조상들에게 준 땅으로 돌아오게 할 것이니 그들이
> 그 땅을 차지하리라(렘 30:3).

유배라는 비극 그 한복판에서 예레미야는 하나님의 해방의 날을
보고 있었던 것입니다. 포로들이 해방되어 돌아오는 새 날을 읽고 있
었습니다. 잃어버린 땅과 민족을 되찾아 주신다는 하나님의 구원의

약속을 보고 있었습니다.

"감사하는 소리가 나오고 즐거워하는 자들의 소리"를 예레미야는 지금 겪고 있는 비극의 현장에서 듣고 있었습니다. 그리고 파괴된 이스라엘과 다시 맺으시려는 하나님의 새 언약을 보고 있었습니다. "너희는 내 백성이 되겠고 나는 너희들의 하나님이 되리라"(렘 30:22). 시내산에서 맺으셨던 언약을 다시 회복하시는 하나님의 약속을 보고 있었습니다.

바로 이 구원의 때, 해방의 소망이 예레미야를 때로는 '친바벨론자pro-Babylon'처럼, 때로는 '반바벨론자anti-Babylon'처럼 만들었습니다. 그러나 그는 '친'도 '반'도 아니었습니다. 한마디로 바벨론은 하나님이 들어 쓰시는 도구에 불과했습니다. 이스라엘의 남은 자, 그루터기를 잠시 지켜주는 보호막이었습니다.

2012년 12월 21일 지구는 결코 멸망하지 않습니다. 시한부 종말론은 거짓 예언에 불과합니다. 하나님의 거대하신 창조와 그의 경륜하심은 인간이 만들어낸 '달력calendar'에 의해 조작되지 않기 때문입니다. 인간은, 특히 정치인들과 종교인들은 이 유혹에 많이 노출되어 있습니다. 마치 내가, 내가 정한 시간으로 역사를 바꿀 수 있다고 착각하는 시한부 종말론에 매혹되기 쉽습니다. 그러나 이 종말론은 위선이고 또 거짓입니다.

성경은 증언합니다. 역사종말론은 시간을 가지고 하나님을 시험하거나 재단하지 않습니다. 거꾸로 하나님의 시간에서 오늘을 시험합니다.

2012년 새해, 남쪽이든 북쪽이든 이 분열된 민족의 지도자들! 권력과 정치의 눈으로 미래를 재단하려는 욕망을 버렸으면 합니다. 거꾸로 이 민족의 위기를 하나님의 약속에서 볼 수 있는 예언자적인 눈을 가졌으면 합니다. 하나님께서 남겨두시려는 이 땅의 거룩한 그루터기를 잘 가꾸었으면 합니다. 어느 날 하나님께서는 이 그루터기를 들어 이 땅에 새로운 일을 시작하실 것입니다. 이것이 2012년 새해의 저의 기도입니다.

이 뼈들이 능히 살겠느냐?

> 총 본문: 에스겔 1장~48장
>
> 주제 본문: 에스겔 1:1-3; 2:1-7; 3:1-3; 37:1-14

BC 597년! 남왕국 유다 예루살렘 성이 함락되던 날! 18살짜리 유다 왕, 여호야긴과 왕족, 정치지도자와 대장장이, 목공과 건축가 1만 명이 포로가 되어 바벨론으로 끌려가던 날! 그 속에는 25살가량의 젊은이 하나가 끼어 있었습니다. 그의 이름은 에스겔이었습니다.

시편 137편은 바벨론 그 어느 강가에서 유배민이 된 이스라엘 포로들이 읊은 통곡의 애가였습니다.

우리가 바벨론 여러 강변 거기에 앉아서 시온을 기억하며 울었도다… 우리가 이방 땅에서 어찌 여호와의 노래를 부를까?(시 137:1, 4).

그러나 이 통곡은 옛날 선조들이 겪었던 애굽에서의 고통, 가혹

행위, 노동에서 온 한의 노래가 아니었습니다. 오히려 유프라테스 강가에 끌려 온 히브리 포로들은 집과 동네 그리고 제한된 자유까지 누리고 있었습니다. 그러기에 시편 137편은 자유와 풍요 속에서 부르는 통곡이었습니다. 사람은 떡으로만 살 수는 없었습니다. 무엇 때문이었을까?

왜 하나님은 자기가 사랑하는 백성을, 자기가 아끼시던 도성을 그것도 이방인의 손을 들어 치셨을까라는 신앙의 질문 때문이었습니다. 그리고 하나님은 왜 사랑하는 유다를 버리시고 영원히 떠나셨을까라는 두려움 때문이었습니다. 그들은 지금 깊은 '영적 흑암spiritual blackout'으로 빠져들었습니다. 그래서 히브리인들은 절규하고 또 통곡하였습니다.

이렇듯 영적 흑암을 헤매던 어느 날, 그러니까 유다 민족이 포로가 되어 바벨론으로 끌려온 지 5년 째 되던 어느 날, BC 593년! 나이 30살이 된 제사장 에스겔이 하나님의 부르심을 입었습니다. 그곳은 텔아빕이라는 강가였습니다. 그때부터 예언자가 된 제사장 에스겔은 20년 동안 하나님의 계시를 목 놓아 외쳤습니다.

20년 동안 예언한 말들, 글들, 편지들을 하나로 묶은 것이 에스겔서입니다. 그러나 에스겔서는 성경 중에 가장 난해한 예언의 하나로 알려져 있습니다. 이상한 상징들, 알아들을 수 없는 은유들, 이상한 행동들 그리고 순서도 두서도 없는 글의 배열 때문에 에스겔서는 하나의 '신비mystery'입니다.

그러나 모두 48장으로 되어있는 이 방대한 예언 그 뒤에는 세 개의 큰 역사가 흐르고 있었습니다. 여기서 우리는 에스겔의 예언과 세 개의 큰 역사 사이의 관계를 주목하고자 합니다. 에스겔의 예언은 이 세 개의 역사들을 배경으로 하는 하나님의 말씀이고 계시였기 때문입니다. 에스겔서의 역사 그 처음은 주전 BC 597년 멸망한 예루살렘이 또 다시 멸망할지도 모르는 위기를 알리는 경고였습니다. 특히 에스겔서 1장에서 24장은 아직 예루살렘에 남아 있는 사람들의 회개를 호소하고 있었습니다.

에스겔서의 역사 그 두 번째는 유다의 형제 나라들이 바벨론의 앞잡이가 되어 유다를 괴롭힌 암몬, 모압, 두로 그리고 애굽까지 하나님께서 치신다는 예언이었습니다. 에스겔서 25장에서 32장의 예언은 이 역사를 배경으로 하고 있었습니다.

그리고 에스겔서의 역사 그 세 번째는 어느 날 하나님은 포로 된 자기 백성, 이스라엘을 풀어 다시 고향으로 돌려보내신다는 미래의 약속이었습니다. 그리고 폐허된 성전도 다시 세우신다는 약속이었습니다. 에스겔서 33장에서 48장까지의 예언은 이 약속의 때를 배경으로 하고 있었습니다.

저는 여기서 에스겔의 천재적인 언어사용에 놀라고 있음을 고백하고자 합니다. 20년 동안 선포한 그의 방대한 예언, 제2의 멸망을 앞에 둔 예루살렘과 유다 민족을 향한 마지막 회개의 호소, 이방 나라들의 멸망 그리고 버리셨던 자기 백성을 유배의 사슬에서 다시 풀어주시고 고향으로 돌려보내신다는 약속, 이 거대한 역사의 흐름을 단 세 마디 키워드key word로 담아내고 있는 에스겔의 기법 때문입니다. 에스겔서 37장의 세 마디 키워드는 이스라엘 민족의 오늘과 내일을 그 속에 담고 있는 상징이고, 은유이며 또 예언의 집약이었습니다.

첫 번째 키워드는 "마른 뼈", "말라비틀어진 뼈다귀"입니다.

나를 데리고 가서 골짜기 가운데 두셨는데 거기 뼈가 가득하더라. 나를 그 뼈 사방으로 지나가게 하시기로 본즉 그 골짜기 지면에 뼈가 심히 많고 아주 말랐더라(겔 37:1-2).

여기 마른 뼈는 포로 된 유다 민족이고 또 다시 멸망할지도 모르는 예루살렘 거민이었습니다. 죽은 민족, 죽어가는 민족을 뜻했습니다. 여러분은 마른 뼈다귀를 본적이 있으십니까? 한 민족이 멸망했다는 암호가 마른 뼈였습니다. 저는 지금도 생생하게 기억하고 있습니다. 1950년 6월 25일, 공산군이 무차별 남침을 시작한 후 불과 며칠 사이에 서울을 점령하고, 여세를 몰아 낙동강까지 밀고 내려가면서 수많은 사람들을 죽이고 또 포로로 끌고 갔습니다. 공산치하 3개월은 마른 뼈, 민족 멸망의 서곡 같은 것이었습니다. 같은 해 9월 28일, UN군의 서울 탈환 과정은 서울을 잿더미로 만들었고, 마포 한 구석에 숨어 겨우 생명을 건진 저는 흥분한 채 북아현동, 서대문을 지나 종로를 걸어가는 그 순간 몸을 가눌 수 없을 만큼 두려움과 공포에 휘말려들었습니다. 길거리에 쓰러져 죽어간 시체들, 마른 뼈들을 보는 순간 민족 멸망의 예감 같은 것이 어린 마음을 짓눌렀습니다. 청계천가에 자리하고 있던 수표교교회 저의 제2 모교회, 그러나 아무도 없는 빈 예배당에 엎드린 배고픈 10대 젊은이, 부모의 생사조차 알지 못하는 고아 같은 젊은이는 민족 멸망의 서곡 앞에서 한없이 울었습니다.

하나님! 어찌하여 이 민족을 이토록 버리십니까? 이 골짜기에서 마른 뼈다귀들을 왜 보이시는 겁니까?

계급 없는 사회를 내세운 공산주의자들! 지금쯤이면 마른 뼈다귀에 살이 오르고, 가죽에 기름이 흘러야 하는 것 아닌가? 그러나 200~300만 명이 굶어 죽어 마른 뼈다귀가 되어버린 민족 멸망 앞에서 여전히 세계 깡패가 되어버린 북녘 땅 지도자들! 20만 명으로 추산되는 동족들을 강제 수용소에 감금하고 굶기고, 혹사시키고 또 공개처형까지도 서슴지 않는 에스겔 골짜기의 게임game을 언제까지 계속할 것인가?

에스겔은 아골 골짜기 마른 뼈다귀 속에서 민족 멸망의 그림자를 보고 있었습니다. 목숨은 붙어있으나 그것은 이미 죽은 민족의 그림자였습니다. 대한민국은 마른 뼈다귀였던 때를 기억해야 합니다.

에스겔이 예언한 두 번째 키워드는 여호와의 말씀이었습니다.

인자야 이 뼈들이 능히 살 수 있겠느냐? … 내게 이르시되 너는 이 모든 뼈에게 대언하여 이르기를 너희 마른 뼈들아 여호와의 말씀을 들을지어다(겔 37:3-4).

저는 지금도 기억합니다. 전쟁으로 모든 것을 잃은 대한소국, 전쟁으로 모든 것을 포기했던 이 민족, 끼니를 이어갈 수 없었던 거지들의 왕국, 생산능력이란 아무것도 없었던 이 지상의 최빈국, 구제품에 매달려야 했던 거지 나라! 그러나 그때 한국교회는 적어도 하나님 앞에 엎드리는 겸손함이 있었습니다. 마른 뼈들 앞에서 하나님의 말씀을 대언하는 순수함이 있었습니다. 죽음의 골짜기로부터 풀어주신 하나님의 구원의 손길 앞에 뜨거운 감사가 있었습니다. 그래서 판자촌 예배당에 사람들은 모여들었고, 건물 지하 컴컴한 예배당에도 모여들었으며, 여의도광장에는 수백만 명이 운집하기도 하였습니다.

에스겔이 말씀을 대언하니… 한국교회가 하나님의 말씀을 대언하니… '소리'가 나기 시작하고 또 움직이기 시작하더니… 이 뼈 저 뼈가 들어맞아 뼈들이 서로 연결되기 시작하였습니다(37:7-8). 산업화 과정에서 이 민족은 정치적 혼란과 소용돌이를 겪었습니다. 그러나 그 틈새에 이 민족은 크고 작은 소리를 내기 시작하고… 또 움직이기 시작하고… 이 뼈 저 뼈들이 서로 연결되는 민족 동맥 같은 것이 살아나기 시작했습니다.

저는 지금 이 땅의 경제적 소생만을 말하지 않습니다. 초토화되었던 이 땅에 민주주의라는 동맥이 생기고, 세계를 놀라게 하는 도시 인프라infra가 생겼으며, 세계나라들과 호흡을 같이하는 온갖 동맥들이 생겨나는 이 과정들은 마른 뼈다귀들이 살아나는 사인sign같은 것이라고 보기 때문입니다.

그리고 에스겔은 그의 예언을 어어 갔습니다.

내가 또 보니 그 뼈에 힘줄이 생기고 살이 오르며 그 위에 가죽이 덮이나(겔 37:8).

오늘의 대한민국! 이제는 이 뼈와 저 뼈가 서로 연결되는 동맥을 넘어 힘줄이 너무 세져 버렸습니다. 대기업은 수단과 방법을 가리지 않고 중소기업까지 집어삼키기 시작했습니다. 정치꾼들은 국민 이름 팔아 권력 잡는 데에만 혈안이 되었습니다. 한국교회는 큰 것만을 추구하는 왕국화의 길로 치닫고 있습니다.

그리고 대한민국은 살이 너무 올라버렸습니다. 먹고는 살 빼는 일이 직업이 되어 버렸습니다. 가죽이 덮이다 못해 이제는 성형수술을 해서라도 가죽을 더 예쁘게 보여야 하는 허영에까지 왔습니다. 그런데 문제는 에스겔의 예언 세 번째 키워드입니다.

"그 속에 생기는 없더라"(37:8)입니다. "뼈와 뼈가 들어맞아 연결되고, 그 뼈에 힘줄이 생기고, 살이 오르며, 그 위에 가죽이 덮이는" 거대한 움직임, 죽었던 몸이 다시 살아나는, 소멸되었던 민족이 다시 우뚝 서는 이 움직임 속에 "생기"는 존재하지 않았습니다. 몸집은 커졌으나, 그 속에 생명은 없었습니다.

저는 대한민국의 기적을 하나님 앞에 한없이 감사하면서도, 오늘의 대한민국과 그 미래를 고민하고 절규하는 이유 한 가지가 있습니다. 그것은 경제성장, 민주주의 그리고 이 국토를 관통하는 인프라가 부족해서가 아닙니다. 어찌 보면 더 강력한 뼈의 힘줄이 생기고, 살이 오르며, 가죽이 그 위를 덮는 복지, 민주주의 그리고 경제정의가 이 땅을 더 풍요롭게 수놓을 수도 있습니다. 그러나 저에게는 대한민국의 미래를 절규하는 단 하나의 이유가 있습니다.

오늘 이 땅에는 하나님의 생기가 흐르지 않고 있기 때문입니다. 오늘 대한민국에는 아니 세계 곳곳에는 하나님의 생명이 흐르지 않고 있다는 의미입니다. 감싸주고, 품어주며, 서로를 아끼고 사랑하는 생명의 원초적 흐름이 우리 모두에게서 점점 사라져가고 있기 때문입니다.

오늘 정치꾼들의 제스츄어gesture에는 한결같이 잘사는 나라, 정의국가, 복지국가 같은 슬로건slogan들은 난무하지만 그 어디에도 서로를 감싸주는 생명의 흐름은 존재하지 않습니다. "그 속에 생기는 없더라"를 에스겔은 절규했습니다. 우리 한국교회마저 '축복'과 '화려한 프로그램'은 난무하지만 하나님의 생기를 호흡하는 생명의 흐름은 점점 멀어져가고 있습니다. "그 속에 생기는 없더라." 에스겔이 본 이 환상! 살은 오르고, 가죽에는 기름이 흐르지만, 그 속에 생명력은 존재하지 않는 우리 가정, 우리 사회, 우리 교회, 우리나라의 미래가 두려운 것입니다.

그래서 질문 하나를 거꾸로 물어야 합니다.

"이 뼈들이 능히 살겠느냐?"

이 물음은 에스겔을 통하여 오늘 우리에게 물어 오시는 하나님의 질문입니다.

젊은이는 이상을,
늙은이는 꿈을 꾸는 세계

> 총 본문: 미가 1장~7장; 요엘 1장~3장
>
> 주제 본문: 미 3:1-12; 4:1-5; 요엘 2:12-14; 28-32

농촌목회에 생명을 걸고 헌신해 온 한 목회자가 토로한 고백부터 들어보겠습니다.

오늘의 농촌은 젊은이들이 떠나가고, 그 빈자리에는 늙은이들만이 남아 있는 공동화가 일차적인 문제입니다. 그러나 오늘의 농촌은, 그보다 더 심각한 내면의 병을 앓기 시작했습니다.

그는 말을 이어갔습니다.

정부의 보조와 복지혜택이 늘어나면서 지금 농촌은 어떻게 하면 그

공짜 돈을 서로 나눠 먹을까에 혈안이 되었습니다. 그리고 서서히 마을 되기를 포기하기 시작했습니다. 작은 마을이 불신과 분열로 찢어지면서 오랜 세월 그나마 지탱해 온 공동체의 그루터기마저 깨져 나가고 있습니다.

이 땅에 이러저런 복지는 쌓여가지만, 그곳에 이상과 꿈은 서서히 사라져가고 있었습니다. 이것이 2012년 한국의 자화상 같아 슬픔이 앞서고 있습니다.

오늘 구원 순례는 주전(BC) 700년 경 요엘과 미가가 예언했던 예루살렘을 무대로 합니다. 예루살렘은 미가가 살았던 도성이기도 했습니다. 때는 북왕국 이스라엘과 수도 사마리아가 이미 북방의 앗수르에게 처참히 짓밟히고, 그 뿌리까지 사라진 후였습니다. 마지막 남은 예루살렘과 남왕국 유다의 꺼져가는 마지막 불꽃을 붙잡고 피를 토하는 미가! 그러나 예루살렘은 성한 곳이라곤 한 곳도 없는 총체적 타락 앞에서 그는 절규하기 시작했습니다.

예루살렘의 총체적인 타락 그 첫째는 통치자들의 부패와 포악성이었습니다. 통치자들은 백성들의 '가죽'을 벗겼다고 고발합니다. "그 뼈에서 살을 뜯어 먹었다"고 소리쳤습니다. 그리고 그것도 모자라 '냄비와 솥'에 담아 고기처럼 먹었다고 했습니다(미가 3:2-3). 극에 달한 정치적 부패를 고발하는 소리였습니다.

저는 요사이 오랜 세월 지구촌이 눈여겨보지 아니했던 한 나라를 주목하고 있습니다. 남미의 브라질이 그 나라입니다. 남미에서 유일하게 포르투갈어를 사용하는 나라, 러시아, 캐나다, 중국, 미국 그 다음으로 큰 땅을 가진 나라 브라질, 인구는 1억 9,000만 명이라고 합니다. 그리고 무한한 잠재력을 가진 대국입니다. 그러나 주후(AD) 1500년 포르투갈의 식민지로 시작한 브라질은 2000년까지 500년 동안 단 한 번도 제대로 된 평화와 정의를 누려보지 못한 불운의 나라였습니다.

브라질 제국의 등장, 군인들의 쿠데타, 공화제 도입, 또 다른 쿠데타, 1950년 최초의 민주적인 선거로 당선된 비르가스 대통령, 그는 '인기영합주의popularism' 정책을 추진하였으나 자살로 삶을 마감하는 불운으로 이어졌습니다. 또 다시 군부의 쿠데타로 정권을 잡은 군인들, 외국자본을 마구 끌어들여 산업화를 추진하는 동안 빈부격차는 하늘과 지옥으로 갈라지고, 인권은 땅바닥으로 추락하고, 수도 상파울로는 온통 범죄의 소굴로 변모하였습니다. 이때 폭발한 게릴라와 혁명은 브라질을 내전으로까지 몰아갔습니다. 통치자들의 부정부패는 극에 달했으며, 인플레이션Inflation은 브라질을 거대한 지옥 속으로 추락시키고 있었습니다.

그러기에 1500년에서 2000년까지의 브라질은 미가가 목 놓아 고발하던 '백성의 가죽을 벗기고 그 뼈에서 살을 뜯어먹는' 통치자들의 횡포로 죽음의 역사를 살아야 했습니다. 브라질은 2,700년 전의 예루살렘의 현대판 전형이었습니다.

미가가 본 예루살렘의 총체적 타락 그 두 번째는 '우두머리들의 뇌물'이었습니다(3:11). 뇌물을 받고 재판하는 판관들, 불의한 재물을 축재하는 자들(6:10), 남을 등쳐 치부하는 부자(6:12)들로 예루살렘은 가장 부도덕한 도시로 전락하고 있었습니다.

1950년대 브라질, 인구 1억 9,000만 명 중에 4,000만 명은 1달러(우리 돈 1,150원)를 가지고 하루하루를 살아가는 가난과 배고픔의 나라였습니다. 우두머리들은 부정과 착취로 호의호식하는 동안 4,000만 명의 브라질 거지들은 배고픔으로 하루하루를 연명하는 지옥을 살았다고 합니다. 거기에 이상이 어디 있으며, 꿈이 있을 리 없었습니다. 땅이 없어서도 아니고, 사람이 없어서도 아니며, 자원이 없어서도 아니었습니다. 우두머리들의 부정과 부패, 뇌물과 갈취가 나라 구석구석을 부패시키고 있었기 때문이었습니다.

그리고 미가는 예루살렘의 총체적인 부패 그 세 번째를 고발하고 있었습니다. 예루살렘 성전의 종교적 부패를 본 것입니다. "삯을 위해 교훈하는 제사장들"(3:11), "입에 무엇을 채워주면 외치고 돈을 위하여 거짓 평화를 외치는 선지자들"(3:11)로 예루살렘 성전은 썩어 들어가고 있었습니다. 거기에 유다 백성들은 신앙을 하나님 앞에 드리는 뇌물 정도로 착각하고 있었습니다.

"내가 무엇을 가지고 여호와 앞에 나아가며 높으신 하나님께 경배할까? … 일 년 된 송아지? 천천의 숫양? 내 맏아들을 드릴까?" 여호와 하나님을 아들을 제물로 받는 '몰렉' 정도로 끌어내린 저속 종교가 되고 있었습니다. 이것이 당시 예루살렘 성전 종교였습니다.

1억 9,000만 명중의 74%인 1억 4,500만 명을 신자로 가지고 있는 브라질의 로마가톨릭교회, 세계 최대의 가톨릭국가, 그러나 1980년대까지의 로마가톨릭교회는 준 국가종교로서 귀족의 신분을 즐기고 있을 뿐, 나라의 타락과 사회악에 대하여는 철저히 침묵하는 교회였습니다.

미가가 본 총체적 부패! 그것은 예루살렘만이 아니었습니다. 브라질만도 아니었습니다. 모양과 정도는 달라도 지금의 이 나라가 여기서 자유롭다고 말할 수는 없습니다. 그래서 멸망이 임박했다고 경고한 것입니다.

그런데 심판과 멸망을 외치던 미가와 요엘이 갑자기 새 날, 새 세계를 노래하기 시작합니다. 이것은 하나의 거대한 비약이었습니다. 예루살렘의 멸망을 그토록 목 놓아 소리치던 미가가 갑자기 '여호와의 산'을 예언하며, '새 예루살렘'을 노래하기 시작했기 때문입니다 (4:2). "… 칼을 쳐서 보습을 만들고 창을 쳐서 낫을 만들 것이며, 이 나라와 저 나라가 다시는 칼을 들고 서로 치지 아니하며, 다시는 전쟁을 연습하지" 아니하는 새 날을 미가는 예언하기 시작했기 때문입니다(4:3).

메뚜기 떼의 습격과 한재(旱災)의 재앙을 예언하던 요엘마저 "너희 자녀들이 장래 일을 말할 것이며 너희 늙은이는 꿈을 꾸며 너희 젊은이는 이상을 볼 것"이라는 새 날을 예언하기 시작했기 때문이었습니다. 멸망과 새 날 사이! 그런데 이 준엄한 양극 사이에 무엇이 존재했는가? 어떻게 멸망이 변하여 새 세계를 창조하는 능이 그 틈새에 존재하는가? 이 질문 앞에 요엘은 "옷을 찢는" 위선적 회개가 아니라 "마음을 찢는" 회개라고 소리쳤습니다. 하나님 앞에 드리는 민족적인 회개만이 멸망의 진로를 바꿀 수 있다는 경고였습니다. 그리고 미가는 하나님의 심판과 판결의 개입만이 멸망을 피하여 새 날을 창조한다고 외쳤습니다(4:3).

여기에 놀라운 일이 일어났습니다. 이 하나님의 판결과 민족적 회심을 절묘하게 매개한 한 사람이 등장했습니다. 그는 2003년에서 2010년까지 브라질 대통령직을 수행한 룰라 대통령이었습니다. 2003년, 21세기에 들어선 브라질! 잠자던 거인이 세계 속에 새 주역으로 등장한 브라질, GDP 세계 8위에 올라선 브라질, 젊은이는 이상을, 늙은이는 꿈을 꾸는 새날을 창조해낸 브라질, 그 뒤에는 한 사람의 마음을 찢는 눈물이 숨어 있었습니다. 루이스 이나시우 룰라 다 시우바리라는 긴 이름의 룰라 대통령, "이 분이야말로 세계에서 가장 인기 있는 대통령이다", "룰라는 나의 우상이다. 그를 깊이 존경한다"라는 찬사를 아끼지 않았던 미국 대통령 오바마의 찬사는 거짓이 아니었습니다.

룰라! 나이 7살에 가난 때문에 길거리에서 땅콩을 팔아 연명해야 했던 문맹 어린이, 10살에 학교에 입학했다가 14살에 다시 상파울로 길거리에서 구두닦이, 행상을 해야 했던 거지 소년, 금속공장에서 손가락 하나를 잃은 장애인 청년, 그러나 1975년 금속 노조위원장이 되면서 룰라는 노동자의 복지에 온 힘을 쏟기 시작했습니다. 그런데 룰라는 노동운동에서 그 흔한 사회주의 노선을 포기합니다. 그리고 노동자의 복지를 위해 기업주와의 과감한 대화와 설득을 선택합니다.

2002년 룰라는 57세에 브라질의 대통령이 됩니다. 대통령으로서의 최우선 정책은 가난한 4,000만 명의 브라질인들을 죽음의 굶주림으로부터 풀어주는 데 집중하는 것이었습니다. 토지가 없는 농민에게는 가족농업정책을 펼쳤으며 물탱크 건설, 청소년 임신 반대운동, 일자리 창출, 식량 지원, 학습 지원, 가스 지원으로 4,000만 명을 도왔습니다. 이 정책은 거센 저항과 비판을 감수해야 했습니다. 이 과정에 룰라는 우파세력을 '러닝 메이트running mate'로 삼고, 정책연합을 구사했습니다. 그리고 기적을 만들어냈습니다. 집권 8년 만에 채무국으로부터 채권국으로, 세계 8위의 경제대국으로 올려놓습니다. 젊은이는 이상을, 늙은이는 꿈을 꾸는 브라질로 바꾸었습니다.

이렇게 브라질이 새 세계로 발돋움하는 21세기 초, 풍요를 자랑하던 유럽의 그리스, 이탈리아, 스페인, 아일랜드, 아이슬란드, 포르투갈, 헝가리는 국가부도라는 위기에 몰렸습니다. 그중에서도 세계경제 32위를 뽐내던 그리스가 가장 심각한 위기에 직면하였습니다. 복지의 천국 그리스! 그런데 왜 이 화려한 복지국가가 수렁으로 빠져들어갔는가?

이 수수께끼 앞에 아테네대학 하치스 교수는 한마디로 무책임한 복지정책의 남발이 그 원인이라고 진단하였습니다. 남의 돈을 꾸어서라도 복지정책을 강행하다가 국가부도의 위기로까지 추락했다는 것입니다. 여기서 저는 심각한 질문 하나를 던지고자 합니다. 지금 우리 앞에는 복지국가의 두 거대한 모형, 그리스와 브라질이 서 있습니다. 그런데 하나는 복지 때문에 수렁으로 빠져들었습니다. 그러나 다른 하나는 바로 그 복지 때문에 세계 8위로 도약하는 기적을 낳았습니다. 이제 우리는 두 나라의 운명을 갈라놓은 숨은 원인이 무엇인가를 물어야 합니다.

한마디로 브라질의 복지는 정치적 이데올로기가 아닌 룰라의 눈물이었습니다. 반대로 그리스의 복지는 정권을 노린 '인기영합주의 populism'가 그 원인이었습니다. 2003년 대통령으로 당선되고, 당선증을 받는 취임식에서 룰라는 눈물을 흘렸습니다. 그리고 2010년 퇴임연설에서 두 번째 눈물을 흘렸습니다. 그때 민족 모두가 함께 울었다고 합니다. 요엘이 예언하던 "마음을 찢는 회개", 민족적인 메타노이아가 브라질에서 일어나고 있었습니다. 룰라의 눈물은 감사의 눈물이었지만, 하루에 1달러로 연명하는 4,000만 명의 삶과 함께하는 고통의 눈물이었으며, 그러기에 그 눈물은 그 누구를 미워하는 증오의 눈물이 아니었습니다. 그 넓은 땅 구석구석에 좌절하던 젊은이들에게는 이상을, 넋을 놓은 늙은이들에게는 꿈을 심어주는 창조의 눈물이었습니다. 한때 EBS TV는 이 눈물의 여정을 인터넷에 화면으로 생생히 올려놓았습니다.

그러나 룰라의 이야기는 여기에서 끝나지 않았습니다. 한 가지 놀라운 사실 하나가 더 숨어 있었습니다. 룰라의 복지정책은 단 한 번도 무상복지가 아니었다는 사실입니다. 복지 뒤에는 엄격한 조건이 뒤따랐다고 합니다. 식량 보조를 받는 가정은 반드시 아이들을 학교에 보내야 했고, 결석이 15%를 넘으면 지원을 보류했다고 합니다. '볼스 훼밀리아Bolse Familia'라는 보조금은 먹고 끝나는 것이 아니라, 그것을 발판으로 한걸음씩 앞으로 나가는 가족 사업으로 이어 가야만 했습니다.

그 결과는 기적으로 나타났습니다. 2,000만 명이 중산층으로 도약하고, 중산층이 두터워지자, 빈부격차가 줄어들었으며, 소비가 늘어나고, 기업은 활기를 띠고. 브라질은 살아 움직이는 민족공동체로 태어날 수 있었습니다.

가난과 복지! 2012년 벽두부터 불붙기 시작한 총선과 대선의 화두가 될 듯합니다. 그러나 한국의 미래는 그리 밝지가 않습니다. 지금 여야 모두 복지를 정치적으로 교묘히 이용하고 있다는 느낌을 지울 수가 없기 때문입니다. 가난한 자를 핑계 삼아 복지를 미끼로 정권을 손에 넣으려는 지금의 정치인들, 그들의 얼굴은 시퍼런 칼을 든 싸움꾼들의 얼굴로 변했으며, 그들의 언어는 하나님 대신 자신들이 심판자가 된 교만에 빠져버렸습니다. 그리고 철저하게 내 편 네 편으로 갈라놓아 나라를 두 동강이로 쪼개고 있습니다.

그러나 한 가지는 분명합니다. 우와 좌로 갈라놓고, 내 편 네 편으로 갈라놓는 분열에서는 새 세계 창조는 결코 오지 않습니다. 그곳에 미가가 꿈꾸던 평화와 정의는 오지 않습니다. 복지는 있을지 모르나, 그곳에 새 역사는 창조되지 않지 않습니다. 룰라의 마음을 찢는 눈물이 한국에서는 아직 보이지 않기 때문입니다. 가난한 사람들의 복지, 이것은 이 민족과 이 사회가 반드시 풀어가야 할 민족적 과제입니다. 그러나 복지 그 뒤에는 반드시 마음을 찢는 눈물이 선행되어야 합니다. 창조의 고통과 기쁨이 복지를 뒷받침해야 합니다. 젊은이는 이상을, 늙은이는 꿈을 꾸는 새 세계! 거기에는 함께 노래하는 사랑과 열정이 있어야 합니다.

정의 그 다음은?

> 총 본문: 아모스 1장 1절~9장 15절
> 주제 본문: 아모스 2:6-8; 2:10-11; 5:11-12, 21-24

사회가 부정부패로 얼룩지고 불안해지면, 내면의 불만은 '신조어'로 표출되는 듯합니다. 우리는 오늘 신조어 시대에 살고 있는 듯합니다. 이민사회에서 한 때 유행했던 '콩그리쉬Koglish' 신조어부터 들어보겠습니다. 'Nice to meet you'라는 정겨운 인사는 '너 잘 만났다'로 빈정된다고 합니다. 또 'Happy birthday to you'라는 생일축하는 '너 잘났다'로 풍자된다고 합니다. 'See you later'라는 우정의 작별 인사는 '너 두고 보자'로 의역된다고 합니다. 이 풍자satire는 이민자들의 한恨을 쏟아내는 신조어들이었습니다.

그러나 오늘 한국사회의 신조어는 가난Poor을 빗대서 나온 신조어가 유행한다고 합니다. 그 처음은 'house poor집 없는 가난한자'라고 합니다. 집 한 칸, 땅 한 평 없는 사람들은 집 하나 마련하기 위해 거액의

빚을 지고, 그 이자 갚느라 한평생 노동에 매달려야하는 사람들, 이들을 불러 '하우스 푸어'라고 합니다.

그 다음은 'honeymoon poor신혼 가난'입니다. 통계에 따르면 결혼 후 빚으로 살아가는 신혼가구는 64.4%라고 합니다. 과도한 결혼 비용과 주거비가 그 원인이라고 합니다.

그러나 그 다음 빈곤은 '아이를 낳으면 가난해진다'는 소위 'baby poor'라고 합니다. 오늘 대한민국을 위협하는 가장 큰 쟁점issue, 아기 안 낳기 풍조가 바로 이 baby poor에서 온다고 합니다.

이것들을 묶어서 삼포시대라고 합니다. 연애포기, 결혼포기, 출산포기가 삼포이고, 이 삼포시대는 앞으로도 계속될 것이라고 합니다. 그런데 문제는 이 신조어들은 한 번 지나가는 유행어가 아니라는 데 있습니다. 점차 심화될지도 모르는 우리 시대의 아이러니, 풍요 속의 가난poverty in affluence을 예고하는 심각한 사인sign일 수 있기 때문입니다.

'풍요 속의 가난!' 가진 자는 너무 많이 가지고, 없는 자는 점점 더 가난해지는 불공정한 사회가 이미 우리 속 깊숙이 들어와 있다는 데 그 심각성은 내재합니다. 그런데 이 '풍요 속의 가난'은 오늘 대한민국만의 문제가 아니었습니다. 2,700년 전 북왕국 이스라엘과 수도 사마리아에도 깊숙이 파고들었던 사회악이었다는 사실에 놀라움이 있습니다.

물론 2,700년 전 북왕국 이스라엘에는 전기도, TV도, 컴퓨터도, 아이폰도 없었습니다. 그러나 가진 자들은 겨울궁, 여름궁을 가지고 부를 즐겼다고 아모스는 고발합니다.

세계경제 10위, 세계를 누비는 현대자동차와 삼성전자, 그래서

'천당보다 분당이 더 좋다'는 대한민국 젊은이들! 그러나 이 풍요 속에 평생을 빚으로 살아가야 하는 하우스푸어, 허니문푸어, 베이비푸어 세대의 절규는 역설적으로 극에 달하고 있습니다.

풍요 속의 빈곤! 여기서 아모스는 "은을 받고 의인을 팔며, 신 한 켤레를 받고 가난한 자를 파는(2:6) 부자들", "힘없는 자의 머리를 티끌 먼지 속에 발로 밟고, 연약한 자의 길을 굽게 하는(2:7) 권력가들", "제단 옆에서 전당잡은 옷 위에 누우며… 벌금으로 얻은 포도주를 마시는(2:8) 종교지도자들"이 그 원흉이라 했습니다. 가난한 자들의 것으로 풍요를 즐기는 지도자들이 그 원인이었습니다. 이기는 놈만이 살아남는 자본주의 철학은 이마트, 롯데마트, 홈플러스가 도시면 도시마다 작은 가게들을 고사시키고 있습니다.

그래서 젊은 층은 연애 포기, 결혼 포기, 출산 포기라는 3포를 선택하고 있으며, 우리의 청소년들은 우울증, 폭력, 자살로 풍요 속의 가난을 탈출하려 하고 있습니다.

그런데 이 풍요 속의 가난은 끝내 정의를 향한 목마름으로, 정의를 향한 외침으로, 정의를 위한 투쟁으로 폭발하는 것이 역사의 순서입니다. 그래서 오늘 이 땅에서도 갑자기 여기저기에서 정의의 갈급함을 풀어 주기 위해 현대판 아모스들이 일어나 정의의 목소리를 내기 시작하였습니다.

현대판 아모스 제1호는 서울시 교육감 곽노현입니다. 금년(2012년) 1월 26일, 거센 비판에도 불구하고 소위 "학생 인권 조례"라는 사상초유의 인권조례를 선포하였습니다. 몇 가지 독소 조항에 대한 논의는 뒤로 하고, 학생을 하나의 인격체로, 인간으로 그 권리를 보장해 주려는 시도는 정의에 목말라 있는 젊은이들을 향한 정의의 몸부림임에는 틀림없는 듯합니다. 더욱이 학생인권조례는 인간의 기본 권리인 인권정의attributive Justice 실현의 진일보라고 볼 수 있기 때문입니다.

그리고 현대판 아모스 제2호는 민주통합당과 뒷북을 치고 나온 새누리당입니다. 복지, 무상복지, 맞춤형복지, 그 의미도 애매한 복지정책으로 이번 4월 총선을 겨루어보겠다는 것입니다. 이 복지정책은 '분배정의Distributive Justice'라는 기본 정의를 실현하는 중요한 단서라고 볼 수 있습니다. 특별히 풍요 속의 가난을 살아가는 사람들에게 복지는 생명과도 같은 것이기 때문입니다.

이 와중에 현대판 아모스 제3호가 등장했습니다. 정부를 대표하는 교육과학기술부 장관입니다. 독버섯처럼 퍼져가는 학교폭력, 이 사회적 암 앞에 정부는 '처벌법'으로 맞서고 나섰습니다. 사회적 혼란을 막아야하고, 선의의 학생들을 보호하기 위해 '처벌법'은 불가피한 것이었습니다. 이것은 '징벌정의Retributive Justice'라는 기본정의실현에 해당하는 또 하나의 정의입니다. 징벌정의는 인권정의, 분배정의 못지않게 사회를 규제하고 통합하는 규제들을 포함하고 있기 때문입니다. 그래서 오늘 대한민국은 정의사회, 정의국가가 다 된 느낌입니다.

그것은 마치 2,700년 전, "오직 정의를 물 같이, 공의를 마르지 않는 강같이 흐르게 할지어다"(5:24)를 호소하던 아모스의 절규와 같은 것이었습니다. 여기서 아모스의 정의와 한국의 정의는 같은 정의이며 또 정의를 향한 같은 절규입니다. 어떻게 표현되든, 정의는 인간이 살아가는 공동체의 기본 권리이기 때문입니다.

그러나 우리는 여기서 결정적인 질문 하나를 던져야 합니다. 그 질문은 "정의 그 다음은 무엇인가?"라는 물음입니다. 아니 한 사회와 국가를 정의사회로 창조해내는 내면의 에너지가 무엇인가를 물어야 합니다. 정의는 하나의 구호나, 선언이나, 정치적 이데올로기로 실현되는 값싼 '프로그램'이 아니기 때문입니다. 여기서 곽노현 교육감은 학생인권조례 그 다음이 무엇인가에 답해야 합니다. 이 물음 앞에 답하지 않는 인권조례는 곽노현의 정치적 술수 내지는 인권을 이용하는 이데올로기로 전락할 수 있기 때문입니다.

예를 들어 학생들의 성 개방이 인권이라면, 그 성을 책임져야 할 인간 - 인격형성은 누가 책임지며, 성에 대한 도덕적 책임은 누가 지는가를 답해야 합니다. 민주통합당과 뒷북을 치고 있는 새누리당은 '복지' 그 다음은 무엇인가에 답해야 합니다. 복지는 분명 분배정의의 일환이지만, 복지의 수혜자들은 어떤 모양으로든 책임 있는 사회 구성원이 되어 공동체를 창조하는 일에 참여하는 '인센티브'가 뒤따르지 않는 한, 복지는 거지를 만드는 프로그램 그 이상이 될 수 없기 때문입니다. 이 물음에 답할 수 없다면, '복지'는 가난한 자를 이용하는 정치적 술수에 불과합니다. 여기에 그리스의 위기가 주는 의미를 예리하게 주목해야할 이유가 여기 있습니다.

'징벌정의'를 내세우는 정부는 처벌 그 다음은 무엇인가에 답해야 합니다. 죄에 대한 처벌은 징벌정의의 필수요인이지만, 처벌 이전에 정부는 사회악을 예방하고, 교실에서는 삶의 창조가 일어나는 교육적 장치가 무엇인가부터 말해야 합니다. 답할 수 없다면 처벌은 정권 유지의 강압적 수단 그 이상이 될 수 없습니다.

이 말은 오늘 풍요 속에 깊어가는 가난과 빈곤 그리고 정의의 목마름 앞에 요란하게 외치는 '학생인권조례', '복지정책', '처벌정책'만으로는 해결할 수 없다는 의미입니다. 바로 이것이 정의와 정의사회 사이의 경계선입니다. 정의는 외친다고 정의가 되는 것은 아닙니다.

그러나 2,700년 전의 아모스! 오직 정의를 물같이, 공의를 마르지 않는 강같이 흐르게 할 것을 그토록 강력히 호소하던 아모스! 그러나 그는 놀랍게도 정의 그 다음이 무엇인가에 답하고 있었습니다. 오늘 비밀을 풀어가는 열쇠는 여기에 있습니다. 특별히 아모스 2장 10절과 11절은 정의 그 다음은 무엇인가에 대한 아모스의 답이었습니다.

> 내가 너희를 애굽 땅에서 이끌어내어 사십 년 동안 광야에서 인도하고 아모리 사람의 땅을 너희가 차지하게 하였고… 이스라엘 자손들아 과연 그렇지 아니하냐?

수백 년 전에 일어난 출애굽 사건! 그러나 그것이 정의의 근거이고 시작이라는 선언이었습니다. 출애굽의 주인이신 하나님, 광야 40년을 지켜주신 하나님을 기억하는 것이 정의의 시작이라는 것이었습니다. "역사적 기억"이라 부르는 이 기억은, 한이 없는 감사와 사랑을 창조해내는 '능'을 가지고 있었습니다. 바로 그 감사와 사랑이 정의를 창조하는 에너지였습니다. 그것이 희년이었습니다. 그러기에 정의는 하나님을 향한 무한의 감사와 사랑의 표현일 때만 가능한 약속이었습니다. 정의는 사랑의 표현일 때만 정의일 수 있습니다. 사랑 없는 정의는 오히려 폭력일 수 있기 때문입니다.

오늘 한국은 정의 목마름도, 정의의 외침도 강력하지만 그 어디에도 이 민족을 일제의 압박으로부터, 공산주의 침략으로부터 풀어주시고 감싸주시는 하나님을 향한 감사와 사랑은 보이지가 않습니다. 오늘 우리가 외치는 정의들은 그 속에 '독'을 품고 있습니다. 그래서 위험한 것입니다. 여기에 이 민족의 함정이 놓여있습니다. 4월 총선과 12월 대선은 이 민족의 미래를 결정짓는 시험대가 될 것입니다.

그러나 우리는 사랑 없는 정의를 예리한 눈으로 지켜보아야 할 것입니다. 오늘 아모스가 우리에게 더 강렬하게 다가오는 이유가 여기에 있습니다.

'정의 그 다음은?'이라는 물음 앞에 온 국민과 한국교회는 답해야 하기 때문입니다. 바로 이 물음 앞에 우리 모두가 서 있습니다.

두 민족주의의 충돌
그리고 하나님의 주재

본문: 요나 1장 1절~4장 11절

기미년 삼월 일일 정오

터지자 밀물 같은 대한독립 만세

태극기 곳곳마다 삼천만이 하나로

이 날은 우리의 의요, 생명이요, 교훈이다.

한강 물 다시 흐르고 백두산 높았다.

선열아 이 나라를 보소서

동포여 이 날을 길이 빛내자.

지난 3월 1일 왜 우리는 이 노래에 새삼 가슴이 뭉클했을까? 왜 우리의 눈시울은 작은 눈물로 뜨거워졌을까? 지난 날 우리가 겪은 슬픔 때문일까? 아니 아직도 민족혼이 이 땅에 흐르고 있다는 감격 때문일까? 모름지기 이 둘이 겹쳐서 자아내는 눈망울이었는지도 모릅니다.

93년 전 경성 한복판, 1919년 3월 1일 오후 3시 대한민국은 '독립국'임을 만천하에 선언하고, 33인은 자청하여 서대문 형무소에 수감되었습니다. 그리고 두 달 동안 200만 명이 넘는 젊은이, 늙은이는 독립만세와 태극기로 이 땅 지축을 흔들었습니다. 일본군 손에 죽은 대한의 젊은이는 7,509명, 체포되어 고문을 겪은 사람은 47,000명이었으나, 내면으로 스며든 민족애와 함성은 막지 못했습니다. 실패로 끝난 항쟁처럼 보이지만, 한순간에 붙은 민족 사랑의 불길은 이 민족 영혼의 줄기를 타고 오늘까지 이어지고 있습니다. 그 비밀은 무엇일까?

3.1항쟁 그 뒤에는 두 개의 민족주의가 충돌하고 있었습니다. 그 하나는 일본 제국주의의 '침략적 민족주의'였습니다. 청일전쟁과 러일전쟁에서 승리하면서 오만해진 일본은 1910년에는 대한민국을 송두리째 집어먹는 반인륜적 침략행위를 시작했습니다. 그리고 1930년에는 중국과 만주를, 1940년에는 베트남, 싱가포르, 필리핀까지 삼켜버리는 탐욕으로 치달았습니다. 이 와중에 개처럼 학살을 당한 사람이 1,000만 명을 넘었으며, 베트남에서는 식량을 강탈당함으로 주민 200만 명이 굶어 죽었습니다. 위안부 차출, 인체실험으로 인간생명을 헌신짝처럼 짓밟았습니다. 이 뒤에는 일본이 자기 민족의 우월성을 내세워 아시아를 손안에 넣으려는 민족주의가 숨어있었습니다. 이것을 '침략적 민족주의' 또는 '전체주의적 민족주의'라 합니다.

여기에 감히 맨손으로 맞선 것이 3.1운동이었습니다. 3.1운동 그 뒤에는 '침략적 민족주의'에 맞서 이 민족의 자주성과 정체성 그리고 민족의 생명을 지켜내기 위한 강력한 '민족애', '민족주의'가 숨어 있었습니다. 이것을 '자결적 민족주의'라 합니다. 그러기에 3.1운동은 이 두 민족주의의 대결이며, 대충돌이었습니다.

오늘의 본문 요나서는 4장으로 되어있는 짧은 드라마입니다. 드라마 제1막은 요나의 도피행각이고, 제2막은 물고기 뱃속의 이야기이며, 제3막은 니느웨 성의 회개와 하나님의 용서의 이야기이고, 제4막은 박 넝쿨을 들어 요나를 교훈하시는 하나님의 이야기입니다. 그러나 요나가 주역이 되어 엮어나간 이 드라마 그 뒤에는 두 개의 민족주의가 강렬하게 충돌하고 있었습니다. 그 하나는 '침략적 민족주의'였으며, 지금으로부터 2,700년 전 앗수르 제국이 무자비하게 이를 전개하고 있었습니다.

앗수르의 수도는 니느웨였습니다. 근대 일본인들처럼 앗수르는 서쪽으로는 애굽, 남쪽으로는 바벨론(지금의 이라크), 동쪽으로는 페르시아(Persia, 지금의 이란) 그리고 아라비아와 유대까지 침략한 후 무자비하게 사람들을 죽이고, 사람들을 노예로 끌어가고, 무거운 조공을 거두었으며, 심지어는 인종청소까지도 서슴지 않는 포악한 민족이었습니다. 요나가 살았던 북왕국 이스라엘도 앗수르의 침략과 횡포 그리고 갈취로부터 극심한 고통을 받고 있었습니다.

바로 이때 요나가 하나님의 부르심을 받습니다. 그런데 그 부르심이 문제였습니다. 북왕국 이스라엘이나 남왕국 유다로 가라는 명령이 아니었기 때문이었습니다. 이스라엘을 가장 괴롭히는 악의 나라, 앗수르의 수도, 니느웨로 가서 회개를 외쳐야 하는 부르심이었기 때문이었습니다. '침략적 민족주의'를 옹호하고 또 구원하라는 명령이었습니다.

너는 일어나 저 큰 성읍 니느웨로 가서 그것을 향하여 외치라, 그 악독이 내 앞에 상달되었음이니라(욘 1:2).

그것이 하나님의 부르심이었음에도 불구하고 요나는 멀리 지구 끝, 하나님의 손이 닿지 않는 지구 끝을 향해 도망하기 시작했습니다. 욥바에서 배를 탄 이야기, 폭풍우 속에서 배 밑에 숨은 이야기, 제비에 뽑혀 바다 속에 던져진 이야기, 큰 물고기 뱃속에 3일 동안 갇혔던 이야기, 이 이야기들은 얼핏 하나님의 부르심으로부터 요나가 도망하고 있는 것으로 해석될 수 있습니다.

그러나 요나의 도피행각은 하나님의 부르심으로부터 도망하는 것이 아니었습니다. 지금 요나는 '침략적 민족주의'로부터, 악의 극을 달리는 앗수르, 니느웨로부터 도망하고 있었습니다. '침략적 민족주의'로 세계를 괴롭히는 앗수르가 회개하는 것도 싫고, 더욱이 앗스르가 하나님의 구원을 받는다는 것은 선택된 백성 이스라엘 민족의 자존심이 도저히 용납할 수 없는 수치였기 때문이었습니다. 그래서 요나는 사실상 니느웨로부터 도망치고 있었습니다. 요나는 철저한 '자결적 민족주의자'였기 때문입니다. 요나는 선택받은 이스라엘 민족을 지키기 위해 저항하고 있었습니다.

하나님의 종이라고 부르는 저 자신, 죽어도 일본인들의 횡포와 오만을 용납하지 못하고 있는 것과 같은 것이라고 고백합니다. 그래서 저는 일본선교를 탐탁하게 생각하지 않습니다. 동족의 집을 불태우고 빼앗고, 사람 죽이기를 떡 먹듯 하는 공산주의를 지금도 용납 못하는 것과도 같은 것이라고 고백합니다. 요나가 오늘 저 자신인 듯 합니다. 비록 다시스로 도망은 치지 않지만, 적어도 하나님의 부르심 앞에서 일본의 오만과 공산주의의 위선을 용납하지 못하고 나 자신 이 그들로부터 도망치고 있기 때문입니다. '어떻게 지켜낸 대한민국 인데!'라는 제 속의 '자결적 민족주의' 때문입니다.

그런데 문제는 선택받은 이스라엘 민족을 지키기 위해 니느웨라 는 '침략적 민족'을 피하여 도망하고 있던 그 도피 뒤에는 요나가 미 처 보지 못하고 있던 제3의 주제가 숨어 있었습니다. 하나님의 주재 였습니다.

하나님의 주재! 그것은 이스라엘을 사랑하시는 하나님은 동시에 니느웨도 품으시는 하나님의 마음이었습니다. 그러나 '자결적 민족 주의자' 요나는 침략적 민족주의자, 니느웨까지도 품으시는 하나님 의 주재가 싫었던 것입니다. 나를 사랑하면 나만을 사랑해야지 왜 내 원수까지 사랑하느냐는 항변이었습니다. 더욱이 남의 등까지 처먹 는 야만족을 왜 사랑하시느냐는 항변이었습니다. 이 항변은 니느웨 로 끌려와 하루 동안 다니며 40일이 지나면 니느웨가 무너지리라(욘 3:4)를 외치는 그 순간에도, 이것이 거짓이기를 바라는 속마음으로 이어지고 있었습니다.

그런데 놀라운 일이 일어났습니다. 니느웨가 금식하고, 왕으로부 터 온 백성이 베옷을 입고, 하나님을 향해 부르짖었다고 성경은 증언 합니다(욘 3:5-8). 그리고 하나님은 "뜻을 돌이키사 그들에게 내리 리라고 말씀하신 재앙을 내리지 아니하시니라"(욘 3:10). 하나님은 니느웨를 용서하시고 구원하신 것입니다. 요나가 그토록 싫어하던 일이 일어나고 말았습니다. 니느웨의 회개와 구원이 역사적 사건이 었느냐는 확실치 않습니다. 요나 이후에도 니느웨는 나쁜 짓을 더 많이 했습니다.

그러나 니느웨의 회개는 놀라운 메시지를 그 안에 담고 있습니다. 아무리 악한 민족, 타민족을 괴롭히는 민족이라도 하나님 앞으로 돌아와 진정 회개하면, 하나님은 그들을 용서하신다는 복음적 의미를 담고 있기 때문입니다.

2차 세계대전 이후 독일은 이 길을 선택하였습니다. 그러나 일본은 이 길을 포기하였습니다. 북한마저 이 길을 외면하고 있습니다. 오늘 우리가 중국을 예의 주시하는 이유는 중국이 앗수르의 길을 가고 있는 듯하기 때문입니다.

그러나 '침략적 민족주의'라는 주제와 민족을 지키기 위한 '자결적 민족주의'가 첨예하게 맞서 있는 요나 이야기는 요나서 제4장에서 제3의 주제, 하나님의 주재로 끝을 맺습니다. 그러나 눈앞에서 펼쳐지는 니느웨의 회개! 뜻을 돌이키시고 니느웨의 심판을 거두어들이시는 하나님의 용서하심을 요나는 끝내 받아들이지 않았습니다. 요나가 이를 매우 싫어했다고 기록되어 있습니다(욘 4:1). 니느웨가 회개하는 꼴을 차마 볼 수 없다는 항변이었습니다. '자결적 민족주의자' 요나는 지금 민족주의 그 너머를 보지 못하고 있었습니다. 그리하여 요나는 '자결적 민족주의'로부터 서서히 '배타적 민족주의'로 변질되고 있었습니다. 우리 민족만이 옳고, 타 민족은 받아들이지 않는 또 다른 형태의 '침략적 민족주의'로 선회하고 있었습니다.

3.1운동은 침략에 저항하고, 민족의 그루터기를 지켜낸 소중한 민족의 얼이고, 자결적 민족주의의 표상입니다. 그러나 3.1운동은

그 뒤에 뒤따른 하나님의 경륜하심을 보아야 합니다. 그것은 하나님의 주재였습니다. 요나는 이 주제를 끝내 거부하였습니다.

하나님의 주재는 '박 넝쿨' 이야기에서 그 비밀을 드러내주고 있습니다. "네가 수고도 아니하였고 재배도 아니하였고 하룻밤에 났다가 하룻밤에 말라버린 이 박 넝쿨을 아꼈거든…"(욘 4:10). … 너든, 네 민족이든, 그것은 네가 수고하여 만들어낸 것이 아니라는 말씀입니다. 너는 창조자가 아니라는 경고였습니다. 그것이 아무리 고귀한 '자결적 민족주의'라 하더라도, 그 민족을 지키시는 이는 하나님이시라는 경고였습니다. 여기서 하나님은 요나를 경고하십니다.

박 넝쿨로 말미암아 성내는 것이 옳으냐?(욘 4:9).

여기서 하나님은 '자결적 민족주의'라는 주제마저 꺾으시고 계셨습니다. "네가 재배하지도 아니한 박넝쿨을 아꼈거든" 지금은 비록 좌우를 분별하지 못하지만, 십이만 명이나 되는 니느웨 사람들, 나의 피조물을 내가 어찌 아끼지 아니하겠느냐?(욘 4:11) 이것이 하나님의 주재입니다.

여기서 요나서는 아이러니로 끝나고 있습니다. 요나는 끝내 회개하지 않았습니다. 이스라엘의 교만이었습니다. 그러나 하나님의 주재는 계속되고 있었습니다. 니느웨까지도 품으시는 하나님의 구원의 주제입니다. "하나님은 은혜로우시며 자비로우시며 노하시기를 더디 하시며 인애가 크시사 뜻을 돌이켜 재앙을 내리지 아니하시는 하나님"이시기 때문입니다(욘 4:2).

3.1운동은 고귀한 이 민족의 유산이고 또 얼입니다. 오늘 초등학

교 어린이 40%가 3.1절이 무엇인지를 모른다는 통계는 이 민족의 정체성을 위협하는 위험신호입니다. 어떻게든 이 작은 나라는 이 민족혼의 계승을 생명으로 삼아야 합니다. 그러나 3.1운동은 그 뒤에서 역사하시는 하나님의 주재에서 다시 해석되어야 합니다. 니느웨까지도, 아니 일본과 북한까지도 품으시는 하나님의 마음에서 해석되어야 합니다.

하나님의 주재, 하나님이 지으신 창조 모두를 품으시는 하나님의 마음입니다. 하나님의 주재에서 3.1운동을 보지 않는 한, 3.1운동은 언제고 '자결적 민족주의'로부터 한순간 '배타적 민족주의'로 전락합니다.

모든 민족을 선택하시고 사랑하시는 하나님의 마음은 우리를 괴롭히는 민족까지도 회개의 기회를 주도록 증언하게 하기 위함입니다. 그래서 일본선교, 중국선교, 북한선교는 소중한 하나님의 부르심입니다. 하나님은 그때 이 민족을 크게 들어 쓰실 것입니다.

우리를 찢으셨으나,
도로 낫게 하시리라

> 총 본문: 호세아 1장~14장
> 주제 본문: 호세아 1:1-9; 3:1-5; 6:1-3; 11:1-7

지난 20세기 중엽 공산주의가 전 세계를 위협하고 있을 때였습니다. 아르헨티나의 유망한 젊은 의학도 체 게바라Che Guevara는 남아메리카 대륙 구석구석을 여행하다가 처절한 가난과 질병으로 신음하는 수많은 남미 사람들을 목격했습니다. 그 후 의사가 되고 작가가 되었지만, 체는 자신이 목격한 가난의 현장을 떨쳐버릴 수가 없었습니다. 그리고 그 가난의 원인이 독점재벌주의와 자본주의 그리고 군사독재의 제국주의 때문이라는 결론에 이릅니다. 해결의 길은 세계 혁명이라는 결론에 도달하자, 체는 고향 아르헨티나의 의사직을 버리고 과테말라 사회개혁을 거쳐 멕시코 씨티에서 쿠바 출신의 카스트로Castro 형제를 만나게 됩니다.

그리고 쿠바의 7월 혁명에 가담하면서 게릴라 총 부사령관으로 '바티스타Batista' 정권을 무너뜨리고 공산주의 정부를 수립하는 데 일등공신이 되었습니다. 그는 농촌개혁, 문맹퇴치 그리고 은행장직, 외교관 그리고 군 훈련대장직을 역임합니다. 1962년 체는 미국을 견제하기 위해 소련 미사일을 쿠바에 들여오는 소위 쿠바 미사일 위기를 조성하면서 한순간 세계의 혁명가로 이름을 떨쳤습니다. 그리고 1965년 쿠바를 떠나 볼리비아 혁명을 지휘하다가 체포되어 체 게바라는 1967년 사형되고, 한 삶을 마감했습니다. 그러나 그의 사후 체는 지금까지 극명하게 갈라진 두 개의 평가를 받고 있습니다. 하나는 '자유를 사랑한 영웅'이고, 다른 하나는 '폭력을 즐긴 패륜아'라는 평가입니다. 여기서 체 게바라는 무서운 교훈 한 가지를 젊은이들 속에 남겼습니다.

"인간은 사랑하되, 적은 끝까지 증오하라"는 교훈이었습니다. 체 게바라의 혼백은 이 역사, 많은 젊은이들 속에 지금도 흐르고 있습니다. 인간은 사랑하되, 적은 끝까지 증오하는 역설적 바이러스가 그것입니다.

그런데 "인간은 사랑하되, 적은 끝까지 증오하라"는 이 역설적 논리는 2,700여 년 전, 그러니까 BC 8세기경의 한 신화에 그 뿌리를 두고 있었습니다. 그것은 그리스 신화에 등장하는 프로메테우스Prometheus이야기였습니다. 그리스 신화의 수많은 신들을 지배하는 제왕신은 제우스Zeus였습니다. 그런데 어느 날 타이탄Titan 족이 일어나 제우스 신의 아들 지그리우스를 잡아 죽이고 그 시체를 먹어치운 사건이 일어났습니다. 아들을 잃은 제왕 신 제우스는 천둥번개를 동원하여 한순간에 타이탄 족을 쳐부수고, 시체를 가루로 만든 다음 그것으로 인간을 만들었습니다.

그 와중에 타이탄 족의 아들 하나가 살아남았습니다. 그가 프로메테우스Prometheus였습니다. 프로메테우스는 자기 종족을 멸종시킨 제우스 신을 증오하고, 타이탄 족의 화신이 된 인간을 사랑하기 시작했습니다. 어느 날 프로메테우스가 제우스 신에게 살코기는 소의 뱃속에 감추고, 내장으로 멋있게 포장한 뼈다귀를 제물로 바쳤습니다. 제우스는 그것을 제물로 받았습니다. 그러나 뼈다귀만 있는 제물을 발견한 제우스는 화를 참지 못해 인간들에게서 불을 몽땅 거두어갔습니다. 불을 빼앗긴 인간들을 측은히 여긴 프로메테우스는 제우스 신전에 몰래 들어가 불을 훔쳐다가 인간에게 다시 나누어 주었습니다. 인간을 사랑하기 위하여 신을 배신한 사나이, 프로메테우스! 그는 후일 그리스의 독립을 위해 싸우는 그리스 젊은이들의 희망과 영감이 되었다고 합니다.

그리고 프로메테우스는 19세기 공산당 선언을 쓴 칼 마르크스Karl Marx의 멘토가 되었습니다. 그리고 프로메테우스는 20세기 남미의 혁명가, 체 게바라의 우상이 되었습니다. 누구를 사랑하기 위해 누구를 미워해야 하는 바이러스였습니다.

이 그리스 신화와 때를 같이하는 또 하나의 이야기는 구약 호세아서에 나오는 호세아의 아내, 고멜이라는 이름의 여인 이야기입니다. 고멜은 처음부터 음란한 여인이었던가? 정숙한 여인이었으나 후일에 다른 남자들에게로 간 여인이었던가? 이 질문은 지금도 성서학의 논쟁거리이지만, 성경은 고멜을 음란한 여인의 표상으로 묘사하고 있습니다. 그리고 성경은 음란한 몸에서 나온 아이 셋도 모두 저주받은 자식들로 "멸망의 자식이스르엘", "용서받지 못한 자로루하마", "내 백성이 아니다로앎미"로 서술하고 있습니다(호 1장).

그런데 이 두 이야기, 하나는 그리스 신화에 등장하는 영웅 프로메테우스 이야기, 다른 하나는 히브리 문헌에 등장하는 창녀 고멜 이야기에는 한 가지 공통적인 주제가 흐르고 있었습니다. 그것은 '에로스eros'라는 주제입니다. 에로스는 자기사랑 때문에 '너를 미워하는' 특성을 소유합니다. 밖으로는 '애정'으로 표현하지만, 에로스는 내면에 '자기사랑'이라는 욕망을 숨겨놓는 것이 특징입니다. 자기를 사랑하기 위해서는 언제나 너를 배신할 수 있는 것이 에로스입니다. 프로메테우스는 인간을 사랑하기 위해 제우스를 배신해야 했습니다.

칼 맑스는 가난하고 눌린 자를 사랑하기 위해 가진 자와 유산계급을 철저히 증오해야 했습니다. 체 게바라는 인류를 사랑하기 위해 적을 끝까지 저주해야 했습니다. 여기 고멜은 자기사랑 때문에 남편을 배신해야 했습니다. 이것이 에로스입니다. 그런데 문제는 이 에로스가, 지나간 긴긴 인간 역사를 지배해오는 동안, 지금쯤이면 그들이 꿈꾸는 '계급 없는 사회'가 이 땅에 실현되었어야 했습니다. 그러나 에로스의 역사는 이 땅에 증오와 살상과 파멸의 상처만을 남겼습니다. 이것이 자본주의, 공산주의, 사회주의라는 '주의ism', '에로스'가 만들어낸 허상입니다.

그러나 에로스가 실패한 자리! 고멜이 떠나간 자리! 남편 호세아를 비참한 자리에 처넣고 집을 떠나간 그 자리! 그곳에 하나님의 음성이 들려왔습니다. 그것은 단 한 구절이었습니다.

"너는 가서 타인의 사랑을 받아 음녀가 된 그 여자를 사랑하라"(호 3:1)라는 말씀이었습니다. 이 음성은 에로스eros의 정반대인 '아가페agape', 희생적인 사랑이었습니다. 배신하고 떠나간 여인(eros)

을 다시 사랑하라(agape)는 음성은 하나님의 명령이었습니다. 그러나 그 명령은 불가능의 요청이었습니다. 인간은 에로스에서 에로스로 이어지는 사슬을 스스로 끊을 수 있는 능력이 없기 때문입니다. 그러나 호세아는 하나님의 엄위하신 명을 따라 '은 열다섯 개'와 '보리 한 호멜 반'을 주고 고멜을 다시 샀습니다(호 3:2-3). 그리고 아내로 다시 삼았습니다.

바로 그 순간! 하나님의 명령을 따라 에로스인 고멜을 아내로 다시 받아들이는 그 순간, 호세아는 놀라운 계시를 경험합니다. 호세아는 고멜에게서 하나님을 배신하고 떠나간 이스라엘 민족의 죄악을 보기 시작합니다.

바알에게 하나님이 주신 은과 금을 바친 이스라엘(호 2:8).

하나님이 그토록 싫어하셨던 왕을 세운 이스라엘(호 8:4).

하나님이 싫어하셨던 왕궁과 성읍들을 세웠던 이스라엘(호 8:14).

헛된 말로 거짓 언약을 세운 이스라엘(호 10:4).

저주와 심판의 운명 아래 놓인 이스라엘 민족을 보기 시작합니다. 그리고 호세아는 놀랍게도 자신이 겪은 배신의 아픔이 하나님의 아픔이었음을 보기 시작합니다. 그리고 호세아는 고멜을 다시 사랑하는 그 순간, 하나님의 사랑 아가페를 경험합니다. 그것은 너를 사랑하기에 나를 희생하는 사랑이었습니다. 그 사랑은 용서와 용납으로 표현되고 있었습니다. 그런데 호세아는 더욱 놀라운 사실 한 가지를 경험하고 있었습니다. 하나님의 용서하심은 이스라엘과 맺으셨던 언약, 처음 사랑을 기억하시는 데서 오는 하나님의 자비하심이었습니다.

네가 애굽 땅에 있을 때부터 나는 네 하나님 여호와니라(호 12:9).

나 외에는 구원자가 없느니라(호 13:4).

내가 광야 마른땅에서 너를 알았거늘(호 13:5).

처음 약속을 기억하시는 하나님! 그 하나님은 인간의 죄를 기억하지 않으시는 하나님이셨습니다. 에로스는 에로스를 낳는 악순환의 고리! 하나님은 그가 맺은 처음 사랑으로 그 끈을 끊고 계셨습니다. 그것은 희생적인 사랑, 아가페였습니다. 하나님을 만난 호세아, 자신의 아픔을 통해 하나님의 사랑을 체험한 호세아! 그는 생명을 걸고 마지막 남은 이스라엘의 소망은 하나님께로 돌아가는 길임을 호소하였습니다.

> **오라 우리가 여호와께로 돌아가자. 여호와께서 우리를 찢으셨으나 도로 낫게 하실 것이요. 우리를 치셨으나 싸매어 주실 것임이라**(호 6:1).

역사는 에로스로 인해 찢어지고 상했으나, 하나님은 아가페로 다시 싸매시고 또 치유하신다고 외쳤습니다. 이것은 구약에 나타난 복음이었습니다. 자본주의도, 체 게바라사도 인간과 인류의 미래역사는 아닙니다. 신앙의 눈에서 보면, 이 두 역사는 '자기를 사랑하기 위해' -에로스- 하나님을 배신하는 인간교만의 역사이기 때문입니다.

그러나 진정한 역사는 배신과 저주까지도 덮어주시고 기억하지 아니하시는 사랑을 살아가는 역사-아가페입니다. 이 사랑은 하나님이셨습니다. 처음 맺은 사랑을 기억하시고 용서와 사랑으로 품으시는 하나님의 역사입니다. 호세아는 이 비밀을 보고 있었으며, 그래서 배신하고 떠나간 아내를 다시 사랑할 수 있었습니다.

나이 90을 넘긴 노 작곡가, 그 이름은 박재훈 목사! 그가 수년에 걸쳐 작곡한 손양원 오페라가 잔잔한 감동을 불러일으키는 이유는 무엇일까? 6.25를 전후로 일어난 옛날이야기! 자기 아들을 살해한 공산주의자를 자기 아들로 삼은 이야기! 그것은 사랑하기에 누구를 미워해야 하는 에로스의 역사의 고리를 끊는 하나님의 사랑 이야기가 아닐까? 박재훈 목사는 손양원 오페라를 통해 하나님의 사랑의 비밀을 증언하고 있었습니다.

오라 이 민족아! 우리가 여호와께로 돌아가자. 여호와께서 우리를 찢으셨으나 도로 낫게 하실 것이요, 우리를 치셨으나 싸매어 주실 것임이니라.

이 역사, 타락한 역사, 배신의 에로스의 역사는 오직 죄를 기억치 아니하시고 싸매주시는 하나님! 처음 맺은 사랑을 기억하시고 우리 모두를 품으시는 하나님의 사랑, 아가페 안에서만 비로소 진정 역사일 수 있습니다. 우리는 이 사랑의 증인들입니다.

해방된 자! 그는 고난의 종이었다

> 총 본문: 이사야 40장~66장
>
> 주제 본문: 이사야 40:1-11; 48:17-22; 53:1-6

　한국인을, 특히 한국교회를 겨냥한 일본 제국주의의 포악성이 극에 다가서기 시작한 1938년 9월 어느 날, 제27차 장로교 총회가 평양 서문밖교회에서 열렸습니다. 한 역사가에 의하면, 이때 장로교 역사상 가장 치욕적인 결의 하나가 통과되었습니다. "신사참배"를 공식화하는 결의였다고 합니다. 그 결과 다음 총회부터는 '일본 국가 봉창', '일본 국기에 대한 경례'가 있은 다음에야 찬송, 기도, 성경봉독을 진행할 수 있었다고 합니다. 그러나 이를 신앙의 배교행위로 단정한 경남노회는 1938년 같은 해 해운대교회에서 총회 신사참배 결의를 정면으로 반대하는 결의를 하게 됩니다. 여기에는 감옥에서 순교한 주기철 목사와 성도들, 8.15 해방과 함께 출옥한 소위 '출옥성도'들이 가세하면서 갈등은 더욱 심화되어 갔습니다.

1952년 9월 진주에서 고신 총회가 조직되면서, 장로교회는 분열이라는 아픔을 안아야 했습니다. 1953년에는 신학 문제로 기독교장로회가 분열하고, 1956년에는 교회연합운동 문제로 통합 측과 합동 측이 분열하는 연쇄적인 분절로 이어졌습니다. 그래서 "예수교장로회", "기독교장로회"라는 이름 때문에 한국에서는 '예수'와 '그리스도'가 싸운다(Jesus is fighting againt Christ)는 농담까지 나왔습니다.

겉으로는 아직 단일교단이지만 파벌싸움으로 깊은 상처를 안고 있는 교단은 한국 감리교회입니다. 1919년 3.1운동 서명자 중 하나였던, 애국지사 J목사가 20년 뒤, 1938년 갑자기 '친일파_{pro Japanese}'로 전향하면서 J목사는 기독교조선감리회 감독이 됩니다. 감독의 권한으로 J목사는 신사참배 독려, 일본군을 위한 특별기도, 애국헌금, 심지어는 교회 철문과 교회 종들을 뜯어 팔고 그 돈을 무기 제조에 헌납하는 일까지 서슴지 않았습니다. 기록에 따르면 교회 몇을 통째로 팔아 비행기 3대를 일본에 헌납했다고 합니다. 그리고 J목사는 미국 유학에서 돌아온 목회자들을 교회로부터 내어쫓거나 파송을 보류하여 무임목사로 내몰기도 했습니다. J목사는 해방과 함께 체포되어 잠시 구금되었다가, 가톨릭으로 개종하고, 1950년 고향 청주에서 사망했습니다. 그러나 J목사의 친일행각은 불행히도 감리교회를 두 쪽으로 갈라놓는 비극의 씨가 되었습니다. 해방 후 지지파는 '복흥파'라는 이름으로, 차별을 받은 반대파는 '재건파'라는 이름으로 1978년까지 감리교회를 끊임없는 내홍으로 몰고 간 암적 요인이 되었습니다.

한국교회의 운명은 신앙의 이름으로 갈라진 장로교회의 분열과 권력 지향적인 감리교회의 파벌을 어떻게 극복하고 창조적으로 승화해 갈 것인가라는 과제와 깊이 맞물려 있습니다.

오늘 우리는 이 뼈아픈 분열의 역사를 안고 구원 순례를 계속하고 있습니다. 오늘의 무대는 바벨론에 포로로 끌려온 1만 명의 유배민과 그들이 살고 있는 '유배공동체Exile community'를 자리로 합니다. 바벨론 땅 유프라테스 강 주변에 자리 잡은 유배민들, 다소의 자유는 허용되었다 해도 그들은 한순간도 조국 이스라엘이 처참하게 멸망하고, 영원하고 또 거룩한 도성 예루살렘이 한순간에 무너져 나간 비극을 잊을 수가 없었습니다.

하나님은 왜 자기가 사랑하는 백성, 이스라엘을 이토록 비참하게 치시는 것일까? 하나님은 왜 자기 도성, 예루살렘까지 처참히 버리시는 것일까? 이 물음은 유배민 이스라엘을 가장 곤혹스럽게 만든 신앙적 질문이었습니다. 그러나 그 어디에서도 해답은 오지 않았습니다. 그래서 유배를 '영적 흑암spiritual blackout'이라 했습니다.

그러던 어느 날, 편지 한 통이 그곳에 도달하였습니다. 그 편지는 예루살렘에서 보내온 편지였습니다. 그러니까 수십 일, 수만 리를 지나 도착한 편지였습니다. 그 편지는 멸망 이후 아직 예루살렘에 남아 있던 선지자 예레미야로부터 이곳 바벨론 포로들에게 보내온 편지였습니다. 현재 듀크 대학교 신학대학원 구약학 교수인 엘렌 데이비스 Ellen Davis 박사는 이 장면을 두고 다음과 같은 해석을 전개합니다.

유배민에게 도착한 예레미야의 편지는 하나의 편지 그 이상을 담고 있었다. 그 속에는 하나님의 메시지가 담겨 있을 것이라는 기대와 흥분으로 유배민들은 모여들었다. 누군가가 편지 첫 줄을 읽었다.

만군의 여호와 이스라엘의 하나님께서 예루살렘에서 바벨론으로 사로 잡혀가게 한 모든 포로에게 이와 같이 말씀하시니라(렘 29:4).

이때 유배민 이스라엘은 환성을 올렸을 것이다. 그리고 그 다음 말씀에 귀를 기울였을 것이다. 누군가가 그 다음을 읽었다.

너희는 집을 짓고 거기에 살며 텃밭을 만들고 그 열매를 먹으라(렘 29:5).

이때 갑자기 유배민들의 얼굴은 찌그러들기 시작했다. 그리고 놀라기 시작했다.

너희는 아내를 맞이하여 자녀를 낳으며… 거기에서 번성하고…(렘 29:6).

이 대목에 오자 유배민들은 격분하기 시작했다.

너희는… 그 성읍의 평안을 구하고 그를 위하여 여호와께 기도하라…(렘 29:7).

이 소리에 유배민들은 벌떡 일어나 예레미야가 미쳤다고 소리지르며, 배신자라고 소리쳤다. 여기서 예레미야는 친바벨론파pro-Babylonian로 낙인찍히고 말았다. 그리고 이 편지는 오히려 유배민에게 더 깊은 상처와 절망만을 남겼다.

이것은 구약학자 엘렌 데이비스 박사의 해석입니다. 그러나 이때 바벨론 포로 중에는 예레미야와는 '톤tone'을 달리하는 한 무명의 예언자가 등장합니다. 그는 바벨론의 멸망이 지금 우리 눈앞에 다가오고 있다고 외치기 시작했습니다. 바벨론을 위한 축복이 아니었기에 이 예언은 예레미야의 예언을 뒤엎는 하나의 폭탄이었습니다.

양식비평에 의하면 이 무명의 '반바벨론자anti-Babylonian'는 한 유대인의 밀고에 의해 체포되어 감옥에 갇혀 있었습니다. 밀고자는 유대인 포로 중의 한 사람이었으며, 바벨론에 아첨하여 녹을 먹고 사는 고위층 관리였던 것으로 추정합니다. 자신이 살아남기 위해 자기 동족인 예언자를 고발하고 감옥에 넣었다는 것입니다. 이 무명의 예언자, 후일에 사람들이 제2이사야라고 부른 이 예언자! 그는 누구인가?

예나 지금이나 그의 정체를 아는 사람은 아무도 없습니다. 그러나 한 가지는 분명했습니다. 그는 철저한 반바벨론자였습니다. 그래서 그는 감옥에 투옥되었습니다. 그러나 이 무명의 예언자는 고도의 지성과 문학적 소양을 갖춘 시인으로 알려져 있습니다. 무엇보다 그는 역사의 진행 속에서 수행하시는 하나님의 기이하신 구원의 역사를 정확히 읽어내는 영안을 가지고 있었습니다. 그가 기록한 것으로 알려진 이사야 40장에서 55장은 하나님의 신비한 구원 드라마를 포착한 역사적 증언이었으며 동시에 하나님의 구원 드라마를 최고의 언어로 표현한 예술로 평가받고 있습니다.

옥중 예언의 성격을 띠고 있는 이사야 40장에서 55장! 그 속에는 강력한 메시지 둘을 담고 있었습니다. 그 처음 메시지는 "해방의 노래"였습니다. 영원한 왕국, 바벨론이 망하고, 포로된 유다민족이 풀림을 받는 해방의 날이 임박했다는 선언이었습니다. "아름다운 소식을 시온에 전하는 자여"(사 40:9)로 시작하는 해방의 서사시는 "바벨론에 집을 짓고, 텃밭을 만들고, 아내를 맞이하여 자녀를 낳으며… 그 성읍의 평안을 구하고 기도하라"를 촉구하던 예레미야의 친바벨론적 예언에 정면으로 도전하는 것이었습니다.

지금 제2이사야는 바벨론을 저주하며 그 멸망을 노래하고 있습니다. 그러나 바벨론의 멸망은 하나님께서 친히 행하시는 역사의 신비였습니다. 타락했던 자기 백성, 이스라엘을 채찍질하시고 단련시키기 위해 바벨론을 도구로 쓰셨던 하나님께서 이번에는 자기 백성을 풀어주시기 위해 또 다른 나라를 도구로 들어 바벨론을 치신다는 하나님의 비밀을 이 예언자는 정확히 읽고 있었습니다.

제2이사야는 하나님의 또 다른 도구를 '페르시아'라고 지목했습니다. 그리고 하나님이 들어 쓰시는 종은 페르시아의 고레스 왕이라고 이름까지 거명하였습니다. 이 예언은 당시 사형에 처해질 수도 있는 중죄였다고 합니다.

그런데 이 예언은 어찌 보면 예레미야의 편지에서 좌절하고 절망한 유배민들에게 미래를 향해 오늘을 버틸 수 있는 소망의 그루터기일 수 있었습니다. "아름다운 소식!" 그것은 풀림을 받는 해방의 노래였습니다. 버나드 앤더슨Bernhard Anderson 교수는 이 해방을 "제2출애굽The Second Exodus"이라고 불렀습니다. 옛날 선조들이 애굽으로부터 풀림을 받았던 처음 출애굽의 '재연'으로서의 해방이었기 때문입니다 (49:21). 이것이 처음 메시지였습니다.

이 놀라운 해방의 약속, 아름다운 소식, 자유의 노래는 이사야서 40장에서 52장까지 장엄하게 그리고 감동적인 언어로 진행됩니다. 그러나 52장이 끝나면서 제2이사야는 갑자기 그 톤을 바꾸기 시작했습니다. 해방의 노래가 한순간 '고난받는 종'으로 비약하면서 유배민을 큰 혼란으로 몰아넣습니다. '고난의 종', 이것이 제2이사야의 두 번째 메시지입니다.

그는 멸시를 받아 사람들에게 버림받았으며… 멸시를 당하였고… 우리도 그를 귀히 여기지 아니하였도다(사 53:3).

제2이사야는 고난받는 종을 그 다음으로 이어갔습니다.

그는 실로 우리의 질고를 지고 우리의 슬픔을 당하였거늘 우리는 생각하기를… 하나님께 맞으며 고난을 당한다 하였노라(사 53:4).

우리도 고난 받은 종을 업신여겼습니다! 그러나 여기서 제2이사야는 '대속atonement'이라는 놀라운 구원의 이야기를 노래하기 시작합니다.

그가 찔림은 우리의 허물 때문이요. 그가 상함은 우리의 죄악 때문이라. … 그가 채찍에 맞음으로 우리는 나음을 받았도다(사 53:5).

고난 받는 종은 하나님께 맞은 자가 아니라, 우리의 질고와 죄악을 대신 지는 대속의 종이었습니다. 그런데 문제는 '누가 이 고난 받는 종인가'라는 질문이었습니다.

지난날 우리는 이 고난 받는 종을 장차 오실 예수 그리스도라는 성급한 결론으로 쉽게 비약하곤 했습니다. 특별히 수난주일에 이사야 53장을 예수 그리스도의 십자가와 연결시켰습니다. 그러나 양식비평에 의하면 이 고난 받는 종은 감옥에 간힌 예언자 자신이었다고 합니다. 감옥에서 받고 있는 자기 자신의 고통이 포로된 동족 유배민의 아픔을 대신하고 지고 있음을 보기 시작한 것이라고 합니다. 그러기에 고난 받는 종은 예언자 자신이었습니다.

하나님의 구원을 보고, 읽고 또 선포하는 해방의 나팔수, 제2이사야는 동족 유배민들의 고통을 대변하는 고난의 종으로 이어지고 있었습니다. 그리고 한걸음 더 나아가 이 고난의 종은 이제 곧 풀림을 받아 고향으로 돌아가는 이스라엘 민족의 미래 모습이었다고 합니다.

여기서 해방의 영광은 과거처럼 선민의식이 아니라 모든 이웃의, 다른 민족의 아픔까지도 대신 짊어지는 '고난의 민족'이어야 한다는 예언으로 이어졌습니다. 오랜 세월 이스라엘은 처음 출애굽을 '선택된 자'라는 우월의식으로 해석해온 교만 때문에 타락해 왔다고 보았습니다. 그러나 이제 바벨론으로부터 풀림을 받는 유배민, 이스라엘, 그들은 교만에 빠진 선민이 아니라 다른 모든 민족의 죄와 아픔까지도 대신하는 고난의 종이어야 했습니다.

그래서 해방된 자! 그는 고난의 종이었습니다. 그러나 고난 받는 종은 마지막에 오실 이! 십자가에서 돌아가시는 예수 그리스도를 예언하고 있었습니다. 예수 그리스도는 모든 인류의 죄와 죽음을 대신 지시는 하나님의 마지막 고난의 종이었습니다. 그러기에 이사야 53장의 고난 받는 종은 감옥에 갇힌 예언자 자신이었으며, 해방되어 돌아가는 새 이스라엘 백성이었으며, 마지막으로 전 인류의 죄와 죽음을 대신 지시는 예수 그리스도였습니다.

그러나 아직 한 가지 수수께끼가 남아 있습니다. 예레미야가 진정 친바벨론자였던가? 예레미야는 친바벨론자가 아니었습니다. 예레미야는 50장에서 말합니다.

여호와께서 선지자 예레미야에게 바벨론과 갈대아 사람의 땅에 대하여 하신 말씀이라… 바벨론이 함락되고 벨이 수치를 당하며…(렘 50:1-2).

그러기에 예레미야 29장의 편지는 예레미야 50장과의 흐름에서 거꾸로 읽어야 했습니다. 예레미야는 '친바벨론파'도, 더욱이 '친애굽파pro-Egyptian'도 아니었습니다. 예레미야는 제2이사야와 같이 숨 가쁘게 진행되는 역사, 특별히 강대국들—바벨론, 페르시아, 앗수르—사이에서 진행되는 역사의 흐름 속에서 하나님의 신비한 통치하심을 읽고 선포하는 예언자였습니다. 여기서 바벨론은 이스라엘의 남은 자, 그루터기, 유배민을 보전해주는 하나님의 잠정적인 도구였을 뿐이었습니다. 그러기에 예레미야와 제2이사야는 공히 이 역사를 하나님의 통치하심에서 보고, 그 속의 구원을 읽고 예언한 참 예언자들이었습니다.

오늘 한국교회는 중요한 한 가지 차원을 놓치고 있는 듯합니다. 신사참배를 끝까지 거부하고 신앙을 지킨 순교자의 모습은 해방된 자의 아름다운 모습이었습니다. 그러나 해방된 자는 배교한 사람들을 정죄하기 앞서 그들의 죄와 아픔 그리고 모든 사람들의 눈물까지도 대신하는 고난받는 종이어야 했습니다. 예수 그리스도께서 채찍에 맞음으로 우리 모두가 나음을 받는 하나님의 비밀을 살아가는 사람들이기 때문입니다. 해방된 자, 그는 고난받는 종이었습니다.

"I am free from all, but I am bound to all"(그리스도 안에서 나는 모든 것으로부터 자유하였다. 그러나 그리스도 안에서 나는 모든 사람을 섬기는 종이 되었다).

이 글은 마르틴 루터가 남긴 글이었습니다.

하나님 나라 '비밀 암호'

총 본문: 다니엘 1장 1절~12장 13절
주제 본문: 다니엘 1:1-7; 2:31-45; 11:28-35

Swing low, Sweet Chariot,

coming for to carry me home,

Swing low, sweet Chariot,

coming for to carry me home.

아름다운 수레야, 천천히 달려라

나를 집으로 데리러 오는구나.

아름다운 수레야, 천천히 달려라

나를 집으로 데리러 오는구나!

I looked over Jordan, and what did I see

Coming for to carry me home.

A band of angels coming after me,

coming for to carry me home.

요단강을 내려다보니,

나를 집으로 데리러 오는구나.

나를 향해 천사들이 오고 있는 것이 아닌가?

나를 집으로 데리러 오는구나.

'흑인영가Negro spiritual' 가운데서도 가장 유명한 이 노래는 1862년 경 엉클 웰레스 월리스Uncle Wallace Willis라는 흑인 노예가 직접 작사하고 작곡한 노래였습니다. 미국 남북전쟁 이전, 노예 학대가 극심했던 남쪽, 특히 오클라호마 '촉토Choctaw'라는 인디언 지역에 노예였던 월리스와 그의 아내는 여름날 무거운 노동이 끝나면 오두막집 문가에 앉아 고향 아프리카를 그리며 불렀던 "한"의 노래였습니다. 특별히 이 노래는 오클라호마를 뚫고 흐르는 붉은 강을 보면서, 월리스는 그곳에서 요단강을 그렸다고 합니다. Swing low, sweet Chariot은 그 옛날 엘리야가 회오리바람을 타고 하늘로 올라갈 때 탔던 불 수레(왕하 2:11)가 오고 있는 것을 상상했다고 합니다.

1960년대 초 유학시절 저는 미국 젊은이들 그리고 신학생들과 함께 여름캠프 또는 수련회에서 이 노래를 여러 번 불렀습니다. 당시 집을 떠난 방랑인의 삶이었기에 이 흑인영가는 제게도 큰 위로를 주곤 하였습니다. 그런데 이 흑인영가는 그 속에 '비밀 암호secret code'를 담고 있었다고 합니다. 겉으로는 하나님을 향한 신앙의 절규로 표현되었지만, Swing low, sweet chariot은 동물로 전락한 노예들을 북쪽으로, 멀리는 캐나다로 탈출시키는 암호였다고 합니다. 특별히 '지하철도Underground Railroad'를 타고 도망가는 길잡이 암호였다고 합니다. 물론 백인 지주들은 이 암호를 읽을 수 없었습니다. 그러나 많은 노예들은 이 암호를 해독하고 탈출하는 데 성공하기도 했다고 합니다.

오늘의 본문, 다니엘서는 그 속에 '비밀 암호cryptic code'를 담은 한 무명 저자의 신앙고백이라는 놀라운 사실에서 오늘을 시작하고자 합니다.

다니엘서는 다니엘이라는 400년 전의 신앙적 영웅을 주역으로 하고 수많은 환상들, 동물들 그리고 예언을 담은 묵시문학이지만 그 속에는 처음부터 "영적 암호spiritual code" 하나가 숨어 있었다는 해석에 주목하고자 합니다.

그렇다면 다니엘서의 주역으로 등장하는 400년 전의 다니엘은 누구였는가? 다니엘은 역사 속에, 그것도 바벨론 포로로 살았던 신앙 영웅이었습니다. 에스겔서는 14장 14, 20절, 28장 3절에 다니엘이라는 이름이 세 번씩이나 거명되는 것으로 보아 다니엘은 에스겔보다 먼저 사람이며, 바벨론에도 먼저 끌려간 포로였음이 분명합니다. 예루살렘이 1차로 멸망한 BC 597년보다 8년 전, 그러니까 BC 605년 애굽을 겪고 바벨론으로 귀환하던 바벨론의 느부갓네살 왕이 예루살렘에서 16살가량의 소년 다니엘과 친구 셋을 포로로 끌고 갔습니다.

그러나 다니엘과 친구들은 8년 뒤에 끌려온 1만 명의 포로와는 달리 궁중교육, 궁중음식, 궁중문화의 중심에서 생활했으며, 다니엘은 여러 총리 가운데 한 사람으로 영전되기도 하였습니다. 그리고 다니엘은 유다민족이 풀려난 BC 538년까지 바벨론에 살았던 것으로 알려지고 있습니다. 그때 나이 82세로 추정합니다. 사자 굴에 들어갔던 때 나이를 80세 전후로 추산하기도 합니다.

유다문서 '라스 샴라Ras Shamra'는 다니엘을 유다 민족의 신앙적 영웅 그리고 전설적 존재로 묘사하고 있습니다. 한평생 이방 땅에 살면서도 단 한 번도 하나님을 배신하지 아니한 신앙의 기사, 왕들의 난해한 꿈을 해독한 지혜의 사람, 장차 전개될 왕국들의 흥과 망을 예언한 예언자! 그는 한마디로 하나님의 사람, 하나님께서 동행하신 선택된 사람이었습니다.

그런데 이 신앙의 영웅, 다니엘이 다니엘서를 쓰지 않았다는 성서해석이 나오면서부터 심각한 문제가 부각되었습니다. 다니엘이 다니엘서를 기록하지 않았다면, 그렇다면 다니엘서는 언제, 어디서, 누가 썼는가? 인간 다니엘과 다니엘서는 어떤 연관을 가지는가? 이 질문 앞에 답해야하는 어려운 난제에 봉착했습니다.

프린스턴 신학교 구약학 교수였던 앤더슨Bernhard Anderson은 그의 주저『구약의 이해Understanding the Old Testament』에서 단서 하나를 내놓았습니다.

다니엘서는 처음부터 "신비적 암호cryptic code였다"(p. 623)라고 했습니다. 적들이 이해하지 못하도록 기록한 암호의 책이었다는 것입니다.

다니엘서는 주전(BC) 165년경, 유다민족이 너무도 가혹한 대학살로 민족의 존망이 엇갈리고 있던 시리아 왕 안티오쿠스 에피파네스Antiochus Epiphanes 박해 때 한 무명의 저자가 쓴 글이었습니다. 특히 다니엘서 11장은 바로 그 현장의 이야기를 암호화한 예언이었습니다.

세계를 주름잡았던 알렉산더Alexander가 갑자기 죽자, 그의 장군 넷이 땅을 분할하여 제각기 왕국을 세웠습니다. 다니엘 11장에 나오는 북방 왕은 시리아Syria와 바벨론을 차지한 셀류쿠스Seleceus 왕이었습니다. 그리고 남방 왕은 애굽과 리비아를 차지한 톨레미Ptolemy 왕이었습니다. 문제는 두 나라 사이의 긴긴 싸움 틈바구니에 낀 유다였습니다. 다니엘 11장 28절, "북방 왕은 많은 재물을 가지고 본국으로 돌아가리니 그는 마음으로 거룩한 언약을 거스르며 자기 마음대로 행하고 본토로 돌아갈 것이며." 시리아의 '안티오쿠스Antiochus' 왕이 애굽 '프톨레미Ptolemy'를 공격하고 있을 때 악성 루머가 돌았습니다. 안티오쿠스가 죽었다고… 이때 예루살렘이 폭동으로 휩싸였다고 판단한 안티오쿠스는 군대를 풀어 예루살렘을 다시 점령했습니다.

군대는 그의 편에 서서 성소 곧 견고한 곳을 더럽히며 매일 드리는 제사를 폐하며 멸망하게 하는 가증한 것을 세울 것이며(단 11:31).

군대는 3일 동안 유다인 4만 명을 학살했습니다. 그리고 4만 명을 노예로 끌고 갔습니다. 살해하는 방법은 고문, 산채로의 화형, 방화 등이었습니다. 또한 성전 기물들을 모조리 훔쳐 갔습니다. 그리고 그 자리에 '올림프스Olympus' 신 '주피터Jupiter' 신상을 세우고 절하게 했습니다. 하나님을 경배하던 성전제단에는 돼지머리를 올려놓고 유대인에게 경배하라고 강요하였습니다(마카베오 II 5:11-14). 이때 유다 땅은 나라의 운명이 뿌리까지 흔들렸으며, 학살과 핍박에 못 이겨 야웨 하나님과 토라를 버리고 주피터 신으로 전향하는 배교자들이 늘기 시작하였습니다.

그러나 이때 야웨 신앙을 끝까지 지키려는 운동과 그룹이 그 속에 움트고 있었습니다. 이것을 '하시딤Hassidim'이라 합니다. 하시딤은 바리새파 운동의 시작이고 또 뿌리였습니다. 이때 이름을 밝히지 않은 하시딤의 한 무명인사가 다니엘서를 썼습니다. 야웨 신앙을 포기하지 않도록, 야웨 하나님만을 끝까지 붙잡도록 용기를 주기 위함이었습니다. 그러기에 다니엘서는 주전 BC 165년경에 쓰여졌습니다.

그리고 다니엘서에는 400년 전의 느부갓네살이 갑자기 등장합니다. 그러나 여기 느부갓네살은 400년 전의 느부갓네살이 아니었습니다. 지금 유대인을 말살하고 있는 안티오쿠스Antiochus Epiphanes를 암호화한 것이었습니다. 그토록 화려했던 바벨론 왕국도, 그토록 유명했던 느부갓네살도 "사람에게서 쫓겨나서 들짐승과 함께 살며 소처럼 풀을 먹게"(단 4:25) 될 것이라는 다니엘의 예언은 바로 이 안티오쿠스를 향한 하나님의 진노의 예언이었습니다. 여기 등장하는 느부갓네살은 안티오쿠스를 지칭하는 '비밀 암호'였습니다.

그리고 다니엘서에는 갑자기 이방의 나라, 바벨론에서 끝까지 야웨 신앙을 지켜낸 400년 전의 다니엘과 친구들이 등장합니다. 그러나 다니엘서 나오는 다니엘은 400년 전의 다니엘이 아니었습니다. 지금 안티오쿠스의 대학살과 핍박 중에서도 야웨 신앙과 토라를 생명을 걸고 지키고 있는 '핫시딤' 사람들이 다니엘이었습니다. 여기 다니엘은 핫시딤의 비밀 암호였습니다. 그리고 다니엘이 본 네 짐승의 환상들은 이미 멸망한 바벨론 제국, 메대 왕국, 페르시아 왕국 그리고 지금 발악하고 있는 그리스-시리아 왕국의 안티오쿠스 에피파네스를 지칭하는 "비밀 암호"들이었습니다. 이 암호들은 지상왕국은 그 어느 것도 영원하지 않다는 역사적 교훈을 담고 있었습니다. 그러기에 다니엘서를 '핫시딤 선언Hassidim Manifesto' 또는 핫시딤 고백이라 부르는 이유가 여기 있습니다.

다니엘서는 지금 진행되고 있는 이 역사의 아픔 속에 과거와 미래를 끌어들여 이 역사가 가는 길을 "암호"로 풀어가고 있기 때문입니다. 그것은 Swing low, sweet Chariot이라는 신앙의 암호를 들어 흑인해방을 노래한 것과도 같습니다.

그러나 다니엘서는 최후의 증언 하나를 이 암호 속에 담고 있습니다.

이 여러 왕들의 시대에 하늘의 하나님이 한 나라를 세우시리니 이것은 영원히 망하지도 아니할 것이요, 그 국권이 다른 백성에게로 돌아가지도 아니할 것이요 도리어 이 모든 나라를 쳐서 멸망시키고 영원히 설 것이라(단 2:44).

지상의 도성은 왔다가는 가는 것! 그러나 역사를 손 안에 두고 통치하시는 하나님의 나라는 영원한 것! 그래서 "너는 가서 마지막을 기다리라"(단 12:13)는 말로 끝을 맺습니다. 이름을 밝히지 않는 무명의 다니엘서 저자! 민족 모두가 죽어가는 민족 멸종의 한복판에서 절규하는 그의 처절한 신앙의 호소! 특별히 비밀 암호를 통해 외치는 그의 메시지는 무엇일까? 하나님 앞에서 신앙을 지킨다는 것은 지상에서는 외롭고 고통스런 여정임에 틀림없습니다. 그러나 역사의 한복판을 뚫고 다가오는 하나님 나라! 그 "비밀 암호"를 읽어내는 눈을 저는 신앙이라고 불러봅니다.

수많은 비유로 선포하신 주님의 말씀은 하나님 나라의 "비밀 암호"였습니다. 비밀 암호를 읽어내는 것이 신앙입니다. 다니엘서는 결론 없는 결론으로 끝을 맺고 있습니다. "너는 가서 마지막을 기다리라"로 끝내고 있습니다. 하나님의 때를, 비밀 암호를 읽고 기다리라는 말입니다. "나라가 임하시오며, 뜻이 하늘에서 이루어진 것같이 땅에서도 이루어지이다"를 살아가는 여정! 하나님이 주시는 비밀 암호를 해독하며 그 암호를 따라 하루하루를 살아가는 여정! 이것이 다니엘서가 주는 오늘의 교훈입니다.

늙은이는 통곡을, 젊은이는 환성을

> 총 본문: 학개 1장~2장; 스가랴 1장~14장
>
> 주제 본문: 학개 1:1-2:8; 스가랴 8:1-17

2,000년의 기독교 역사는 어찌 보면 '교회건축'이라는 거대한 '축'과 함께 걸어온 흐름이었습니다. 아이러니하게도 한국교회는 오늘 새로운 교회건축 열기와 맞물리면서 오히려 '교인이탈', '분열', '공중분해', '법정관리' 등의 역작용으로 몸살을 앓고 있습니다. '교회건축'의 당위성에도 불구하고 교회건축 그 저변에는 서로 상충하는 두 개의 유형이 긴긴 세월 날카롭게 대립하여 왔습니다. 그 하나의 유형은 지하교회를 상징하는 '카타콤catacomb'이었고, 다른 하나의 유형은 기독교 왕국의 상징이었던 '로마 황실 건축basilica'이었습니다.

카타콤은 로마제국의 극악한 박해를 피해 땅 밑으로 내려간 지하교회였습니다. 그러나 주후 4세기 기독교가 국교로 공인된 이후 교회는 땅위로 올라오면서 교회는 바실리카라는 화려한 건축 옷을 입고 하늘을 향해 치솟은 거대한 왕국의 상징이 되었습니다. 그런데 땅 밑으로 숨은 카타콤 교회는 오직 한 가지, 예수 그리스도의 십자가와 부활의 기쁨만을 붙들고 함께 살아가는 단순하고도 소박한 신앙공동체였습니다. 그것으로 족했습니다. 그래서 카타콤이라는 그루터기만 있어도 기뻐하는 공동체였습니다. 그러나 바실리카 교회는 거대함, 화려함, 웅장함을 뽐내기 시작하면서 진작 교회의 생명인 처음 사랑은 차츰 죽어가기 시작했습니다.

교회의 몸집이 커지면 커질수록 신앙의 생명력은 점점 쇠퇴하는 하나의 역설을 긴긴 교회 역사 속에 뼈아픈 교훈으로 남겼습니다. 그런데 이 뼈아픈 교훈이 지금 한국교회 심장부를 난타하고 있습니다.

지난 2012년 6월 16일자 '야후Yahoo'에는 기독교를 풍자하는 신랄한 글 하나가 올라왔습니다. 목동의 한 대형교회, 그 이름은 J교회였습니다. 그 교회 J목사는 교회공금을 횡령했다는 죄목으로 2년형을 선고받고 지금 감옥에 수감되어 있습니다. 문제는 교회건축 당시 보증을 선 20여명의 교인이 20억을 갚으라는 최고장이 날라온 데서 시작되었습니다. 만일 교회건물이 경매로 넘어가는 경우, 연대보증을 선 20명은 250억 원까지 갚아야 하는 위기로까지 몰렸습니다. 바실리카를 끝없이 추구하는 한국교회에 주는 하나의 경종인 듯합니다.

그러나 다른 한 구석에는 색다른 흐름 하나가 태동되고 있다고 이 기사는 글을 이어 갔습니다. '건물 안 가지기' 교회운동이 그것입니다. 이 교회들은 처음부터 건물 소유 안 하기를 정관에 넣고 시작한다고 합니다. 수는 적어도 이런 교회들이 날로 늘어나고 있다고 했습니다. 뜻있는 젊은이들이 그곳으로 모여든다고도 했습니다. 그들은 카타콤의 그루터기만 있어도 기뻐하는 사람들입니다.

오늘 구원 순례는 변방 선지자로 알려진 학개와 스가랴의 예언과 함께하고 있습니다. 학개와 스가랴! 이 두 예언자는 뛰어난 어법도, 성전 건축 독려를 제외하고는 별 내용도 없는 소선지자들이었습니다. 아모스처럼 날카롭지도, 호세아처럼 뜨겁지도, 예레미야처럼 눈물도, 제2이사야처럼 아름다운 언어의 구사도 없는 극히 평범한 예언자들이었습니다. 특히 학개는 주전 520년 8월에 예언을 시작하고 그해 12월에 그쳤기에 잠시 등장했다 사라진 예언자였습니다. 스가랴는 주전 520년, 같은 해 가을에 시작하여 2년 동안 예언하였기에 학개보다는 길게 활동하였습니다.

그러나 두 예언자는 당시 유행하던 은유와 환상법으로 예언하여 알아듣기가 더 힘든 예언들이었습니다. 거기에다 학개와 스가랴는 극히 단순한 한 가지 주제에 매달렸습니다. 성전을 건축하라는 권고였습니다. 그러나 오늘 우리는 학개와 스가랴가 강력히 독려하고 또 예언한 '성전 건축' 그 뒤의 숨겨져 있는 높은 이상을 보고자 합니다.

그들의 예언은 그 속에 놀라운 '역사적 기억historical remembrance'을 담고 있으며, '영적 각성spiritual awakening'을 호소하고 있으며, '목회적 치유pastoral healing'가 감싸고 있기 때문입니다. 그리고 학개와 스가랴의 예언은 무엇보다 바실리카와 카타콤 사이의 경계선상에서 머뭇거리고 있는 당시 유대 민족의 눈을 하나님의 거대한 구원의 역사에 돌리고 있었기 때문입니다. 그러므로 오늘 학개와 스가랴의 예언은 성전 건축을 넘어 그들 앞에 전개된 기이한 역사적 사건들과의 연관 속에서 거꾸로 읽고 또 해석해야 합니다.

학개와 스가랴보다 앞서 일어난 역사적 사건 그 처음은 BC 538년에 바벨론에서 풀려난 이스라엘 민족의 해방—제2 출애굽—이었습니다. BC 587년 이스라엘 민족이 포로가 되던 예루살렘 2차 멸망에서 BC 538년 풀림을 받기까지는 무려 49년이 걸렸습니다. BC 538년은 "외치라. 노역의 때가 끝났고"를 외치던 제2이사야의 예언이 성취되던 해였습니다(사 40:2). 그런데 놀라운 이 해방 뒤에는 해방자가 있었습니다. 그는 이스라엘 사람이 아니었습니다. 그는 동방의 이방 왕 페르시아의 고레스Cyrus였습니다.

놀랍게도 성경은 이 이방 왕을 '하나님의 목자'(사 44:28)라, '기름 부음을 받은 고레스'(사 45:1)라, '여호와의 감동을 받은 자'(대하 36:22, 스 1:1)로 그 이름을 높였습니다. 일반 역사가들도 고레스를 역사상 가장 '능'하고, '매력적'이며, '가장 인간적인 왕'이었다고 평가하고 있습니다.

고레스! 그는 페르시아 제국(지금의 이란)을 평정한 후, 주전 539년 가장 강력했던 바벨론(지금의 이라크)마저 점령합니다. 그리고 바벨론에 입성할 때 침략자 고레스는 오히려 영웅이 되어 큰 환영을 받습니다. 어찌된 일인가? 고레스는 자기 신하들에게 세 가지를 명령했습니다. '그 누구도 죽이지 말 것no killing', '그 무엇도 파괴하지 말 것no destruction', '그 무엇도 약탈하지 말 것no stealing'이었습니다.

그 다음해, 주전 538년, 고레스는 그도 유명한 '회복의 조서Edict of Restoration'를 선포합니다. 모든 포로들과 이방인을 풀어 고향으로 돌아가게 했습니다. 49년 동안 유배되어 포로로 살아온 유다 민족도 이때 풀림을 받습니다. 그리고 그토록 그리던 고향 예루살렘으로 돌아갈 수 있게 되었습니다.

그러나 역사적 사건 두 번째는 풀림을 받은 유다 민족은 곧 이어 새로운 시련에 직면합니다. 고향으로 돌아가는 유다 민족의 수가 너무 적었기 때문이었습니다. 이방 땅이지만 49년 동안 쌓아 놓은 재산과 터전을 한순간 포기하고 선뜻 나서는 사람이 얼마 되지 않았습니다. 그리고 800마일을 걸어서 가는 길이 너무도 길고 험하기에 나서는 사람이 얼마 되지 않았습니다. 다만 열심 있는 유다인들 만이 희망과 꿈을 안고 고향, 예루살렘으로 귀환합니다.

그러나 긴긴 여정 끝에 돌아온 고향, 예루살렘! 그토록 그리던 성은 파괴된 채 그대로 방치되어 있었으며, 성전은 황폐되어 흔적조차 없었으며, 집이라곤 모두 다 쓰러져 있었습니다. 이때 총독 스룹바벨과 대제사장 여호수아가 돌아온 포로들과 함께 성전 기초를 놓기 시작합니다. 49년 만에 제사장들은 예복을 입고 나팔을 불었으며, 레위 자손들은 제금을 들고 여호와를 찬송하고, 돌아온 백성들은 함께 여호와를 찬송했습니다(스 3:10-11).

그런데 성전기초를 놓았다는 소문이 퍼지자, 유다에 남아 있던 유대인들이 들고 일어나 성전 건축을 방해하기 시작했습니다. 유배민에게 주도권을 빼앗길 수 없다는 것이 이유였습니다. 거기에다 북쪽 사마리아 사람들이 일어나 방화와 폭력으로 성전 건축을 방해하였습니다. 그 결과 주전 538년에서 536년경 성전은 기초만을 놓은 채 건축은 중단되고 말았습니다. 그리고 18년이 흘렀습니다. 정치적 좌절, 영적 피로 그리고 민족 분열은 18년의 이스라엘 민족을 깊은 수렁으로 몰아넣었습니다.

18년이 지난 주전 520년 8월 어느 날, 학개가 하나님의 계시를 받습니다. 여기서 역사적 사건 세 번째가 시작되고 있었습니다.

"이 성전이 황폐하였거늘, 너희가 이 때에 판벽한 집에 거하는 것이 옳으냐?"(학 1:4). 학개가 소리를 높였습니다. 판벽한 집이란 레바논 삼나무로 지은 집이라는 뜻이었습니다. 18년 동안 황폐한 성전은 버려둔 채 너희는 고급 집 짓기에 몰두하였으니 이 일이 하나님 앞에 합당하냐를 묻는 질책이었습니다. 그리고 지체 없이 "너희는 산에 올라가서 나무를 가져다가 성전을 건축하라"(학 1:8). 학개와 스가랴는 강력한 어조로 성전 건축을 명령하듯이 재촉합니다.

주전 520년, 하나님의 예언 앞에 선 유다민족은 18년 만에 기구를 들고 성전 건축을 다시 시작합니다. 18년 전에 놓았던 성전기초부터 다시 쌓기 시작한 것입니다. 그런데 문제는 성전 기초를 다시 놓는 그 자리에서 늙은이들은 대성통곡을 하고, 젊은이들은 환성을 올렸다는 데 있습니다(스 3:12).

늙은이들은 왜 대성통곡을 했을까? 늙은이들은 처음 성전, 솔로몬 성전의 화려함과 웅대함을 기억하고 오늘 다시 놓는 초라한 성전기초를 보면서 대성통곡을 하고 있었습니다. 학개가 늙은이들 앞에서 말합니다.

이 성전의 이전 영광을 본 자가 누구냐? … 이것이 너희 눈에 보잘것없지 아니하냐?(학 2:3).

늙은이들은 솔로몬 성전이 누렸던 영광이라는 지난날의 혼백에 노예가 되어 있었습니다. 그래서 그들은 대성통곡을 했습니다. 바실리카라는 환상에 매여 있는 늙은이들은 지금 자기 앞에서 전개되는 이 성전 건축을 하나님의 파괴하심, 유배를 통한 훈련하심, 이방인의 손을 들어 다시 해방하시는 하나님의 놀라운 구원의 감격에서 읽지도, 보려하지도 않았습니다. 그들은 성전을 크고 작은 것으로만 판단

하는 성전주의자들이었습니다. 한마디로 바실리카의 노예들이었습니다. 그러나 솔로몬 성전을 보지 못한 젊은이들, 그들은 오늘 처음 보는 성전의 기초 그 자체를 기뻐하고 크게 함성을 올렸습니다(스 3:12).

유배에서 태어난 젊은이들, 이들은 카타콤의 그루터기 그 자체를 기뻐하고 있었습니다. 하나님의 해방의 역사를 똑똑히 목격한 젊은이들은 성전의 기초를 놓는다는 감격 하나에서 하나님의 약속을 보고 있었습니다. 그래서 그들은 환성을 올렸습니다.

예언자 학개와 스가랴는 지금 통곡하는 늙은이와 환성을 올리는 젊은이들 사이에 끼어 있었습니다. 바실리카와 카타콤 사이의 틈새, 화려하고 웅장한 교회건축으로 치닫는 한국교회의 왕국화와 건물 안가지기로 향하는 젊은 세대 사이의 틈새에 오늘 학개와 스가랴가 다시 서있다고 보아야 할 것입니다.

이 틈새에서 두 예언자는 그때도 그리고 오늘도 한 가지를 분명히 말하고 있습니다. 성전은 "애굽에서 나올 때에 행하신 하나님의 언약의 말과 하나님의 영을"(학 2:5) 다시 기억하게 하기 위한 처소라고… 성전은 하나님의 구원을 기억하고 감사하는 표현으로 족했습니다. 성전은 "내가 내 백성을 해가 뜨는 땅과 해가 지는 땅에서부터 구원하여 내고… 예루살렘 가운데서… 그들은 내 백성이 되고 나는 진리와 공의로 그들의 하나님이 되시는"(슥 8:7-8) 언약을 회복하는 처소로 족했습니다.

학개와 스가랴는 성전 건축을 독려하지만, 그들은 바실리카의 노예가 아니었습니다. 성전 건축을 독려하는 유일한 목적은 하나님께서 행하신 구원을 감격하고 감사하는 카타콤에 있었습니다. 카타콤은 크기가 아니라, 신앙의 공동체를 의미합니다.

> **만군의 여호와가 이같이 말하노라. 예루살렘 길거리에 늙은 남자들과 늙은 여**
> **자들이 다시 앉을 것이라… 그 성읍 거리에 소년과 소녀들이 가득하여 거기에**
> **서 뛰놀리라(슥 8:4-5).**

학개와 스가랴는 성전 건축을 독려하는 건축론자들이었습니다. 그러나 그들은 바실리카의 예찬론자들이 아니었습니다. 그들은 하나님께서 행하신 구원의 감격에서 성전을 보고, 해석하는 카타콤 사람들이었습니다. 늙은이들의 통곡이 아니라, 젊은이들의 환상에서 이스라엘의 미래를 본 예언자들이었습니다. 오늘 학개와 스가랴의 예언은 분명 바실리카 콤플렉스에 매여 허덕이는 한국교회에 던지는 날 센 충고이고, 또 예언입니다. 성전은, 교회당은 하나님 나라를 이 땅에서 경험하고, 기억하고, 또 증언하는 소중한 통로라는 신앙적 충고입니다. 늙은이들의 통곡소리가 아니라, 성전 그루터기를 보며 환성을 올린 젊은이들의 비전이 한국교회 미래이기를 소망해봅니다.

수문광장의 눈물

> 총 본문: 에스라 1장~10장; 느헤미야 1장~13장
>
> 주제 본문: 에스라 5: 13-17; 6:13-18; 느헤미야 5: 14-19; 8: 1-18

한국 기독교계에는 요사이 조용한 감동 하나가 메아리 치고 있습니다. "분당우리교회" 이야기입니다. 학교 강당을 빌려 모이기 시작했다는 이 교회는 만 명이 넘는 소위 '대형 교회mega church'로 도약하였습니다. 그래서 '교회성장'이라는 신화창조의 한 모델이 되었습니다. 그런데 지난 7월 1일(2012년) 주일예배에서 이 교회 L담임목사는 느닷없이 충격적인 예고를 선언하였습니다. 오늘부터 10년 동안 교인 5,000명 또는 그 이상을 열악한 교회로 파송하겠다는 선언이었습니다. 그리고 지난해(2011년) 650억 원에 매입한 교육관이 이미 포화상태에 이르렀지만, 증축을 포기한다는 선언이었습니다. 10년 뒤에는 이 건물을 되팔아 교회와 사회에 환원한다는 약속까지 내놓았습니다.

10년이라는 단서가 이 거룩한 모험의 진실성과 실효성을 의문케 하는 옥에 티 같은 것이지만, 이 젊은 목회자는 적어도 대형 교회가 앞으로 가야 할 미래지표 하나만은 분명히 한 듯합니다. 한국교회의 미래는 '몸집 부풀리기'에 있지 않다는 경고입니다. 오히려 '몸집 줄이기'가 대안이라는 강력한 묵시를 그 속에 담고 있었습니다. 그러나 저는 이 젊은 목회자의 고뇌에서 다른 메시지 하나를 읽고 있습니다. 교회성장 이후에 스며드는 공허 같은 역설이었습니다. 요란한 교회 성장, 거대한 교회건축 뒤에 말없이 스며드는 내면의 '공허emptiness' 같은 것입니다.

일찍이 『고독한 군중The Lonely Crowd』에서 시대의 아픔을 예고했던 데이빗 리즈맨David Rieseman의 경고를 이 목사는 절감하고 있었는지도 모릅니다. 이 젊은 목회자는 적어도 이 공허 앞에 솔직했습니다. 성공 뒤에 오는 공허를 겸허히 받아들인 듯합니다.

구약성서에는 거대한 건축이야기가 세 번 등장하고 있습니다.

그 처음은 '바벨탑'이었습니다(창 11). 지금까지 이라크 이곳저곳에 남아 있는 '벨Bel' 신전들, '지구랏Ziggurat' 신전들은 고대 바벨론의 유물들이며, 고고학은 그것들을 창세기 11장에 나오는 바벨탑의 흔적 내지는 연관으로 보고 있습니다. 바벨탑의 상징은 그 높이를 '하늘에 닿게'하는 데 있었습니다(창 11:4). 그래서 바벨탑은 인간교만의 상징으로 해석되어 왔습니다.

그러나 구약성서에 나타난 거대한 건축 두 번째는 솔로몬이 건축한 예루살렘 성전과 왕궁이었습니다. 성전은 무려 7년 동안, 왕궁은 그보다 두 배에 가까운 13년에 걸쳐 건축되었습니다. 그러니까 솔로몬 치정 40년의 절반이 건축이었던 셈입니다(왕상 6, 7장). 솔로몬 성전과 왕궁의 상징은 웅장함과 화려함이었으며, 그것은 인간욕망과 교만의 또 다른 상징이었습니다.

그러나 구약성서에 등장하는 세 번째 건축은 바벨론 왕, 느부갓네살이 파괴한 예루살렘 성전과 도성을 다시 재건하고 봉헌한 제2 성전과 예루살렘 성벽이었습니다. 그런데 이 거대한 건축들 뒤에는 주제하나가 뒤따르고 있었습니다. 건축 뒤에 스며든 '공허'였습니다.

바벨탑 이후 인간은 언어를 잃었습니다. 그리고 분열하고 이별하는 저주의 역사로 이어졌습니다. 솔로몬의 예루살렘 성전과 왕궁 이후, 여호와 하나님은 그곳을 떠나셨습니다. 사회는 부자와 가난한 자로 갈라지고, 북쪽 사람과 남쪽 사람은 끝내 서로를 배신하고 분열하는 민족 분단의 비극으로까지 이어졌습니다.

오늘은 바벨론 포로에서 돌아와 다시 세운 예루살렘 제2 성전이 봉헌되는 날, 수소 100마리를 제물로 바치는 큰 제사와 축제의 날(스 6:16-22), 그러나 부족 간의 불신과 저주 그리고 계속되는 살육은 이스라엘 민족을 여지없이 무너뜨리고 있었습니다. 건축 이후에도 스며든 공허라는 아이러니! 건축은 민족의 상처와 아픔을 치유하지 못했다는 의미입니다. '4대강'에 모든 것을 걸었던 이명박 정부의 끝이 왠지 공허로 끝날 것 같은 예감을 우리는 무슨 말로 설명할 수 있을까?

이 땅 구석구석까지 파고든 교회건축의 르네상스! 바벨탑을 연상케 하는 화려한 교회당들! 그 뒤에 한국교회는 영적 희열보다는 탈진과 분열 그리고 피로감으로 공허 속을 헤매야 하는 이유는 왜일까? 화려한 건축이 아픔을 치유하지 못한다는 교훈 하나를 깊게 남겼습니다. 이것이 오늘의 구원 순례 첫 번째 에피소드입니다.

바로 여기! 건축이 끝난 자리! 그러나 공허가 깊게 드리운 팔레스타인에는 페르시아의 총독 느헤미야가 등장합니다. 오늘 구원 순례는 느헤미야 총독 이야기입니다.

'양식비평'은 주전(BC) 445년을 총독 느헤미야가 무너진 예루살렘 성벽을 다시 쌓고 하나님 앞에 봉헌한 해로 지목합니다. 예루살렘 제2성전을 봉헌한 해가 BC 515년이었으므로 BC 445년 예루살렘 성벽봉헌은 꼭 70년 뒤에 일어난 일이었습니다. 공백의 70년 끝자락, 성전 건축 이후 공허만이 감돌았던 어느 날 페르시아 왕의 술 관원, 유대인 느헤미야가 새 총독으로 임명되어 이곳 고향인 예루살렘에 부임해온 것입니다. 그러나 당시 예루살렘은 온통 암몬 사람들, 사마리아 사람들의 저주와 살육 그리고 유다 부족 간의 분열로 무정부 상태가 계속되고 있었습니다.

여기서 총독 느헤미야는 정치적 모험 두 가지를 걸었습니다. 그 하나는 무너진 예루살렘 성벽을 52일 만에 재건하는 기염을 토합니다(느 4:17). 한손에는 성벽 쌓는 장기를, 다른 한손에는 외적들을 막아내는 병기를 들고 그것도 52일 만에 성벽을 완공하는 기적을 만들어 낸 것입니다. 이것은 총독 느헤미야의 치적 제1호였습니다.

그러나 느헤미야의 치적 제2호는 더 놀라운 것이었습니다. 총독으로서, 느헤미야는 '녹'을 먹지 않았습니다(5:14). 백성들의 것을 노략질하지도 않았습니다(5:15). 그는 정의를 행하는 정치인이었습니다. 느헤미야는 하나님을 두려워하는 정치인의 표상이었습니다. 그러기에 BC 515년 제2성전이 재건되고 봉헌한 후, 오지 아니하는 영적인 희열, 거기서 생겨난 공허! 그래서 총독 느헤미야가 펼치는 과감한 정치적 프로그램 둘은 새로운 희망의 씨앗으로 떠오르고 있었습니다.

금년(2012년) 12월 대선을 앞둔 대한민국! 이 땅은 온통 '정의사회 실현', '평화의 정착', '보편적 복지' 그리고 '경제 민주화'를 약속하고 나오는 후보들의 정치적 프로그램으로 가열되고 있습니다. 대통령 후보들은 한결같이 과도한 건설 드라이브$_{drive}$를 걸어온 이명박 정부 이후를 겨냥하고 있습니다. 이들은 건설 이후에 이 땅에 스며든 공허를 정치적 프로그램으로 메울 수 있다고 약속하고 있습니다. 이것은 대한민국의 느헤미야를 기대해보는 대목이기도 합니다.

그런데 문제는 '일곱째 달'이라고만 된 그 어느 날이었습니다. 예루살렘 수문 앞 광장에는 갑자기 많은 백성들이 모여들었습니다(느 8:1). 성서학은 바로 이 해를 주전(BC) 428년으로 지목합니다. BC 428년은 느헤미야의 BC 445년보다 17년 뒤였습니다. 이때 페르시아로부터 제사장 겸 율법사 에스라가 예루살렘에 도착한 것입니다. 오늘 우리는 구원 순례 세 번째 정점으로 다가서고 있습니다.

수문 앞 광장에 운집한 수많은 사람들! 그것은 정치적 모임일 수도, 군중집회일 수도 있었습니다. 그러나 성경의 앞뒤로 보아, 그토록 많은 사람들이 수문 앞 광장에 모여든 것은 그 어떤 정치적 모임도, 궁중집회도 아니었습니다. 오히려 주전(BC) 515년 성전 봉헌 이후 그리고 주전(BC) 445년 예루살렘 성벽 봉헌 이후, 총독 느헤미야가 과감히 펼치고 있는 선한 정치 그 이후에도 좀처럼 사라지지 않는 깊은 공허! 텅 빈 영혼! 갈급함! 그것 때문이었습니다.

오늘 성경본문 느헤미야 8장 1절에서 12절을 유의하십시오. 이것은 오늘 구원 순례의 '크라이맥스$_{climax}$'입니다. 여기에는 한 편의 거대한 '민족적 회개$_{metanonia}$'와 예배 드라마가 펼쳐지고 있었습니다.

수문광장에서 펼쳐지는 이 예배 드라마는 "새벽부터 정오까지…
제사장 겸 율법사인 에스라가… 모세의 율법을… 읽는 것으로 시작
되고 있었습니다"(느 8:1-3). 그것은 요란한 축제도 제사도 아니었
습니다. 율법 말씀을 읽고 또 경청하는 소박한 행위가 전부였습니다.
그러나 그것은 '말씀'과의 만남이었습니다. 요시야 왕(왕하 22:8-20)
이후 백여 년 만에 하나님의 말씀과 다시 만나는 순간이었습니다. 말
씀은 하나님의 오심이고, 계시이며, 임재하심이었습니다. 지치고 쓰
러진 백성들이 말씀을 통해 오시는 하나님의 현존하심을 만나고 또
호흡하는 생명의 순간들이었습니다. 성전을 복원하고 봉헌하고, 성
벽을 완공하고 또 봉헌하고, 선한 정치를 맛보는 기쁨, 그럼에도 여
전히 깊게 드리운 공허와 좌절! 텅 빈 영혼! 갈급함 속에 하나님은
말씀으로 친히 그들을 찾아오고 계셨습니다.

"나는 너희의 하나님이라고… 너희는 내 백성이라고…" 이스라
엘 영혼 깊은 곳에 친히 말씀하시고 또 찾아오시는 하나님의 임재하
심이었습니다. 신학에서는 이것을 '말씀 이전의 말씀pre-text'이라고
합니다.

그리고 수문 앞 광장에서의 민족적 예배 드라마는 두 번째 사건을
소개합니다. 말씀과의 만남은 백성들의 응답으로 이어지고 있었습
니다. 성경은 "백성이 율법의 말씀을 듣고 다 우는지라"(느 8:9)로 표
현합니다. 말씀 앞에서 모두가 울었습니다. 그들의 눈을 적신 뜨거운
'눈물'은 하나님 앞에 드리는 응답의 표현이었습니다. 눈물은 '회심
metanoia'의 또 다른 표현이었습니다. 지금 이스라엘 민족은 하나님 앞
에서 민족적인 참회를 하고 있었습니다. 놀랍게도 이 눈물 속에서 이
스라엘 민족은 새로운 존재로 다시 태어나고 있었습니다. 시내산 언

약 이후 1,000년 만에 이스라엘 민족은 다시 한 번 하나님의 백성이 되는 영광의 순간을 맞이합니다.

오늘 한국교회의 문제는 눈물이 점점 말라가는 데 있습니다. 그러나 더 큰 문제는 값싼 눈물로 회개를 대치하려는 데 있습니다. 오늘 한국교회는 '할렐루야', '아멘' 몇 마디로 하나님의 고귀한 은혜를 값싼 은혜로 전락시키고 있습니다. 진정한 의미의 눈물이 한국교회로부터 사라져가고 있습니다.

진정한 눈물! 그 눈물은 하나님의 말씀 앞에서 시작하는 눈물이며, 그 눈물은 1,000년 전 종으로부터 풀어주신 '출애굽' 사건을 기억하는(느 9:9) 감사의 눈물이었습니다. 광야에서 이스라엘을 인도하셨던 '구름기둥과 불기둥'을 기억하는 감격의 눈물이었습니다(느 9:12). 가난한 자를 돌보는 희년을 다시 기억하는 눈물이었으며(느 9:33), 잃어버린 하나님과의 언약을 다시 세우는(느 9:38) 눈물이었습니다. 눈물은 눈물이로되, 역사적 책임으로 이어지는 감사와 역사 창조의 눈물이었습니다. 그러기에 수문광장에 모여든 백성들! 그들은 하나님의 말씀과 만나는 것으로 족했습니다. 그것은 하나님과의 만남이었기 때문입니다. 그래서 그들은 새로운 존재로 다시 태어나고 있었습니다.

수문광장에서 흘린 눈물! 그 눈물은 민족을 변화시킨 민족적 '회개metanoia'였습니다.

오늘의 한국교회를 무슨 말로 표현할 수 있을까? 한국교회는 오늘 화려한 성전 이후기에 들어섰습니다. 그런데 왜 이토록 허전하고 공허할까? 그래서 사람들이 서서히 교회를 떠나가고 있습니다. 오늘 이 공허 속에 오히려 대통령 후보들이, 현대판 느헤미야들이 온갖 미사구로 위장한 정치 프로그램을 들고 다가오고 있습니다.

그러나 한 가지는 분명합니다. 누가 대통령이 되던, 정치 프로그램이 하나님의 구원을 대신 할 수는 없습니다. 달콤한 복지의 약속이 이 사회를 구원할 수 없습니다.

수문광장에 모여든 백성들! 오늘 우리가 그들을 주목하는 이유는 단 한가지입니다. 성전 이후, 성벽 이후, 정치 이후 말씀과의 만남에서 비로소 그들은 하나님을 보았기 때문입니다. 그들은 존재의 근원을 만났던 것입니다. 그리고 그것으로 족했습니다. 그리고 그들은 눈물로 응답했습니다. 눈물은 민족을 다시 태어나게 하였으며, 역사를 바꾸어가는 민족적 에너지로 승화되어 갔습니다.

수문광장! 이곳이 오늘의 한국교회이기를 소망해봅니다. 수문광장의 눈물! 한국 그리스도인들의 눈물이기를 기원해봅니다.

이때를 위함이 아니냐?

> 총 본문: 에스더 1장~10장
>
> 주제 본문: 에스더 3:10-4:17; 7:1-10

'패럴림픽Paralympic, 2012년'이라는 이름으로 지금도 계속되고 있는 런던 올림픽은 긴긴 여름을 잠시 잊게 했던 흥분제였습니다. 예상을 넘은 한국팀의 성적은 밤을 지새우기에 충분한 자극제였습니다. 이렇게 세계인을 하나로 묶어내고, 하나 됨의 지구공동체를 열어가는 마술적인 올림픽! 그러나 그 시작은 고대 그리스의 아주 소박한 한 신화에서 비롯되었습니다.

제우스Zeus 신은 어느 날 자신의 아버지, 크로노스Kronos를 배신하고, 세계지배권을 놓고 그리스 서남쪽 한 계곡에서 아버지와 최후의 일전을 벌였다고 합니다. 아버지를 이긴 제우스는 최고의 신이 되어 천상에 좌정하고, 인간들은 그곳에 신전과 동상을 세워 제우스를 숭배하고 그리고 그곳 이름을 '올림피아Olympia'라고 불렀습니다.

주전 776년, 제우스를 숭배하는 종교적 축제에 운동경기가 추가되면서 그때부터 올림픽 게임은 시작되었습니다. 올림픽 경기가 열리는 동안만은 도시국가들 사이에 전쟁을 멈추고, 친선과 우정을 나누는 평화와 축제를 연습하는 자리가 만들어졌습니다. 그러나 주후 (AD) 394년, 그리스가 로마제국의 속국이 되면서 올림픽 게임은 이교도들의 놀이라는 이유로 폐지되고, 올림픽은 지구에서 영원히 없어지는 듯하였습니다. 그러나 1894년, 1,500년 뒤, 한 프랑스인에 의해 되살아난 올림픽은 불과 100년 사이에 지구촌의 축제, 평화의 상징이 되었습니다.

여기서 우리는 잠시 그 안으로 들어가 보고자 합니다. 올림픽은 세 부류의 사람들이 엮어가는 인간 드라마라는 특징을 가지고 있습니다. 올림픽의 처음 부류는 크고 작은 상인들입니다. 방송 중계권을 사고파는 방송국과 '스폰서sponsor'들, 선수들을 걸고 베팅하는 도박꾼들, 호텔과 음식값을 3배에서 5배까지 올려 폭리를 취하는 작은 상인들! 이들에게는 한 가지 공통점이 있습니다.

올림픽에 모여 들지만, 이들은 올림픽이 엮어내는 친선과 협동 그리고 평화의 아름다움에는 아무런 관심이 없는 사람들입니다. 올림픽을 틈탄 일확천금 하나만을 목적으로 삼습니다. 그러기에 그들은 '올림피안Olympian'들이 아니었습니다.

올림픽의 두 번째 부류는 운동선수들입니다. 죽음의 터널을 거쳐 선수가 된 그들은 찬란한 '유니폼uniform'을 입고, 국기를 앞세우고 입장한 후, 금메달 하나만을 목표로 생명까지 내놓습니다. 그리고 금메달을 목에 거는 순간, 그들은 한순간 세계의 영웅으로 도약하며, 포상금, 연금, 군대 면제라는 특혜가 뒤를 잇기도 합니다. 분명 선수들은 올림픽의 주인공이요, 올림픽의 꽃입니다.

그러나 고대 철학자 플라톤Plato은 이 운동선수들도 한 가지를 놓치고 있다고 꼬집었습니다. 승리와 명예, 성공과 영웅이라는 목적 하나 때문에 선수들은 자기들이 펼치는 게임의 소중한 신비와 아름다움을 놓치고 있다고 했습니다. 게임을 통해 만들어가는 인간 사이의 우정과 친선 그리고 평화의 아름다움을 놓치고 있다는 것입니다.

그러나 올림픽에는 세 번째 부류의 사람들이 모여 들었습니다. 구경꾼들입니다. 이들은 비싼 비행기를 타고, 5배나 오른 작은 호텔에 머물며, 비싼 입장권을 사가지고 경기를 구경하려 모여든 관중들입니다. 이들은 이름도 없으며, 누구도 눈길조차 주지 않는 무대의 '노바디no body', '엑스트라extra'들입니다. 그러나 구경꾼들에게 한 가지는 분명합니다. 이들은 돈 벌기 위해, 메달을 따고 영웅이 되기 위해 모여들지 않았습니다. 이들은 게임 그 자체를 감상하고, 그것을 환호하며, 무대에서 엮어내는 인간드라마, 그 속에서 움트는 친선과 우정, 협동과 평화의 신비와 가능성 앞에 아낌없는 박수를 보내는 것으로 족한 사람들이었습니다. 플라톤은 이 관중을 불러 올림픽의 수호자, '가디안guardian'들이라 했습니다. 이들이 있기에 올림픽은 계속 이어진다고 했습니다.

오늘의 올림픽 경기장은 어디인가? 우리가 살고 있는 역사의 무대가 올림픽 경기장입니다. 여러분과 제가 힘겨운 숨결로 하루하루를 이어가는 이 삶의 자리, 이 역사가 올림픽 경기장입니다.

오늘 에스더 이야기는 2,500년 전의 페르시아 제국의 왕실을 무대로 하는 인간 드라마 이야기입니다. 올림픽의 비밀이 그곳에서 벌어지고 있었습니다. 기름진 중동 세계를 휩쓸었던 바벨론을 하루아침에 뒤엎은 페르시아! 그 페르시아 안에는 고향으로 돌아가지 아니한 유대인들이 큰 세력을 이루어 살고 있었습니다. 그들을 '디아스포라 쥬Diaspora Jew'라 합니다.

그런데 페르시아 왕궁무대에는 갑자기 '부정선수' 하나가 등장합니다. 그 이름은 '하만', 대신 중의 우두머리, 왕의 신복이기도 했습니다. 그러나 하만은 유대인 모르드개의 불경을 문제 삼아 유대 민족 전체를 말살하려 했습니다. 하만은 처음부터 유대인 종족말살이라는 '집단학살genecide'을 계획하고 준비하고 있던 극우민족주의자였습니다. 종족말살이라는 집단학살은 유대인을 다른 땅으로 추방한 앗수르의 '인종청소ethnic cleansing'보다 훨씬 포악하고 잔인한 살인행위였습니다. 하만은 유대 종족의 뿌리까지 끊어놓으려는 집단 학살을 꾸미고 있었기 때문이었습니다. 집단학살은 세계 2차 대전 당시 조직적인 학살과 안락사로 600만 혹은 900만 명의 유대인들을 학살한 '나치Nazis의 종족학살genocide'로 이어져 내려왔습니다. '내선일체', '언어말살', '성씨개명'으로 한국인을 근원에서 말살하려던 일본 제국주의로 하만의 악한 핏줄은 이어져 왔습니다.

1970년대 중반 캄보디아의 소위 '킬링 필드killing field'에서는 같은 종족 300만 명을 무차별 학살해간 공산주의자, 키우 삼판은 하만의 현대판 후예였습니다. 이들은 모두 올림픽 경기장에 뛰어든 부정선수들이었습니다. 그리고 역사를 뒤흔들어 놓았습니다.

주전(BC) 474년 3월 13일! 왕의 인장을 위조한 조서가 페르시아 전국에 하달되었습니다. 유대인은 모조리 죽이라는 왕의 명령이었습니다. 페르시아 무대는 이제 피로 물들게 되고, '디아스포라 쥬'는 뿌리째 끊어지게 되었습니다.

바로 이때 무대에는 다른 주역 하나가 등장합니다. 그는 왕후 에스더였습니다. 민족말살의 위기 앞에서 '죽으면 죽으리라'를 결심하고 왕 앞에 나갔습니다. 그리고 왕과 하만을 잔치에 초대합니다. 그리고 하만의 음모를 왕 앞에 고발합니다. 하만은 거꾸로 자신이 만든 나무에 매달려 죽습니다. 페르시아를 휘젓던 부정선수 하만이 제거되고, 용기 있는 주역, 에스더에 의해 집단 학살의 게임은 반전되고, 드라마는 해피엔딩으로 막을 내렸습니다. 죽음으로부터 풀려난 '디아스포라 쥬'들은 그 감격과 기쁨을 '부림절'이라는 축제로 표현했습니다.

그러기에 에스더서는 악덕 선수를 무너뜨리고 대승을 거둔 '역전overrule'의 드라마이며, 이는 유대 민족이 승리한 대서사시이기도 합니다. 그리고 왕후 에스더는 드라마의 '챔피언champion'이 되었습니다. 에스더 이야기는 이렇듯 화려한 영웅전으로 끝날 수 있습니다. 지난날 한국교회 강단은 이렇게 풀이해 왔습니다.

그러나 하나님의 구원을 순례하는 우리는 에스더를 영웅으로 끝내지 않습니다. 에스더서는 유대민족이 거둔 승리의 서사시가 아니기 때문입니다. 에스더서는 그 속에 하나님의 구원의 신비 하나를 담고 있기 때문입니다. 하나님의 구원의 이야기는 페르시아 궁중 밖, 역사의 한 모퉁이의 한 사람을 주목합니다. 그는 주역도, 역사의 영웅도 아니었습니다. 그는 숨어있는 '엑스트라extra'였습니다.

그의 이름은 모르드개였습니다. 무엇으로도 설명되지 않는 위기, 자기 종족이 멸종되는 현장 한복판에 서 있던 모르드개! 그러나 모르드개는 바로 그 위기의 현장에서 하나님의 '때'를 읽고 있었습니다. 집단학살이라는 최악의 '때' 속을 뚫고 다가오는 하나님의 '때'를 읽고 있었습니다. 그는 꼼짝할 수 없는 인간 드라마의 함정 속에 다가 오는 하나님의 손길을 접하고 있었습니다. 모르드개는 이 역사의 진 행을 하나님의 때에서 보고 있었습니다. 그래서 그는 역사의 '수호자 guardian'였습니다. 실은 그때 왕궁에서 홀로 구원받기를 내심 바라고 있었던 에스더를 향해 모르드개가 말합니다.

네가 왕후의 자리를 얻은 것이 이때를 위함이 아닌지 누가 알겠느냐?(에 4:14).

위기의 때를 하나님의 구원에서 바라보라는 충고였습니다. 우리 는 이것을 '신앙의 눈eyes of faith'이라 합니다.

인간의 욕망이 만들어내는 역사의 위기는 오히려 하나님께서 새 로운 일을 시작하시는 때라는 뜻입니다. 모르드개는 바로 이 신앙의 눈으로 역사의 진행을 지켜보고 있었습니다. 하나님의 역사는 '역전 의 드라마'로 비극의 막을 내렸습니다.

하만이 죽고 난 후, 모르드개는 왕으로부터 높임을 받았습니다. 그러나 모르드개의 성공담이 에스더 이야기의 핵심은 아니었습니 다. 한국교회는 이 유혹에서 벗어나야 합니다. 한국교회는 역사의 무 대에서 하나님의 때를 볼 수 있어야 합니다. 위기 속에 다가오는 하 나님의 때를 읽을 수 있는 신앙의 눈을 가져야 합니다. 모르드개는 이 신앙의 눈을 가지고 역사를 지켜낸 수호자였습니다. 그 다음은 하 나님께서 행하시는 '역전의 드라마'입니다.

오늘 한국이라는 역사의 무대! 대통령 선거를 앞둔 이 민족! 한편 에서는 '욕망'의 사슬에 매여 이 무대를 파멸로 몰아가는 '하만'들이 여전히 이 땅의 게임을 더럽히고 오염시키고 있습니다. 다른 한편으로는 '영웅' 에스더가 되고자 날뛰는 영웅주의자들이 이 땅의 게임을 혼잡하게 하고 있습니다.

그러나 오늘 한국을 위협하는 가장 심각한 위기는 이 땅의 드라마를, 이 역사의 진행을 경건한 눈으로 지켜보아야 할 수호자들_{guardians}이 무대에서 점점 사라져 가는 데 있습니다. 하나둘씩 '악덕상인'이 되어 떠나가고 있기 때문입니다. 또는 금메달을 찾아 관중의 자리를 버렸기 때문입니다.

이 빈자리를 누가 지킬 것인가? 끝까지 역사의 진행을 지키는 자리, 수호자의 자리, 그곳에서 하나님의 '때'를 읽어내는 신앙의 눈을 가진 수호자의 자리! 하나님은 이 수호자들을 지금 찾고 계십니다. "이때를 위함이 아니냐?"를 말할 수 있는 수호자들을 찾고 계십니다. 역사의 진행을 끝까지 지키는 수호자, 이것이 교회이고 그리스도인들입니다.

저녁이 되고, 아침이 되니

> 본문: 마카베오상(외경) 1장 1절 - 2장 70절;
>
> 말라기 1장 1절 - 14절; 3장 13절- 24절

구약의 마지막 성경 말라기와 신약의 처음 성경 마태복음 사이에는 한 페이지의 여백만이 있습니다. 그러나 그 여백 속에는 400년의 기나긴 피의 역사가 흐르고 있습니다.

길고도 긴 피의 역사 틈새에 끼어 진작 죽어가고 있는 한 민족이 있었습니다. 그 민족은 하나님께서 그토록 사랑하고 아끼셨던 이스라엘 민족이었습니다. 이것은 구원 드라마 속에 잠겨있는 수수께끼이고 또 역설입니다. 중간기로 불리는 400년(말라기와 신약 사이) 동안, 이스라엘 민족은 죽어가는 동안, 역사의 무대에는 다니엘이 환상 속에 보았던 네 마리의 큰 짐승들이 차례로 일어나 치고 죽이고, 또 죽임을 당하는 피의 역사가 악순환을 되풀이하고 있었습니다.

처음 짐승, "독수리 날개를 가진 사자"로 비유된 바벨론 제국은

불과 100여 년 만에 두 번째 짐승, "갈비 세 대를 물고 있는 곰"으로 비유된 페르시아, 고레스에 의해 멸망했습니다. 그러나 페르시아의 영광은 또 다시 세 번째 짐승, "네 날개를 가진 표범", 알렉산더 Alexander 대왕과 그의 네 장군에게 삼킴을 당하고 소멸되었습니다. 그러나 급작스런 알렉산더의 죽음은 셀류쿠스 Seleucus 와 톨레미 Ptolemy 그리고 다른 두 장군들이 그 넓은 땅을 네 쪽으로 분할하여 제각기 왕국을 세우는 계기를 주었습니다.

오늘 우리가 읽은 마카베오상 1장과 2장(외경)은 네 날개를 가진 표범 중에서도 가장 악랄하고 잔인했던 셀류쿠스 왕조의 안티오쿠스 에피파네스 Antiochus Epiphanes 왕의 이야기입니다. BC 175년에서 164년까지 셀류쿠스 왕국(지금 내전에 휩싸인 시리아)을 통치했던 안티오쿠스! 그는 예루살렘을 무차별 공격하고, 성전을 더럽히고, 유대인 군인과 남녀노소 4만 명을 학살하고, 4만 명을 노예로 끌고 간 역대의 폭군이었습니다.

바로 이때 제사장, 마따디아스와 그의 아들들이 등장합니다. 박해를 피해 고향인 모데인 Modein 으로 숨었으나, 안티오쿠스의 피의 손은 그곳까지 뻗쳤습니다. 죽음이 두려워 제우스 Zeus 신에게 절하고 있는 유대인 배교자 하나를 쳐 죽인 마따디아스는 그 자리에서 시리아 왕의 관료까지 살해하고 말았습니다. 그것은 곧 전쟁 선포였습니다.

유다 사막으로 피신한 마따디아스와 그의 아들들은 사면에서 모여든 유대인 청년들과 유격대를 조직하고 감히 안티오쿠스와 맞선 것입니다. 이듬해 마따디아스는 죽지만, 아들 유다와 형제들은 3년 동안 안티오쿠스의 대군과 맞서 싸웠습니다. 그도 유명한 '벧호른' 전투, '엠마오' 전투, '벳술' 전투에서 놀랍게도 마카베오 게릴라들은 시리아의 안티오쿠스의 대군을 무찌르고 큰 승리를 거두었습니다. 그것은 하나의 기적이었습니다.

예루살렘을 손 안에 다시 넣은 마카베오 형제는 더럽혀진 성전부터 다시 세우고, 제단을 다시 쌓고 하나님 앞에 봉헌하였습니다. 이것이 '하누카Hanukka'라 부르는 '수전절', '봉헌절'(요 10:22-23)의 시작이었습니다. 그리고 마카베오 형제들은 하스몬Hasmon 왕국을 세우고, 왕들이 되어 100년 가까이 이스라엘을 다스렸습니다.

주전(BC) 587년 예루살렘이 바벨론에게 망한 이후 587년 만에 다시 세운 이스라엘 자치왕국, 하스몬 왕국은 이스라엘 민족이 이 지상에서 생존할 수 있는 마지막 기회였습니다. 그러나 이스라엘은 이 마지막 불꽃마저 살리지 못한 채, BC 63년 로마의 폼페이Pompey 장군의 침략을 받고 멸망했습니다.

이때부터(BC 63년) 1948년까지 2,000년 동안 이스라엘 민족은 '땅 없는 민족landless people'으로 다시 추락하여 전 세계를 배회해야 하는 비운의 민족으로 전락하였습니다. 구약의 긴긴 구원 드라마는 이렇게 비극으로 그 막을 내리고 있습니다.

바로 여기서 우리는 한 가지 중요한 물음에 직면합니다. 무엇이 그들을 끝내 멸망으로 몰고 간 것인가? 하나님이 이들을 버리신 것인가? 이 물음 앞에 말라기는 놀랍게도 이스라엘 속에 깊숙이 파고든 '허무주의'가 그 원인임을 고발하고 나섰습니다. 허무주의! 남편 욥에게 이유 없이 닥쳐 온 고난을 보면서 "차라리 하나님을 저주하고 죽어라"라고 항변하던 욥의 아내! 그녀가 토해낸 욕설을 '무신론적 허무주의'라 한다면, 그것은 차라리 솔직한 저항이었습니다.

그러나 말라기가 본 이스라엘의 허무주의는 이중적이고 교활하고 또 위선적이었습니다. 이스라엘의 고위층이나 제사장 모두, 하나님을 부정하지 않았습니다. 그래서 그들은 '유신론적'이었습니다. 그러나 고위층은 마치 하나님이 어디 있느냐는 듯이 '나그네'와 '가난한자'를 압제한다고 고발합니다. 제사장은 하나님이 어디 있느냐는 듯이 '더러운 떡', '눈먼 동물', '절거나 병든 동물'을 제단에 올려놓고 뻔뻔스레 제사를 행한다고 고발합니다. 좋은 것들은 이미 다 도적질해 가버렸습니다. 그들은 한마디로 '유신론적 허무주의자'들이었습니다. 입으로는 하나님을 노래하지만, 그들의 생각과 마음은 하나님을 모독하는 온갖 거짓을 즐기는 사람들이었습니다. 거룩을 가장한 위선자들이었습니다.

위장된 냉소주의, '유신론적 허무주의'가 이스라엘 민족의 마지막 남은 운명의 불꽃을, 더욱이 마카베오 형제들이 이룩한 마지막 불꽃마저 소멸시켜 버렸습니다. 하나님을 노래하면서도, 사회는 부정부패로 썩어 들어갔으며, 하나님을 고백하면서도 성전과 제사장은 타락으로 부패하고 있었습니다. 쓰러져가는 민족을 떠받쳐 주는 내면의 에너지는 그 어디에도 존재하지 않았습니다. 그래서 이스라엘은 서서히 죽어가고 있었습니다.

오늘 대장정의 구원 순례(구약)를 마무리하는 이 시간, 저는 이스라엘 민족의 죽음을 다른 각도에서 보고자 합니다. 이것이 제 결론일 수도 있습니다. 저는 여기서 두 민족의 이야기를 대비시키는 유비법에서 시작하고자 합니다. 한 민족의 이야기는 미국에서 일어난 이야기입니다.

1740년 개척시대의 미국 전역에서 일어난 운동을 '대각성Great Awakening'이라 합니다. 이 대각성 운동은 미국 대륙을 거꾸로 뒤집어

놓은 민족회개운동이었습니다. 영국인 목사 조지 횟필드George Whitefield 가 설교하는 천막에는 언제나 어디서나 수천 명이 모여 들었으며, 하나님의 은혜 앞에서 죄를 자백하고 하나님께로 돌아오는 미국인들이 줄을 이었습니다. 1740년 10월 23일자로 나단 콜Nathan Cole이라는 농부가 썼다는 신앙 고백문 하나가 지금까지 전해지고 있습니다.

어제 하트포드Hartford에서 설교한 횟필드 목사가 오늘 미들타운Middletown에서 설교한다는 소식을 듣는 순간 나는 흥분한 채 농사일을 내려놓고 집으로 달려갔다. 아내와 나는 말을 타고 달리기 시작한 지 한 시간 뒤, 우리 앞에는 큰 구름이 떠오르고, 천둥소리가 뒤를 이었다. 그러나 그 구름은 수많은 말들이 달리며 뿜어낸 먼지였고, 천둥소리는 말들이 달리는 발굽소리였다. 그 많은 사람들은 영혼을 구원하는 하늘의 소리를 들으려 천막으로 모여들고 있었다. 우리가 도착했을 때 천막에는 이미 4,000여 명이 모여들었고, 횟필드 목사가 드디어 등단하였다.

천사 같은 젊은 목사, 하나님으로부터 오는 그의 설교를 듣는 순간, 내 가슴은 뛰기 시작하고, 하나님의 은혜에 대한 감사와 눈물은 내 옛사람을 여지없이 부수는 것을 경험하였다. 내가 행한 의는 나를 구원하지 못하는 것! 나는 그날 하나님 앞에 꺼꾸러지고 말았다. 그리고 한없이 눈물을 쏟아냈다.

이렇게 불붙기 시작한 대각성 운동은 동부에서 중서부로 퍼지면서 초기 미국인들이 하나님 앞에 엎드리는 민족적 회심으로 전 미국을 흔들었습니다.

그러나 다른 민족의 이야기는 이스라엘 민족의 이야기입니다. 바벨론 포로에서 돌아온 이스라엘, 무너진 성전을 다시 짓고 봉헌한 이스라엘, 총독 느헤미야가 성벽을 재건하고 봉헌한 이스라엘! 그런데 오지 아니하는 영적 기쁨! 바로 영혼의 빈자리, 그래서 수문광장에 모여든 수많은 이스라엘 백성들! 그들 앞에 나타난 것은 제사장 겸 율법사 에스라였습니다. 에스라가 가져온 율법을 읽는 그 순간! 수많은 이스라엘 백성은 갑자기 울기 시작했습니다. 몇백 년 만에 말씀과의 만남에서 오는 감격과 회개의 눈물이었습니다. 이 순간은 분명 이스라엘 민족의 대각성이었으며, 민족의 회심이었습니다.

미국과 이스라엘은 공히 민족적 회심의 감격과 축복을 받은 민족이었습니다.

그러나 분수령 하나가 미국과 이스라엘을 갈라놓았습니다. 미국은 대각성에서 시작된 민족적 회심을 '종교'라는 제도와 조직 속에 묶어두지 않았습니다. 오히려 1776년 미합중국이라는 새 나라를 세우는 정신적 기초로 삼았습니다. 그리고 대각성에서 발화된 민족적 회개는 인간 하나하나를 소중히 여기는 인권존중으로 이어지고, 그것을 바탕으로 민주주의를 세웠습니다. 이것은 시카고대학의 노벨상 수상자, 로버트 포겔Robert W. Fogel 교수가 2000년에 내놓은 『제4 대각성The fourth Great Awakening』에서 내세운 강력한 학설이었습니다. 더 나아가 미국의 대각성 운동은 민족 모두가 참여하는 절제운동, 금연운동, 금주운동, 노예철폐운동, 가정지키기운동으로 이어지면서 미국은 거대한 사회 변화와 역사 창조를 이룩했다는 것이 미국 학계의 주장이었습니다. 민족적 회심은 '민족의being, 존재 민족 됨becoming'으로 이어지고 있었습니다.

그러나 이스라엘은 바로 이 대목에서 실패하고 말았습니다. 에스라에서 시작된 민족 회개가 민족의 신앙으로 그리고 이스라엘 역사를 변화시키는 내면의 에너지로 이어지지 못했기 때문입니다. 이스라엘의 민족적 회개는 율법적 종교인 '유대주의'로 탈바꿈하면서 역사창조의 끈을 놓치고 말았습니다. 신앙이 역사를 바꾸는 끈을 놓치고 말았습니다. '존재being'가 '존재화becoming'되는 끈이 끊어지고 말았습니다.

오늘 말라기가 애절하게 고발하는 이스라엘의 위선적 냉소주의(또는 유신론적 허무주의)는 민족의 회개가 민족의 신앙으로, 새로운 역사창조로 이어지지 못하는 단절, 끊어짐에 대한 애절한 절규였습니다. 이스라엘이 멸망할 수밖에 없었던 이유가 바로 여기 있었습니다. 그토록 소중했던 최후의 민족적 회개, 수문광장에서의 눈물이 민족적 신앙과 사회변혁 그리고 새 역사창조로 이어지지 못한 '단절', '끊어짐'이 그 원인이었습니다.

오늘 우리는 회개metanoia와 역사창조praxis 사이의 단절이 주는 역사적 경고에 귀를 기울여야 합니다. 회심과 창조 사이의 끊어짐은 멸망의 징조이기 때문입니다.

1970년대! 한국교회는 100만 명을 여의도 광장에 불러 모았던 화려한 때가 있었습니다. 그때 이 민족은 하나님 앞에서 눈물을 흘리는 민족적 회개가 일어나고 있었습니다. 저는 그때를 한국형 대각성, 민족적 '메타노이아'라고 불러 봅니다. 그러나 한국교회는 이 민족적 회심을 삶과 사회를 변화시키고 새로운 역사를 창조하는 내면의 에너지로 이어가야 하는 거룩한 소명 앞에서 실패하고 말았습니다.

한국교회는 1970년대의 민족적 회심을 거꾸로 '값싼 축복신앙'

으로, '기독교왕국 만들기'로, '대형 교회 만들기'로, '거대한 건물 짓기'로 그 소중한 눈물의 에너지를 탕진하고 말았습니다. 그 결과 한국교회는 '영적 문맹'이 되었습니다. 오늘 한국교회가 위기에 처한 이유가 여기에 있습니다. 이스라엘의 패망의 그림자를 보는 것 같아 슬프기까지 합니다.

긴긴 구약의 구원 순례는 이스라엘의 멸망을 끝으로 오늘 그 막을 내립니다. 그래서 이스라엘의 끝을 두고 어둠이 깃든 '저녁'이라고 불러봅니다. 이스라엘은 실패하였으나, 그러나 하나님의 구원 역사는 여기서 끝나지 않았습니다. 어둠이 깊게 드리운 저녁! 저녁이 된 이스라엘 그 땅에 하나님은 새 아침을 준비하고 계셨습니다. '저녁이 되고, 아침이 되니!' 이 말씀은 창세기 1장에 계속 반복되는 하나님의 창조의 순서였습니다. 하나님은 구원 역사도 같은 방법으로 이어가셨습니다.

이스라엘이 끝난 자리, 어둠이 깊게 드리운 저녁에 하나님의 새 아침은 "말씀이 육신이 되어 우리 가운데 거하시는"(요 1:14) 임마누엘로 오셨습니다. 친히 우리 가운데 오셔서 우리의 눈물을 씻어주시는 임재하심의 하나님! 새 아침의 햇살이 이 우주와 인류를 향하고 있었습니다. 새 아침의 햇살은 예수 그리스도였습니다. 새 아침의 햇빛이 그동안 동행하신 여러분 한 분 한 분과 가정 위에 영원히 함께하시기를 기도합니다.

저녁이 되고, 아침이 되니! 이것이 하나님의 역사 방법입니다.